百科學術文庫

百科全书编纂学

金常政　著

中国大百科全书出版社

图书在版编目（CIP 数据）

百科全书编纂学 / 金常政著 . -- 北京：中国大百科全书出版社，2019.11

（百科学术文库）

ISBN 978-7-5202-0621-1

Ⅰ.①百…　Ⅱ.①金…　Ⅲ.①百科全书－编辑学
Ⅳ.①G237.4

中国版本图书馆 CIP 数据核字（2019）第 228981 号

责任编辑　张若楷
责任印制　李　鹏
责任校对　梁嫣曦
出版发行　中国大百科全书出版社
地　　址　北京市阜成门北大街 17 号　　邮政编码　100037
电　　话　010-88390625
网　　址　http://www.ecph.com.cn
印　　刷　北京汇瑞嘉合文化发展有限公司
开　　本　710 毫米 ×1000 毫米　1/16
印　　张　28.75
印　　次　2019 年 11 月第 1 版　2019 年 11 月第 1 次印刷
书　　号　ISBN 978-7-5202-0621-1
定　　价　98.00 元

《百科学术文库》编委会

总 序

杨牧之

《百科学术文库》是关于百科全书编纂的理论与实践的学术性、知识性、资料性文库。其编纂宗旨在于收集和整理有关百科全书编纂的文章和著作，特别是围绕《中国大百科全书》编纂的文章和著作，从理论与实践的结合上探讨百科全书的编纂理论，总结百科全书的编纂经验，同时进一步探讨在数字化网络化条件下百科全书的编纂模式和编纂规律，为实现百科全书从传统到现代的转型做出贡献。

资料的收集和整理是学术研究的初步和基础，也是本文库的主要任务。

作为后学，我在阅读前贤著作的过程中，得到如同耳提面命般的教益。关于百科全书的渊源，似可从中西两方面去谈。一般认为，西方百科全书式的书籍始于公元前 4 世纪前后的古代希腊。之后，百科全书大体上经历了三个阶段：以教科书为基本性质的古代百科全书，以教育作用为主、兼顾查检功用的中世纪百科全书和以工具书作用为主的近现代百科全书。这样三个演变阶段，前后大约经过了 2000 多年。在这 2000 多年的发展过程中，西方出现过林林总总的百科全书，但直到 1772 年以狄德罗为首的百科全书派编纂的法国百科全书（《百科全书，或科学、艺术与手工艺大词典》）28 卷出齐，才从根本意义上奠定了现代百科全书的基石，被公认为百科全书编纂史上的重要里程碑，而狄德罗则被誉为现代百科全书的奠基人。在此同时及之后，世界上著名的百科全书陆续出版。如代表了西方知识体系的、历经 250 年编纂的《不列颠百科全书》（总共出版纸版 15 版），以及随后出版的《布罗克豪斯百科全书》《美国百科全书》《迈耶百科全书》《钱伯斯百科全书》《拉鲁斯百科全书》《苏联大百科全书》《俄罗斯大百科全书》等等，形成了一个庞大的丰富多彩的西方百科全书大家族。说到中国的百科全书，在漫长的古代历史中，也出现过许许多多百科全书性质的类书。世界著名的《不列颠百科全书》就认为中国古代类书已具有百科全书性质；认为中国第一部类书《皇览》成于三国时期，即公元 220 年前后，至今有一千七八百年历史了；还认为明初《永乐大典》“是有史以来世界上最大的百科全书”。不过，从严格的百科全书概念去衡量，应该说，直到 20 世纪 80 年代《中国大百科全书》编纂之前，中国一直没有真正意义上的现代百科全书出现。20 世纪的最后 20 年，是中国现代百科全书的创世纪。从那时开始到现在 40 年过去，《中国大百科全书》第一版、第二版先后问世，伴随其间的是各种类型的百科全书百花齐放、硕果累累。进入 21 世纪的最初 20 年，《中国大百科全书》第三版则开启了中国网络百科全书的崭新时代。从事第三版策划、编纂的同志们接过一版、二版专家学者和编辑们开创的现代百科事业大旗，积极探索，继续前进。

回望百科全书编纂发展的漫长过程，我们似乎看到，不同时代不同国家的百科编纂者，一直不屈不挠地探索百科全书编纂的奥秘，积累了丰富的经验，给我们留下了厚重而又宝贵的百科全书编纂的财富，等待着我们去叩门，去发掘，去继承。

2011 年末，《中国大百科全书》第三版经国务院批准正式立项。一个新的追求与探索的征程开始了。

《中国大百科全书》第二版编纂完成，筹划进行编纂第三版的时候，中央领导明确指出要不断前进，不断创新，特别提出“传播力决定影响力”的观点，要求我们改进传播方式，不但要搞纸质版，还要数字化，搞网络版，要跟上世界的潮流。特别要提出的是，在文化出版领域，《中国大百科全书》第三版这样的项目，可以说是近 10 年仅有的一个由国务院立项的工程。这个工程是中办和国办印发的《国家“十三五”时期文化发展改革规划纲要》中仅有的三个“国家重大出版工程”之一，而且是名列第一位的工程。可见，党中央国务院对这项工程的重视和期待。

2017 年，第一次在中国科学院的科学网上披露三版编纂工作情况，迅即引起海内外媒体的广泛关注。国内的《参考消息》《中国新闻出版广电报》《中华读书报》《环球时报》《南华早报》（香港），国外的美联社北京分社、新加坡的《联合早报》、英国的 BBC、《新西兰先驱报》等纷纷发表消息和评论，可见世界对中国编制新一版“中国大百科全书”的特别关注。

在这样一个幸运、兴奋与艰难前行、苦苦探索相交织的过程中，我们越来越明显地感受到，总结世界各国百科全书编纂经验，尤其是中国百科全书 40 年来的编纂经验，对探索百科全书编纂理论，对编纂一部高质量高水平的百科全书是多么必要；在实际的编纂实践中，我们越来越清晰地认识到，集中、全面、深度地整理与描写百科全书的编纂理论和实践，是百科全书编纂研究的基础性工作，此项工作不到位，继承和发展百科全书编纂理论就缺少材料基础。为此，2018 年下半年，我们开始了《百科学术文库》的选题设计和基本资料的收集整理工作。在将近一年的编选过程中，我们感觉百科全书编纂研究需要补做两个基础性的工作：一是摸清百科全书编纂研究的理论家底，梳理出符合中国特色的百科全书编纂理论体系；二是在百科全书编纂人才的培养方面，需要有一套实用的百科全书编纂指导工具书，以帮助新的百科人从中提炼出适用的编纂理论和编纂方法，对百科全书的编纂工作起导向和指引作用。这是《百科学术文库》的目的和任务，也是《百科学术文库》的价值和意义所在。

百科全书的编纂是一项实践性很强的规模巨大的系统工程，这决定了百科全书编纂研究也是一项繁复的学术研究工程。百科全书作为一种包括一切门类知识或全面介绍某一门类知识的工具书，如何汇集人类知识并对之作出明白易懂的叙述，中外百科人进行了长期地探索，不同类型、不同系列的百科全书性质不同、作用不同，编纂方法也不同。百科全书与普通图书、与字典词典、与年鉴志书、与教材专著等等，异同何在？无论什么类型、什么系列的百科全书都有一个从总体设计开始的编纂过程，都必须经过确定编纂方针、制订编写体例，设计框架（知识分类）、选收条目，组织作者、统一撰稿，培训编辑、审稿加工，专项核实、统编成书，维护更新、修订再版、版权保护等等繁复细致的编纂流程。进入网络化时代，则让百科全书的面貌焕然一新，出现了知识传承的更多可能。这其中的每一个环节和变化，都是百科全书编纂研究的对象。古今百科全书编纂的演变，中外百科全书编纂的异同，未来百科全书编纂发展的趋势，也都是百科全书编纂研究的课题。

如上所述，《百科学术文库》的编选和出版是中国百科全书编纂研究最为初步的工作，我们希望以此构筑百科全书编纂研究的基础。为此，文库遴选了20世纪末中国第一代百科人筚路蓝缕，在编纂《中国大百科全书》第一版，填补中国百科全书空白，铸造中国文化丰碑的过程中留下来的艰辛探索和编纂实践的宝贵论著；同时也遴选了21世纪最初10年中国第二代百科人继往开来，编纂《中国大百科全书》第二版，与世界百科全书编纂模式接轨，再造中华文化丰碑的研究成果；此外，还将遴选国内外关于各类百科全书的编纂理论和实践的研究成果，并希望由此伴随《中国大百科全书》第三版网络版和纸质版的编纂，收获到数字化网络化条件下百科全书编纂理论和编纂实践的新发现、新理论和新成果，以推进中国百科全书编纂研究的发展。

《百科学术文库》将分批陆续出版，计划每种（册）大体30万字。目前第一批陆续出版的有：姜椿芳先生的百科全书文集《〈中国大百科全书〉的编纂缘起与研究》，金常政先生的《百科全书编纂学》，黄鸿森先生的《百科全书编纂纵横》，孙关龙先生的《百科全书编纂是一门学问》，胡人瑞先生的《百科全书编纂研究》，军事科学院军事百科全书研究室编纂的《军事百科编纂概论》，以及文库编委会编辑的《马克思 恩格斯 列宁与百科全书》等。此后，将视资料收集整理和作者的写作情况陆续推出。

由于文库所收的文章和著作时间跨度很大，在整理编辑过程中，我们大致掌握以下几个原则：一是所收文章和著作，尽量保持原貌，各卷的结构不作硬性统一；对不同作者的语言文字习惯，给予最大程度的尊重。二是所收文章和著作，除作者已去世外，皆请原编著者编选过目和订正，并选用较为完备的底本，或经作者修订的新本。三是所收文章和著作，皆保留原文或原著的注释。四是所收文章皆保留或注明文章原始出处和发表日期，以便读者查阅。

为了做好本文库的编纂出版工作，我们组建了“百科学术文库编辑委员会”。在收集整理和编辑出版过程中，编委会同仁做了大量艰苦细致的工作，调研、访谈、核对、校勘、版权和文字编辑、排版，不敢有丝毫怠慢。我们希望文库的出版能发挥它应有的作用，达到我们的目的，实现我们的初心。

由于《百科学术文库》编纂出版的工程规划追求完美，所收文章和著作力求有用，诚请各位专家、学者惠予支持，热情荐稿。在编选整理过程中，疏漏或不妥之处恐也难免，敬请读者批评指正。

2019 年 7 月 10 日

金常政

1929年生，辽宁沈阳人。北京俄文专修学校（北京外国语大学前身）毕业。中国大百科全书出版社编审，原副总编辑。曾任中国编辑学会副会长、顾问、中国出版科学研究所特约研究员。出版专著《百科全书编纂概论》《百科全书及其编辑研究》等7种。先后在国内40多种报刊上发表论文、散文、书评200余篇，其中三篇论文获首届和第二、三届全国出版科学研究优秀论文奖。获国务院首批政府特殊津贴待遇，获辞书事业终身成就奖和中国出版集团“资深名编”称号。

前　言

1985 年，我的第一本书《百科全书编纂概论》出版。那是我在为百科全书编辑开设讲座的基础上写成的，实是应一时之需而作，但却意外地获得“首届编辑出版理论优秀图书奖”的殊荣。那时，我无论在百科全书理论研究方面，还是在百科全书编纂实践方面，功夫都尚嫌不足。姜椿芳同志为该书作序，他写道：“它的内容还不够充分，可能还存在一些缺点，但这毕竟是我国探讨百科全书编纂学问的第一本著作。”老师的教诲，作者未敢一日忘怀，同时也受到许多同道者的鼓励，后来又陆续出版了《百科全书及其编辑研究》（1987 年）、《话说百科全书——百科全书编辑札记》（1991 年）和《百科全书、辞书、年鉴的研究与编纂方法》（1994 年）三本书。这几本书也大致提供了本书的基本框架，可以说是本书的来龙去脉。2000 年，应中国大百科全书出版社之约，出版了拙作《百科全书学》。本书保留了《百科全书学》的基本框架，但内容有所增补、修订和必要的删节。《中国大百科全书》的创建，是世界百科全书史上的一件大事，不应在百科全书史中缺此一章。《不列颠百科全书》正在庆祝 250 岁的生日，250 年间编纂出版了 15 版，他们的丰富经验和教训，应该是“他山之石”，值得列为一章。论述百科全书编纂中的种种矛盾，是百科全书编纂实践中的宏观问题，原是作者所著一篇获奖论文，曾作为附录收入《百科全书学》，现改为本书的第十九章。40 年间，我国引进了多种外国百科全书。引进外国百科全书并非是简单翻译的事，编译中也有不少问题值得研究，本书遂单辟一章加以讨论。印刷版纸质百科全书正受到网络的冲击，作者不是编纂网络百科全书的实践者，但关注之心未尝忘怀，因以“刍议”一章讨论之。纸质百科全书的前途似乎面临危机，百科全书的编纂者和出版者不能不严重关注，本书结语仅是作者个人的一些看法和推测。

自　序

百科全书是知识的书，“知识就是力量”。爱上百科全书，就是爱上一位最有益、最有学问的朋友。编百科全书的人，当然是热爱这位挚友的人。作者后半生有幸日日与百科全书盘桓。说起来，我与百科全书结交是有一定缘分的。这里，在与辞书界同行们谈论百科全书编纂学问之前，愿意先说说我与百科全书结缘的经过，谈谈我是怎样从百科全书的爱好者走上百科全书编纂者之路的。

我的大半生经历坎坷颠簸，直到半百之年仍是一事无成，学无所就。这自然是一个中年知识分子最感惶惑不安的事情。不过，我从年轻的时代起，就有一段偶然的因缘，与百科全书结交，几十年来缠绵悱恻，魂牵梦绕，给我希望，给我滋补，最后终于把我带上百科全书编纂者的道路。

我和百科全书结缘，始于 20 世纪 50 年代之初。那时候，我们国家还没有百科全书。我所在单位，从国际书店订了一套《苏联大百科全书》（第二版）。书一卷一卷地寄来，其部头之庞大，装帧之讲究，令我惊奇。可是它究竟有什么用处，谁也说不清楚。我是个好奇的人，工作一有余闲，便从书架上抽出一卷，信手翻阅，随意涉猎。首先映入眼帘的是书中的插图。那林林总总的图片，系统而有趣，诱我阅读文字。

那一个个条目，好像一块块知识积木，凝练而整齐，引人入胜。我渐渐发现一座恢宏的知识宫殿的大门，自觉受用无穷。我在《苏联大百科全书》中读到“百科全书”这个条目是在比较晚些的时候了，因为收载这个条目的那一卷寄来较迟（“百科全书”一词的首字母在俄文字母表中排序靠后）。后来虽然读过这个条目，仍似懂非懂。这一条目写得很长，颇为艰深。顺便说一句，这个条目在20世纪60年代被译成中文，由人民出版社编为一个小册子出版。我从这个条目中至少知道了两点：百科全书已有2000多年的历史；百科全书是人类知识的总汇。这就是我与百科全书一见钟情的初恋阶段。不过，那时我太年轻，还远做不出自己编百科全书的梦。

20世纪50年代后期，不少知识分子都有过一番不愉快的遭遇。我和那部已成为好友的百科全书分手，就是在那个时候。一个青年知识分子在那种情况下的心境，自然是低沉压抑的。我曾伤感地低吟：“书乡路稳宜频到，此外不堪行！”真的，那段时间确实是我读书最为勤奋的时期。据说，人在失意的时候读书的情趣更为浓厚。寻寻觅觅，不久我又在北京图书馆（现在的国家图书馆）大阅览室与“旧友”重逢，而且有了更多的新交——世界许多国家的百科全书。这些书成为我一窥外部世界的窗口，是我享受知识的乐园。我在自得其乐之余，老是想我们的文明古国是不是该有一部自己的百科全书了。它的丰富和气魄绝不该逊色于任何国家的百科全书。不合时宜的想法，只是一个梦！这个梦却久久地萦绕在我的心头。我从单纯的知识享受开始留意起百科全书的编纂方法，甚至考究起百科全书的历史来，真是走火入魔了。人们难得有机会体味沉入百科全书书海中的乐趣。我甚至体味到各国百科全书性格上的差异，如《不列颠百科全书》之深沉，《美国百科全书》（现在的中文版称为《大美百科全书》）之明快，法国《拉鲁斯百科全书》之华丽，德国《布罗克豪斯百科全书》之严谨。这可能就是我后来对各国百科全书所作比较研究的最初契机吧。百科全书已不仅是我的无言老师，也成为我默默探索的知识新大陆。我不禁常常凭书狂想：中国百科全书该编成什么模样？中国百科全书该有怎样的性格？这就是一个书呆子的百科全书狂想曲。

那时，有多少人会想到，一场社会灾难正在逼近，一个知识受到禁闭的时代开始了，连北京图书馆大阅览室里原来开架的各国百科全书也被“禁闭”起来，一般读者已不能随便接近了。在那个十年里，下放劳动、接受再教育、自我批判，已是我生活的主调，狂想已随风而逝。不幸中有幸，失意中的得意，是我下放车间当了六年车工，扎扎实实地学了一门手艺。天天削铁如泥，眼看那钢坯铜棒在自己手下驯服听话，规规矩矩地被改造成亮晶晶的有用工件，怎会不油然而生一种自豪之感？车床旁的两千个日日夜夜，还给我不少读闲书的时间。也许，这为我后来“杂而不家”的编书生涯积攒了些有益的资本。生活道路的挫折，往往使人深思人生的意义。我国古代百科全书家魏文帝曹丕（他曾主持编纂我国第一部百科全书型的类书《皇览》）说过：“盖文章，经国之大业，不朽之盛事。年寿有时而尽，荣乐止乎其身。二者必至之常期，未若文章之无穷。”我每读曹丕这段话，心中总是激动不已。

那个梦魇的十年，那个压抑知识的十年，终于过去了。一番劫难之后，我再和百科全书亲近的时候，已是一派春和景明的时候。1978 年是我一生命运最大的转折点。人生还有比“天生我材必有用”这种感受更美好的吗？人生还有比志趣相投、共同开创一番事业的友谊更可珍贵的吗？这一年的 4 月，一个偶然的机会使我结识了我国知识界一位大勇之士——姜椿芳同志。正如他后来有一次说过，是百科全书这一事业把我们牵到了一起。从此，我得以参加《中国大百科全书》的创业，从一个百科全书的爱好者变成百科全书的编纂者。我个人半世蹭蹬，总算有了一个得遂己愿，一个迟来的“黄金时代”。十余年呼号奋发，十余年伏案埋首，一部具有时代丰碑意义的《中国大百科全书》从天文学卷开路，从无到有，从小到大，成为巍峨的知识大厦，傲立世间。

十年功业百年身。我是一个事业上的迟到者，从半百之年开始才有这么一点作为。对于像我这样的迟到者，十余年差不多就是一生了。不过，差强自慰的是，我参加了我国现代百科全书从无到有的过程，见证了我国大百科全书创建的历史。大百科全书是千秋万代、传之后世的事业。那些曾把个人命运同这个事业紧紧连在一起的同道者们，都留下了自己的足迹。

本书可能就是我最后的足迹了，或者如人们所说，称为“封笔之作”吧。《中国大百科全书》第二版已经问世，更多踏上百科新征程的年轻同道者们，自会有更丰富、更新鲜的心得和研究。长江后浪推前浪，我希望有更多的新人新著出来，把百科全书事业推向一个新的高度。

金常政

2018 年 8 月

目　录

引　论

人们常常把一切内容丰富、知识宏博的巨著，如曹雪芹的《红楼梦》和巴尔扎克的《人间喜剧》，比作百科全书。一说起百科全书，不免就会想到包罗万象，巨细无遗，古今中外，天文地理，以至“万宝全书”和“没有围墙的大学”。百科全书究竟对人们产生什么影响？往往谁也说不清楚。不仅在中国，在外国也是如此；不仅在古代，就是到现代仍然是个问题。20世纪70年代出版的第15版《不列颠百科全书》，在谈到百科全书的作用时就说：“百科全书自问世以来，一直试图向一切人介绍一切事物，耗费的气力很大，而效果则不肯定。谁也无法知道，一部百科全书究竟对个人的思想和行为，产生了什么特定的影响。”

关于百科全书　历代的学者，甚至历代的百科全书编纂家，对于百科全书的性质也各有说法。有人认为百科全书是解释世界、认识世界的书，是一面反映世界的镜子，因而把百科全书称为“宝鉴”。有人认为百科全书是追求真理、探索真理的工具。英国哲学家培根认为，百科全书是使现实人的智慧与理想人的智慧合一的工具。狄德罗则把他主编的法国《百科全书》说成是“用来改变人们思想的词典”。后来，又有一种更接近实际的看法，认为百科全书是向缺乏书籍的人，精确解答一切问题的书。因此长久以来就存在一个古老的幻想：编一部能够代替一切书籍的书，能给人一切知识的“万宝全书”。这种种的说法，都不能说没有道理。那是历代编百科全书的人，期待所编百科全书实现的一种价值。至于达到各自的目的没有，那只好让百科全书史去回答了。

在西方，“百科全书”这个词很古老，百科全书这种书也很古老。

两者大概都有 2000 年的历史了。但是名与实结合到一起，却是很多年以后的事。在古希腊文中，“百科全书”是由 enkyklios 和 paedeia 两个词合成的，原意是“普通教育”。后来，写成英文是 encyclopaedia。如果把这个词分解为三个部分，en 是“在……之中”，cycle 是“圆圈”或“范围”，paedia 是“基本学识”，合起来的意思就是：“基本的学问尽在其中。”“百科全书”在汉语中是个意译的名称，是 20 世纪初，准确点说，是 20 世纪到来前两三年由康有为从日本引进的。

就名称而论，“百科”，指包容的学科之多；“全书”，指汇集的知识之广。纵览古今，横观中外，百科全书（包括我国的知识性类书）的主要功用可概括为四。一曰存佚，古代多少重要的典籍文献早已散失，今天人们尚能窥见其某些内容，多是靠百科全书保存下来的；二曰启蒙，就是用真正的、有益的知识启愚昧之蒙，以狄德罗为首的法国“百科全书派”，正是因此而得名的；三曰急就，就是满足人们应急查检知识、释疑解惑的需要；四曰自学，为求知上进的人们提供一种系统自学的方便，“没有围墙的大学”说的就是这个意思。

现代的百科全书是概述人类一切门类知识（综合性）或某一门类知识（专业性）的完备工具书。它以便于寻检查阅的条目形式，介绍一切人、事、物的知识和资料，解说一切重要的科学概念。“完备”的意思是说，现代百科全书不是单一功能的，它包含有多种工具书的成分，甚至有教科书的某些成分和作用。现代世界已进入信息时代，有人说是“知识爆炸”的时代。人类既有积累了几千年的科学文化知识，又有几倍、几十倍于此的新知识出现，记述这些知识的书刊浩如烟海。世界上最大的图书馆的馆藏已逾亿册（件），而且以每年百万册（件）的速度在增加。“学富五车”，在古代可称为博学之士，现在任凭怎样博闻强记的人，也无法通晓现代世界的一切知识。生活在现代的人，每天都会碰到许多不知或知之甚少、不懂又想弄懂的问题。怎样才能用最少的时间，用最便当的途径找到各种问题的基本答案呢？百科全书就是这样一座荟萃精华、广收博蓄、条理整齐、取用方便的知识库。随着现代科学与文化的发展，百科全书在积累、整理、更新知识和提供基本资料，以及在文化教育方面，甚至在人们日常生活中的作用日益增加。

荟萃已有文献，分类整理，条分件系，编纂成书，以备检索，是我国古已有之的治学的传统。我们的先人在这方面留下了丰富的遗产，有些已成为我国古代百科工具书（称为文史工具书）的典范，那就是我国传统的类书。根据史籍，类书之作始自三国魏时的《皇览》，迄今已经有 1700 多年。其实，我国百科全书式类书的渊源还要更早，可以上溯至先秦时期的《吕氏春秋》。就从《皇览》算起，我国历代编纂的大小知识性类书，自魏至清不下 400 余种。明代的《永乐大典》已被公认为世界最大的百科全书。但是，自从 18 世纪西方百科全书进入现代时期以来，由于种种历史原因，我国类书的编纂并未出现这一转型。因此，当我国着手编纂和出版现代大百科全书的时候，人们常常觉得这是一件新鲜事。其实，就百科全书的最初形态来说，中国和西方百科全书性质的著作几乎是同时出现的，我们只是在现代百科全书编纂史上迟到了一步。1978 年，我国现代百科全书事业终于起步。这一事业的奠基人姜椿芳留下一本百科全书论集，书名就是《从类书到百科全书》，记述了我国现代百科全书的起步过程，也说明了我国现代百科全书与我国类书传统的传承，及其与现代世界百科全书接轨的关系。可以认为，20 世纪的后 20 年，是我国现代百科全书的起点，也是我国百科全书的复兴时代。凝集着我国两万多位学者和编辑心血、历时 15 年完成的 74 卷《中国大百科全书》，是在 1978 年起步的。《中国大百科全书》是我国现代百科工具书的龙头，被誉为我国的“历史文化丰碑”和“文化长城”。不过，它的意义和作用还不仅限于其自身。它在体例模式和风格特点上，对我国各种百科全书的编纂产生了显著的，甚至可以说是决定性的影响。它的编纂和出版，启动了我国整个现代百科全书事业，促进了我国百科工具书系列化的形成，为各种各类百科全书的编纂提供了参考经验，组织起来一支庞大的、经过撰写百科条目实践的百科全书作者队伍。

百科全书学和百科全书编纂学 关于百科全书，世界上迄今还没有一本称之为“学”的专著。外国讨论百科全书具有权威、最有分量的著作，可能非英国学者科利森（Robert Collison）的那本《百科全书全史》（*Encyclopaedias：Their History throughout the Ages*）莫属。那本书有一个挺长的副标题：“公元前350年至今问世的世界综合性百科全书书志指南和历史综览”（*A Bibliographical Guide with Extensive Historical Notes to the Genegral Encyclopaedias Issued throughout the World from 350.B.C. to the Present Day*），内容堪称宏博而翔实，但那究竟只是一部关于百科全书的专史，不是一本全面研究百科全书、包括百科全书编纂学问的书，而且作者也不是一位有实践体验的百科全书编纂家。美国著名的百科全书编纂家肖尔斯博士（Dr Louis Shores）编过美国A、B、C三大百科全书之一的《科利尔百科全书》（A、B、C百科全书分别是*Encyclopedia Americana*、*Encyclopaedia Britannica*和*Collier's Encyclopedia*），曾主张建立“百科全书学”（encyclopedics），但“百科全书学”究竟是怎样的一门学问，学科定位如何，研究的范围多大，他并没有进一步探讨。

百科全书学这门学问研究的对象非常明白，那就是百科全书。在图书分类法上，不难找到它的位置。它和词典并列，上一层次是工具书，再上一层次是图书。图书是文化产物，说百科全书学属于社会科学领域的文化学是不会错的，不过二者离得稍远了点。图书是文化传播工具，可能百科全书学上面还有一个层次叫文化传播学。工具书类的词典和百科全书又形成辞书一个分类，研究辞书的学问称为辞书学。那么，百科全书学上面就有了两个“婆婆”。一个管它的社会文化功用，一个管它的编纂方法。百科全书学找到了自己的定位以后，还要看看它与相关学科的关系如何。百科全书和词典都是所谓包罗万象的书，涉及人类一切学科知识，但词典毕竟关注的是语词和代表一切学科知识的词，所以在历史上就出身于语言那个学科，而百科全书则直接以百科知识为对象，所以百科全书学可能有点像哲学，与一切学科都有相当的关系。翻翻百科全书的历史，有那么多部重要的百科全书都是由大哲学家主编的，就不令人奇怪了。话说回来，百科全书与词典在历史上就是兄弟，关系非同一般，一向把语文学视为最亲近的近邻。5 世纪有一位百科全书编纂家叫卡佩拉（Martianus Capella），编了一部百科全书，名之为《语文学与墨丘利的婚礼》（*De Nuptiis Philologiae et Mercurii*）。在墨丘利与语文学的婚礼上有七位傧相，代表古代西方的全部学问，即三学和四术，亦即常说到的“自由七艺”。语文是描述一切学问的基本工具，墨丘利是罗马神话中掌管商业、交通、畜牧业等一切实用事业的保护神。看来，语文学与百科全书学的关系是由来有自的。与百科全书学关系密切的学科还有科学学，特别是其中的科学分类学。人们常说百科全书是“没有围墙的大学”，百科全书与教育学的关系是不会被人忘记的。传播学、出版学、信息学、文献学、图书馆学等，当然也都是与百科全书学有直接联系的相关学科。提到新兴学科，信息科学和系统科学，还有计算机科学技术，都是现代百科全书编纂离不开的邻居。

百科全书有“学”，学必有其内容范围，或称领域。百科全书学的研究领域有四个方面：百科全书历史和演变的研究；百科全书的一般理论，即百科全书性质、社会文化意义和功用的研究；百科全书编纂学或百科全书编纂方法论；百科全书的使用、鉴别和评价的研究。百科全书编纂法应是百科全书学的核心内容。本书就是以百科全书编纂方法为核心内容，兼及其他三个方面。百科全书编纂是一种繁重而复杂的实践活动，可以称为一项很大的系统工程，因此百科全书编纂学是一门实践性很强的应用学科。不同系列、不同类型的百科全书性质和作用有别，编纂方法也各有差异，为此要研究百科全书的分类和系列化。任何百科全书都有一个从总体设计开始的编纂过程，还有需要事先确定的修订体制。编纂体例与框架和选条，同是百科全书总体设计的重要内容，而体例工作则是贯穿百科全书编纂全过程的要项。百科全书稿件的撰写、审定、编辑加工，以及内容交叉与重复的处理，各有其特殊的难点和规律。百科全书的检索系统复杂而多样，必须与百科全书内容环环相扣。百科全书在插图和版式上，也有一些与普通图书不同之处。不同类型的百科全书，如综合性百科全书、专业性百科全书、地域性百科全书、少年儿童百科全书，在设计和编纂方面都有一些特殊的问题。百科年鉴虽然不是百科全书，但它是百科全书同体延续，往往是百科全书的修订手段，其框架设计和编纂方法不免要同百科全书接轨，百科全书的编纂者不能不有所了解。至于百科全书的一些现代全新形态——多媒体百科全书、网络百科全书，其制作方法和过程不管有多少新奇而陌生的技术，传统百科全书的编纂者注定仍要扮演主要的策划和“导演”的角色。

现代类型的百科全书在中国只有约 40 年的历史。但是，中国古代编百科性质类书的传统，与西方百科全书史同样源远流长。自魏至清，几百部百科性类书，构成我国传统工具书（文史工具书）中最有价值的部分。自清代后期，由于种种历史原因，我国编纂类书的势头突然消退。我国现代百科全书的起点，应该说也是我国百科全书事业的复兴。40 年来，我国现代百科全书事业，经历了从无到有的创始阶段和从少到多的繁荣阶段。前者以《中国大百科全书》这一历史文化丰碑的缔建为标志；后者则以我国百科工具书系列化的形成和品种纷繁为世人瞩目。这种一经兴起，在短短 40 年间便呈现出如此百花齐放的繁荣局面，在世界百科全书史上也颇为罕见。尤其令人喜悦的是，我国现代百科全书事业之兴，海峡两岸同时起步，如相约携手，同步前进，如比肩竞赛，新作层出。

现代，世界上以“百科全书”为书名的出版物汗牛充栋，多得不可胜数，已呈“百科热”之势。百科全书之名既“百”且“全”，很有吸引力，也有招徕之效。遗憾的是，百科全书这块知识净土，有时也不免存在“假冒伪劣”之风。中国民间有句俗语：“拣进篮子里的就是菜”，其实不然，拣进篮子里的不尽是菜，还可能有杂草。有的名为百科全书，未必就是百科全书。例如，把非百科题材的东西，如迎合低级趣味、猥琐媚俗的东西编起来，或是采取东拼西凑“速成编纂法”编成，都是对百科全书的严肃性和权威性的亵渎，均属假冒伪劣之作。在我国百科全书编纂者面前的，是一个以高质量和新形态为追求的新台阶。用出版界常说的话，就是要上一个“精品”台阶。为此，让我们的百科全书编纂者和使用者，以及一切关心百科全书事业的人，呼唤一门新的实用学问——百科全书编纂学出世吧。

百科全书是编纂的书　经过40年编百科全书的实践，我国的百科全书编纂者们已经一致承认，编百科全书是一项复杂而艰巨的系统工程，是一门不小的学问。百科全书的编纂不是一般图书的编辑，而是建造一座完美的人类知识库，这门学问就称为百科全书编纂学。人们通常不大严格区分“编纂”与“编辑”的不同，对于大部头套书常常是两词混用，只是出于直觉才不把“编纂”一词用在一般书稿上。对于百科全书来说，编纂和编辑有着实质性的区别。问题不在“纂”和“辑”的字义上，而是在两个概念的内涵上。简单说，凡是编者（往往是一个庞大的兼有学术性质的编辑部或编委会）起主导作用，或者说，编辑部或编委会是成书的主体，即由经过组织的众多分散的作者按编者的设计和要求提供稿件，而由编者按确定的设计编成的书，就是编纂的书。凡是作者起主导作用，即由单一的作者或合著者决定作品的主题、内容、结构和体例，编辑部只是选题、约稿、审稿、加工整理书稿和发稿，那么编辑部的工作就是编辑工作（editorial work），而不是编纂（compilation）。编纂区别于编辑的主要之点，是它包含着设计、组织和成书三个因素。不消说，编纂中包含着大量的编辑工作，而且其难度比一般书刊编辑大得多。百科全书和大型词典都是编纂的书，而不仅仅是编辑的书。不作这种区别，把编纂的书当作编辑的书来编，必会碰到许多扯不清的矛盾，理不清的问题，甚至最后编出“四不像”的书。这些矛盾和这些问题中最主要的就是编者、作者在编辑和编纂过程中的作用不同，就是编者、作者之间的关系不同；在实践中涉及的有体例指导问题、稿件改动量与“文责自负”问题，还有编辑流程问题，等等。

什么是编纂中的设计因素？一本书的写成或一期杂志的编成，当然也有设计的因素。但一本书的构思、布局和谋篇，那是作者的事情，编辑不必操太多的心。一期杂志的选题计划也是一种设计，但那不过是一个有很大任意性的框框。一篇稿子不好，可以抽下来换上另一篇题目完全不同的稿子。对于百科全书、大型词典和年鉴这样的工具书来说，编纂中的设计因素包括确定编辑方针（读者对象、作用和指导思想）、规模、结构、编排方式（包括各种检索系统）、体例（体裁规范和编写要求）、图文比、装帧等。以百科全书来说，它的总体设计包括制定编纂方案、编制体例文件、框架设计和编定条目总表、全书装帧设计四个方面，这涉及许多专门的设计指标，如规模指标（卷数、页数、字数）、结构指标（知识门类比例、条目平均篇幅、图文比）、检索性指标（索引量、参见频率、参考书目使用量），还涉及许多“性”，如权威性、客观性、稳定性、知识性、资料性、检索性，等等。

编纂中的设计因素支配着全书的整体风格、整体规范、整体功能和整体效益。在人们的印象中，最能表现整体性的是机器。一台由成百上千个不同零件组成的机器，它的每个零件都是为实现机器整体功能而设计的。编纂的书的整体价值就在于它的整体性水平，而整体性水平又依赖于它的组成部分的精确性。编纂书的失调（内容的畸轻畸重）、膨胀、疏漏和重复，不是由于总体设计不周便是由于离开总体设计而即兴发挥和失控所致。这正是把编纂的书当作编辑的书来编而常常发生的情形。编纂的书的总体设计既然如此重要，那么这种设计当然是要在广泛的、深入的科学研究的基础上，经过大量创造性劳动完成的，用科学的语言说，就是要经过审慎的方案论证和可行性研究的过程。

什么是编纂中的组织因素？编纂书总体设计之后的“施工”，是一项复杂的系统工程，组织因素贯穿于工程的始终。首先，是工作流程的组织。如果把编纂看作是一项大工程，那么它就分为前期工程和后期工程。前期工程指稿件进入编辑部之前的工作，包括全书总体设计、选择作者、撰写过程中的体例指导和稿件科学内容的审定；后期工作指的是编辑加工、成书编辑和发稿后的编辑工作。前期工作重在控制，好像作战中的进攻；后期工作重在把关，好像作战中的防守。编纂过程具体阶段的划分，依书的性质和复杂程度而有所不同。其次，是编审队伍的组织。编纂的书不可能是由单一作者，甚至不可能是由少数作者撰写的。所谓编审队伍，除撰稿人（作者）外还包括审查科学内容的专家组织，一般以编委会的形式组成。因此，编审组织成员的遴选、他们和编辑部的关系，以及适当的撰稿人的选择（包括人数多少、分布情况等），都是比较复杂的问题。再次，是全书内容的组织。一部编纂的书，特别是百科全书，其内容的组织包括三个方面：一是求“全”。这个“全”，是指知识内容覆盖的“全”，不是穷尽一切细节的“全”。它不能像杂志那样，有什么算什么，而是应该有的一点也不能少，不应该有的一点也不能留。二是不重复、不矛盾，这要靠对各种交叉关系的处理来解决。不同分支（部分）、不同条目可能从不同的角度涉及同一问题，在提法上、事实上不应存在互相抵牾、各执一词的情况。内容重复则是编纂书的累赘，而发现和消除重复则需要一种特殊的功夫。三是平衡，不同主题的内容和不同的条目，由于作者的感情和偏爱，难免在分量上过分突出，失去平衡，这就需要编者的控制和调整，而不能来者不拒，有多少算多少。

成书因素是百科全书编纂中特殊的和决定性的因素。成书有点像机器的组装，最能反映编纂的特征。成书的本质特征就是“合”，是编纂过程几番从分到合的最后一次总合成。编纂书的整体水平和质量，在很大的程度上决定于成书阶段的工作。一般说，大部头工具书的编纂过程要经过三次分合：从分支（局部）框架和分支选条到全书总框架（总条目表）的合龙；从撰稿人分头撰写稿件到分支集中审稿；从分支稿件编辑加工到全书（加上各种附属成分）的整体合成。成书就是最后的一次大合龙。因此，全书的编纂工作就应该是从分入手，从合着眼，一切为了合，从分到合。成书还是个收拢的过程。第一件事就是稿件齐套。说来，齐套也并不容易。对于编纂的书来说，一个缺席者（条目）或虽到位而装备（内容）不齐整也会妨碍全局。其次，编辑部还要把上百位甚至上万位作者分头撰写的稿件集拢起来，修磨补缀，匹配调整，同时编制出与之相洽的附属部分，如各种目录、索引和附录。成书中对稿件的任何改动，都会牵一发而动全身，带来连锁的更动。大量的规范统一和事实数据核对的工作，也多半是在成书过程中完成的。成书工作除进一步完善稿件、完成通读统审（二、三审）和编制各种附属成分外，还有一大套专项检查，按专项分工对书稿内各级标题、各种外文、图文关系、名词符号、参见系统、索引等进行细致的检查。编纂到了成书阶段便已接近尾声，但是那纷繁的作业项目必须有一个周密的进度计划和一个严密的工作流程来控制和疏导。

这一切，就是本书要一一讨论的问题。

第一章
西方百科全书史

在人类文明史上，虽然没有人能确切说明百科全书究竟起了多大的作用，但是在记录、整理、积累、传播各个时代人类已有知识方面，在启发人们探索和掌握新的知识方面，在以真知启迪愚昧之蒙方面，谁也无法否认百科全书的重要意义。百科全书历2000多年而不衰。到了现代，百科全书事业更兴旺起来，即便是换成不同的载体。2000多年来百科全书的历史，在某种意义上也反映了人类文明发展的历程。历代一部部重要的百科巨著，恰像文明史上一座座里程碑，耸立在人类走过的路上，至今还时时为人们所回顾并引以自豪。百科全书的广泛社会历史意义，在权威的历史文献中有不少零散的论述，并且还会继续成为历史学家们研究的课题。但是，百科全书随时代发生的演变，以及百科全书编纂理论和方法的探索和逐渐完善的过程，则是一种专门的书史，或者说是图书出版史的一个重要分支。

为什么要研究百科全书的历史？ 关于百科全书的历史，自然首先是百科全书的编纂者所关心的，但百科全书的使用者，包括图书馆工作者以及广泛的读者，为了了解百科全书的性质和作用，也应该具备一些关于百科全书历史的知识，因为百科全书的性质曾有过比较复杂的演变过程。现代百科全书的性质已不同于古代的和中世纪的百科全书。不同历史时期的百科全书，读者对象（使用者）也有所不同。例如，帝王、贵族、朝臣、官吏、举子、教士和中产阶级人士，曾经是古代不同历史时期百科全书的主要读者。不同的读者对象，也是决定不同时期百科全书基本性质的重要因素。不研究百科全书的历史情况，就难以了解

现代百科全书何以不同于传统的百科全书。

最早的百科全书形态的著作有两个发源地。一个是古代希腊，一个是中国。东、西方百科全书的渊源，都可以追溯到2000多年以前。但是，东、两方古代百科全书的发展，也像东、西方古代文化一样，在漫长的历史时期并未相会或融合，而是各自形成不同的形态和传统。

作为百科全书，无论是古代的还是现代的，都必须有两个根本基础。第一个是概而全，即全面概述人类已有的知识，离开“概”和“全”，便谈不上百科全书。第二个是知识分类，这是一切百科全书编纂的基础。不管早期的知识分类是多么原始和多么幼稚，但毕竟是对知识的一种整理。离开知识的整理也谈不上百科全书。这两个基础，其实也是后来一切百科全书，包括现代百科全书编纂的起码的条件。这也正是百科全书与词典渊源不同之处。百科全书与词典结缘及其相互渗透，是后来才出现的情况。

从起源到近代　西方百科全书从古希腊亚里士多德在“吕刻昂”（Lyceum）学园讲学算起，2300多年来不绝如缕，流出一条轮廓比较清晰的百科长河，留下了几百部甚至上千部形态不同，甚至性质也有变异的百科全书。简单说来，这条百科巨流曾经历了三个演变阶段，或者说其性质和形态曾有过三变，当然这是一个大体上的概括。西方百科全书起源于教育，其源头是人类已有知识，其性质和形态从教科书逐渐地转变为现代的完备的工具书。三个发展阶段分别是：古代百科全书，其基本性质是教科书，而不是工具书（这一传统与我国古代百科全书性质的类书不同），这一阶段的百科全书以“自由七艺”（seven liberal arts）为知识分类基础编排。所谓“自由七艺”，就是欧洲中世纪以前学生接受教育的七门课程。文法、修辞和逻辑称为“三学”（trivium），算术、几何、天文和音乐称为“四术”（quadrivium）。中世纪百科全书的性质，仍以教育作用为主，开始兼顾一定的查检功用，逐渐增加若干工具书的因素。内容编排由原始的“自由七艺”向科学分类过渡。近现代百科全书则以工具书作用为主，兼具教育作用，内容编排受词典编法的影响，多以字母顺序为主。这一演变过程，大体上如下表所示。

时期＼区别	性　质	编排方法	编纂组织方式
古代百科全书	教科书与工具书不分	原始分类	单一作者或单一编者
中世纪百科全书	以教育作用为主，兼顾一定的检索作用	开始采取科学分类方法	单一编者和多作者
近现代百科全书	以工具书作用为主，兼具教育作用	以字母顺序编排为主	多编者和多专家作者

从亚里士多德时代经罗马的瓦洛和老普里尼，到 7 世纪的圣伊西多尔，大体上属于第一阶段。此后到 18 世纪大体上为第二阶段。17 世纪培根创建知识的科学分类法，是这一阶段百科全书演变的主要导因。人们公认，西方现代类型百科全书始于狄德罗的法国《百科全书》。

渊源：亚里士多德　西方百科全书式的著作始于古代希腊，但究竟谁该戴“百科全书之父”这顶桂冠呢？研究百科全书历史的人说法不一。比较公认的是亚里士多德（Aristotle，前 384 ～前 322）。根据是：第一，他最早搞学科分类，把当时已有的科学分为理论科学（数学、自然科学）、实践科学（伦理学等）和创造科学（诗学），而知识分类正是编百科全书的基础；第二，他最早概述人类已有的知识，为讲学而编写各个学科的讲义，其中有《工具论》（逻辑学）、《物理学》（自然科学）、《形而

亚里士多德的雕像

上学》（哲学）、《伦理学》《政治学》《诗学》（文艺）、《修辞学》等。他的这些讲义可以说是百科全书的最早雏形。特别是他的《范畴篇》，为人类的知识分类奠定了最初的基础，尤其是新柏拉图主义哲学家波菲利（Porphyry，约 234 ～ 305）所作的注释，称为“波菲利之树”（现代常称为“知识树”）。后代许多百科全书编纂家都受其影响，直至 6 世纪的卡西奥多鲁斯编纂的《神与世俗学科教程》。

也有人说，斯彪西波（Speusippus，？～前 338）是百科全书的创始人，因为他留下了一些记述诸科学问的残篇。其实，他主要还是转述他舅父兼老师柏拉图的东西。柏拉图（Plato，前 427 ～前 347）是亚里士多德和斯彪西波的老师，于是又有人推戴柏拉图为百科全书的始祖。这三人师生一门，不分彼此倒也不妨。还有人推出德谟克利特（Democritus，前 460 ～前 370）作为百科全书的首创者。这大概是因为马克思曾说过，他是“希腊人中第一个百科全书式的学者”的缘故吧。

承前启后：瓦洛　古罗马的瓦洛（Varro，前 116 ～前 27）是一位多才多艺而又多产多著的学者，但他更重要的贡献是在编百科全书上。瓦洛前半生因卷入罗马前后三雄政争，生活很不安宁，后半生才有条件专心从事著述。他先后写了 74 部著作，达 600 多卷，题材之广泛如同他编的百科全书。他的文学作品以《梅尼普斯讽刺诗》最为有名，但完整保存下来的著作只有《论农业》一书，可惜不是他的百科全书《学科要义九书》（*Disciplinarum libri IX*）。瓦洛对百科全书发展的贡献，不仅在于他编了这部百科全书，更重要的是他承前启后，把源于古希腊的“自由七艺”明确化并加以补充，传给中世纪的百科全书家，成为古代百科知识分类的基础。瓦洛写在莎草纸上的《学科要义九书》虽未流传下来，但其大致的内容及影响，在百科全书史上是有记载的。“九书”当然是 9 卷书。前 7 卷内容分别为七艺：文法、逻辑、修辞、几何、算术、天文和音乐。他对七艺的框框有所突破，用另两卷补充了医

学和建筑学两门学科。瓦洛在百科全书编纂中的开明之处，是尊重世俗事物，不像后来中世纪那些神职的百科全书家，总是把上帝、天使、创世记捧在前面，甚至把魔鬼也摆在人间事物之前。

瓦洛还编了一部也具有百科全书性质的著作，称为《神俗古事全书》（*Rerum divinarum et humanarum antiquitates*），共41卷。第1卷是前言；第2～7卷讲人类事物；第8～13卷讲罗马地理；第14～19卷讲历史；第20～25卷讲政府和国家；其后的16卷讲神的世界。

古代百科全书的奠基者：老普里尼　古罗马有老、小两位普里尼。小普里尼（Pliny the Younger，公元61～113）是老普里尼的养子。这里要说的是编了百科全书史上著名的《博物志》或称《自然史》（*Historia Naturalis*）的老普里尼。

老普里尼

老普里尼（Pliny the Elder，公元23～79）23岁投军，还指挥过舰队，学过法律，当过官（在西班牙代理过总督），但一生主要是以著述为务。《博物志》是一部重要的百科全书，共37卷，分2500节，引据500多位古希腊学者的著作。书成于公元77年。作者将它题献给罗马皇帝提图斯（Titus）。题献不过表示个意思，实际上160卷羊皮纸书卷手稿并未献纳，而是传给了小普里尼。

《博物志》第1卷为总论，第2～6卷从天文、地理写到人种，第7～11卷讲动物，第12～19卷从植物写到农业，第20～32卷讲药物，第33～37卷从矿物讲到冶金和技艺。这部古代百科全书对后世影响之深远，实非当时他书可比。后世有的百科全书竟有90%的内容取材于《博物志》，甚至因老普里尼过于轻信而收入的许多荒诞不经的材料，也为后来的一些百科全书照抄不误。中世纪时，没有哪个像样的图书馆不把《博物志》当作馆藏的重点书。直到 20 世纪，德国莱比锡的一家出版社还出了此书的现代版 6 卷。

老普里尼热心知识，自然好奇心重，后来去考察维苏威火山爆发，不幸因火山爆发的烟雾窒息而死。这是个震撼古代史的日子，很容易记住：这一天就是公元 79 年 8 月 24 日。

在罗马帝国提比略皇帝在位时期还有一部大部头的百科全书，为古罗马伟大的医学家塞尔苏斯（Aulus Cornelius Celsus）所编。书名是《诸科学艺》（*Artes*）。书成于公元 14 ～ 37 年，其中农业占 5 卷，医学占 8 卷，修辞学占 6 卷，哲学和法学占 6 卷，战争占 1 卷。存世的仅医学 8 卷，已成为最古典的医学著作。塞尔苏斯在书中最早提出消毒、皮肤移植和发炎四体征（红、肿、痛、热）。

百科全书与词典交叉且相互影响的一个支脉——百科词典的最原始雏形，应该说是公元 1 ～ 2 世纪的《词义》（*De verborum signicatu*）一书。它是古罗马奴隶出身的学者弗拉库斯（Verríus Flaccus）和 2 世纪拉丁文法家费斯图斯（Sextus Pompeíus Festus）两代学者先后完成的。《词义》本是词典，却收入许多古代文化和历史知识，保存了不少后已佚失的资料。此书原来部头甚大，经费斯图斯之手浓集后编为 20 卷，现仅存 M ～ V 字母部分。

最直接承继老普里尼成果的，是 3 世纪中叶罗马城郊的索里努斯（Gaius Julius Solinus）。他以自己的旅行见闻为纬，织入历史、博物，以及各种见闻和事物知识，编成一部《见闻备忘志》（*Collectanea rerum memorabilium*）。其中多半内容取材于老普里尼的《博物志》，此书虽然学术成就无多，但影响不小，最受其惠的是百科全书编纂家圣伊西多尔（St. Isidore of Seville，560 ～ 636）。

古罗马历史学家、政治家和修道士卡西奥多鲁斯（Cassiodorus，约 490 ～ 585）在公元 551 年退出政界后，归隐修道院，专心从事写作。他最主要的成就就是编了一部百科全书，或者说是一部培养合格教士的好教材，名为《神与世俗学科教程》（*Institutiones divinarum et seccularium litterarum*，551 ～ 575）。这部书保存了罗马世界文化的精华，同时也在罗马人与哥特人间和神职人士与世俗文化间架起一座桥梁。全书分为两大部分：第一部分讲圣经、圣徒、修道院、教会史，远及宇宙志；第二部分讲中世纪的基本学科——三学和四术。

在古代，直到 16 世纪以前，几百部百科全书性质的著作问世，都未使用“百科全书”这一书名，而“百科全书”一词却已出现。古罗马修辞学家和教育家昆体良（Quintilian，公元 35 ～ 96）最早使用了这个词，其词义正是希腊文“全面的”（enkyklios）和“教育”（paedeia）合起来的意思。

神学与百科全书纠缠　教会、神学与百科全书结合，神学与百科全书纠缠不休，也就是说凡人知识被神学所搅混，是欧洲中世纪前期百科全书的基本特征。从卡西奥多鲁斯开始，许多百科全书都出自修道院，由神职人员所编，为培养神职人员而用。7 世纪西班牙百科全书家圣伊西多尔当过塞维利亚的主教，是名字前面带“圣”字的人物，但他受世人崇敬并非因为他的主教的神职，也非头顶“圣”字的光环，而是他的品德和学问。圣伊西多尔写过不少神学著作，但他的不朽贡献是编了一部百科全书：《词源》（*Originum seu Etymologiarum libri*）20 卷。名为“词源”，其实《词源词典》仅是全书中的一卷，而且是最早按字母顺序编排的。《词源》全书是一部名副其实的大百科全书。看一看 20 卷的目录就明白了：第 1 ～ 3 卷仍依循“自由七艺”的内容，第 4 卷医学，第 5 卷法学、时间、编年史，第 6 ～ 8 卷宗教，第 9 卷民族、语言和政权，第 10 卷是词源词典，第 11 卷人类，第 12 卷动物，第 13 卷天空、大气、海洋，第 14 卷地理，第 15 卷城镇和建筑，第 16 卷地质、重量和距离，第 17 卷农业和园艺，第 18 卷战争，第 19 卷舰船、马匹、服饰，第 20 卷食物和器用。

作为西方中世纪早期的百科全书，圣伊西多尔的《词源》有两个突出的特点：第一是并未把神学内容放在凌驾于一切的地位；第二是最早在百科全书中使用插图，开百科全书图文并茂之先河。这部书装帧亦佳，传播广泛而持久，流传至今的还有上千种手抄本。

基督教神学家和美因茨大主教赫拉班（Hrabanus Maurus，约 776 ～ 856）大量抄袭圣伊西多尔的《词源》，编了一部神学气味极浓的百科全书，称为《宇宙书》（*De universo*），22 卷。百科全书讲知识必从上帝和天使开始的传统，可能有赫拉班倡导助成之功，而且对中世纪的百科全书影响甚大。11 世纪，拜占廷神学家和教育家普塞洛斯（Michael Psellus，1018 ～ 1078）严格遵循这一传统，编出一部叫《诸学汇要》（*De omnifaria doctrina*）的书，献给拜占廷皇帝迈克尔七世，试图使基督教义与希腊哲学接轨。全书 5 卷，包括 193 个问答题。内容的次序是：神学、心理学、伦理学、物理、医学、天文、气象和宇宙志等。12 世纪，经院神学家于格（Hugh of Saint-Victor，1096 ～ 1141）编出一部以诠释《圣经》和基督教哲学为主旨的百科全书《学问之阶》（*Didascalicon : de studio legendi*）。全书 6 卷，着重讲获取智慧的哲学、神学、灵魂、人体、数学和三学与四术，以至巫术。

天主教本笃会修士洪诺留 • 英克勒索斯（Honorius Inclusus）编的《世界宝鉴》（*Imago mundi*）是 12 世纪最重要的百科著作。它上承赫拉班的《宇宙书》，但更重视现实知识，更多学术性，下启樊尚的《大宝鉴》。《世界宝鉴》共 3 卷，第 1 卷是地理、天文（包括占星术），但内容从上帝创造世界开始，下及各个国家和城市；第 2 卷是编年史；第 3 卷讲德意志历史。12 世纪的法国女修道院院长赫拉（Herrad，？ ～ 1195）专门为教育修女而编了一部《知识乐园》（*Hortus deliciarum*）。书不大，手抄本 650 页，字体优美，并有 900 幅插图，其中 630 幅为细密画。此书以讲《圣经》故事为主。

13世纪英国有位著名的百科全书编纂家，叫巴塞洛米厄斯（Bartholomaeus Anglicus，约1220～1240）。他是方济各会修士，曾在巴黎大学教授神学。他用拉丁文编了一部在欧洲很有影响的通俗百科全书，书名是《事物本性》（*De proprietibus rerum*），后被译成法、西班牙、意大利文。全书20卷，各卷附有字母顺序索引。不少内容皆取自老普里尼和圣伊西多尔的百科全书。1～2卷讲上帝和天使；3卷讲灵魂；4～7卷讲人体、解剖学和医学；8～9卷讲天文、时间和占星术；10～11卷讲物质及其形态；12卷讲鸟类与昆虫；13卷讲水和鱼类；14～15卷讲地理；16卷讲地质；17卷讲草木；18卷讲动物；19卷讲色、味和酒；20卷讲重量和数。13世纪还有两部以《自然物性》（*De natura rerum*）为书名的百科全书。一部是英国牛津大学神学教授内克姆（Alexander Neckam，1157～1217）编的，2卷，内容也是从上帝创世和天使讲起，然后是自然事物，最后讲到社会和罪孽。另一部是多明我会修士托马斯（Thomas of Cantimpre，1201～1272）编的，19卷。此书虽也出自教士之手，倒并未唯神是尊。1～3卷讲人，4～9卷讲动物，10～12卷讲植物，13卷讲水，14～15卷讲金属和宝石，16卷讲大气，17～19卷讲天文。

中世纪百科全书逐渐从神学向世俗转化，最突出、影响最大的该是意大利著名学者拉蒂尼（Brunetto Latini，1220～1294）所编《宝藏集》（*Li livres dou trésor*）。拉蒂尼的另一重大突破是率先摆脱用拉丁文撰写百科全书的旧规。拉蒂尼是但丁的老师，但丁在《神曲》中还提到他。他曾是意大利政界的头面人物，1260年归尔甫党失败后流亡法国，专心从事著述。他的百科全书面向广泛的世俗读者，采用简练、明快的风格。书成于1262～1266年，共3大卷。第1卷包括总纲、神学知识、通史、物理、地理、农业、博物；第2卷为伦理学、道德与罪孽；第3卷为修辞学和政治。

中世纪百科代表作：《大宝鉴》 法兰西百科全书家樊尚（Vincent,

1190～1264）编的《大宝鉴》（*Speculum majus*），是西方中世纪前期百科全书编纂的总结之作，宗教和神学的痕迹渐已式微。《大宝鉴》标志着西方中世纪百科全书由宗教神化向世俗化的过渡。可以认为，它是神职人员的最后一座“没有围墙的大学”。它也是当时规模空前的一部百科全书。全书 80 卷，近万节。

其实，樊尚也是一位神职人士，是多明我会修士，后来转为修道院的读经人。不过，他更是一位博学多识的学者，熟谙古代典籍，深知知识的价值。

《大宝鉴》由《自然宝鉴》（*Speculum naturale*）、《学理宝鉴》（*Speculum doctrinale*）和篇幅最大的《历史宝鉴》（*Speculum historiale*）三部分组成。《自然宝鉴》32 卷，通过上帝创造世界的故事讲述物理、地质、农业、炼金术、植物、天文、气象、动物、人类等知识。《学理宝鉴》17 卷，讲语言、政治、法律、手工艺、建筑、航海术、医学、数学等知识。《历史宝鉴》31 卷，讲述从开天辟地到 1250 年前的历史，而尤以 1226～1250 年的历史事实为详。《大宝鉴》传至 14 世纪，又有佚名作者为之补编《道德宝鉴》（*Speculum morale*），主要讲伦理学问题。

《大宝鉴》的历史意义在于它总结了 13 世纪以前西方已有的科学和文化知识，为后世保存下不少佚失的古代文献资料。它后来被译成西班牙文、德文、荷兰文等多种版本，迟至 19 世纪还在重印。

《大宝鉴》之后，在 15～16 世纪有三部有代表性的百科全书。意大利人文主义者班迪尼（Domenico Bandini，约 1335～1418）编了一部《宇宙大事源》（*Fons memorabilium universi*）。全书内容分为 5 大部分。第 1 部分从上帝讲到地域和巫术；第 2 部分讲宇宙、天文和季节；第 3 部分讲自然元素，包括火、空气、海洋、湖河、鸟类和鱼类；第 4 部分是地球和地理，包括政区和政府、城镇和建筑、山脉、岛屿、民族习俗、动植物、食物、金属、宝石，直至葡萄酒的酿制；第 5 部分是人类及其行为，包括世界名人名媛、哲学学派、美德和才智等。1496年在海德堡出版的《哲学珠玑》（*Margarita philosophica*）是一部为好学上进青年编的小百科，由马克西米连皇帝的告解神父赖施（Gregor Reisch，？～1525）所编。全书不过200页，包容了当时大学的全部课程：三学和四术，以及世界起源、自然现象、心理学和伦理学。1531年在巴塞尔出版的《学科述要》（*De disciplinis*）为西班牙人文主义学者和教育家比维斯（Juan Luis Vives，1492～1540）所编。比维斯是北方文艺复兴运动领袖伊拉斯谟的学生。他反对经院哲学，他的《学科述要》的特点是解说自然而不求助于宗教权威，不把理性探索同神学混淆起来。他在书中批判地讲述三学和四术，并讨论学习方法，尤其是着重于教育、学校和教师等内容。不妨说，这是一部"教育百科全书"。

关于最早使用"百科全书"一词作为书名的首创者，曾有两种说法。一说是意大利人（？）斯卡利杰，一说是德意志人阿斯特德。斯卡利杰（Paul Scalich）编的书全名《百科全书，或诸般学科及圣俗事物概要》（*Encyclopaedia*；*seu*，*orbis disciplinarum tam sacrarum quam prophanum Epitome*），1559年出版于巴塞尔。由于编著者生平不彰，书的影响也不大，所以才有人把百科全书正名之功归于半个世纪后（1630）问世的阿斯特德编的《七卷本简明百科全书》（*Encyclopaedia, septem tomis distincta*）。阿斯特德著述甚丰，还撰有《哲学教程》一书，第二版改名《哲学教程百科全书》（1620）。《七卷本百科全书》的第1卷是总目；第2卷为语文学，包括一词汇表；第3卷为自然哲学（即自然科学）；第4卷为实用哲学，包括经济学、政治学和教育；第5卷为神学、法学、医学；第6卷为机械和技艺；第7卷为杂学和索引。这部百科全书于1649年在里昂再版，改名为《科学百科全书》（*Scientiarum onnium encyclopaediae*）。

知识分类与百科全书：培根的贡献 英国大学问家培根（Francis Bacon，1561～1626）是一位未编过百科全书的百科全书家。他的百科全书家之名得自两件事：一件事是他曾有志编一部百科全书，而且拟就提纲，可惜愿望未及实现；另一件事是他著有《论诸学科之价值及其发展》（*De Augmentis Scientiarum*）和《新工具论》（*Novum Organum*），实际上是论述百科全书编纂基础的理论著作。特别是培根的科学分类思想，是西方近现代百科全书框架设计理论的基础。培根把人的智力分为记忆力、理解力和想象力，并对应地把知识分为三大部类：对应记忆力的学科是历史；对应理解力的是哲学（中世纪时把科学也归入哲学）；对应想象力的是诗学（包括文学艺术和美学）。培根还把人类全部知识细分为130个门类，再归纳为三大方面：①外界自然（1～40门类，包括天文、气象、地理等）；②人类自身（41～59门类，包括人体构造、体力、行为等）；③人类对自然的作用（60～130门类，包括医学、化学、技术、艺术，以及衣食住行、写作、印刷、农业、航海等）。

培根

在培根之前，西方中世纪百科全书编纂家总是把上帝视为一切知识之源，或是按照《创世纪》的次序讲述事物，进步一些的则墨守古典的（原始的）知识分类，即“自由七艺”。自培根以后，他所创建的科学的知识分类便渐渐成为百科全书框架设计的主要依据。现代类型百科全书的奠基者狄德罗就表示过，他在编那部著名的启蒙百科全书时，就大大受益于培根的知识分类框架。西方中世纪后期的百科全书已越来越带有文艺复兴时期的活力了。培根初学法律，当过律师、检察长，最后官至掌玺大臣，晚年辞官专事著述。他的主要科学著作是《伟大的复兴》（*Instauratio magna*），规模宏伟，可惜全书并未完成。培根反对当时

《伟大的复兴》封面

盛行的经院哲学和偶像崇拜。现在人们常常提到的“知识就是力量”的口号，最早就出自培根。他主张学校应传授百科全书式的真知识。

与培根创立科学的知识分类法一脉相通的，是西班牙学者安东尼奥·扎拉（Antonio Zara，1574～?）编的百科全书《才智与科学的分析》（*Anatomia Ingeniorum et Scientiarum*，1641）。这部书分为4个部分：第1部分讲人，包括人体、人的性格和灵魂；第2部分是与想象力相关的知识，如文学、诗歌、数学、建筑、天文等；第3部分是与理解力相关的知识，如逻辑、物理、法学；第4部分是与记忆力相关的知识，如语法、历史、神启等。这部百科全书还以首次编附索引而著称。

狄德罗

狄德罗、百科全书派和法国《百科全书》 在世界文化史上，有这样一件史实：一位哲学家因编过一部百科全书而名传后世，屡屡为学人所称颂，这个人就是狄德罗（Diderot，1731～1784）；世界上有一部百科全书，总是被人冠以其主编者的名字，成为划时代的历史文化丰碑，其伟大意义斐然卓著，这部书就是法国《百科全书》。它的全名是《百科全书，或科学、艺术与手工艺大词典》（*Encyclopédie, ou dictionnaire raisonné des sciences, des arts et des métiers*，1751 ～ 1772）。谁谈到狄德罗，都会立刻想到百科全书；谁谈到百科全书，都不能不想到狄德罗。冲破欧洲 1000 多年封建与神学统治，在 18 世纪点燃启蒙运动火炬的，是以狄德罗为首的法国“百科全书派”。百科全书派是一批志同道合的资产阶级革命的先驱人物，以百科全书为阵地聚拢起来，以推动思想解放为宗旨的知识分子团体。

现在工业发达、文明昌盛的欧洲，原来曾有过一个黑暗和愚昧的中世纪。宗教和神学是那个时代人们思想的主宰。科学，早时常常称为哲学，被收养在修道院里，讲着普通人们不懂的拉丁语，充当着神学的奴婢。但是，上帝的福音和神父的说教，对于那些坚持要用自己头脑思考的人往往不大灵验。于是，异端裁判所便大抖神威，把那些经过实验、探索和深思而不知不觉触到上帝神秘帷幕的人判为异端，甚至送上火刑柱。至于那些头戴俗世王冠的人，不时与充当上帝嫡系的教皇争权夺利，大打出手，也只能给中世纪欧洲的人民增添更多的灾难。最后，两者仍然言归于好，共同为上帝服务。欧洲中世纪的上帝到底是谁呢？人们都已清楚，那就是冥顽不灵、窒息生机和充满偏见的封建主义。

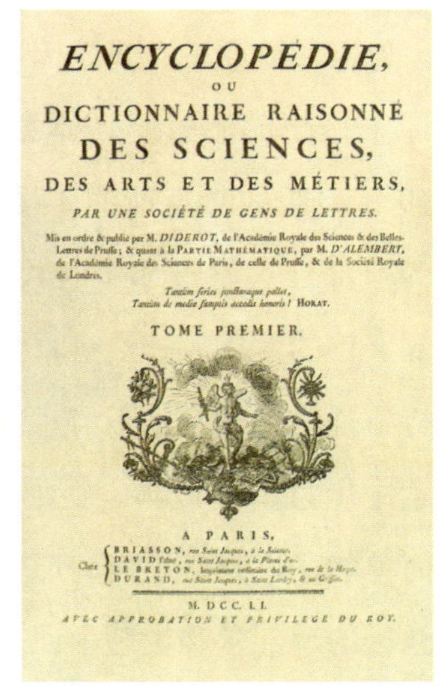
ENCYCLOPÉDIE,
OU
DICTIONNAIRE RAISONNÉ
DES SCIENCES,
DES ARTS ET DES MÉTIERS,
PAR UNE SOCIÉTÉ DE GENS DE LETTRES.
Mis en ordre & publié par M. DIDEROT, de l'Académie Royale des Sciences & des Belles-Lettres de Prusse; & quant à la PARTIE MATHÉMATIQUE, par M. D'ALEMBERT, de l'Académie Royale des Sciences de Paris, de celle de Prusse, & de la Société Royale de Londres.
TOME PREMIER.
A PARIS,
Chez BRIASSON, DAVID l'aîné, LE BRETON, DURAND
M. DCC. LI.
AVEC APPROBATION ET PRIVILEGE DU ROY.

法国《百科全书》首页的封面

百科全书派的勇士们正是生长在这个时代的晚期、文艺复兴的晨曦已现的时候。狄德罗，一个法国刀匠的儿子，1713 年 10 月 5 日生于法国朗格勒，和当时大多数哲学家一样受过良好的基督教教育。教会何其不聪，竟没有留住这个才华出众的青年，而为自己留下一个严厉的批判者。狄德罗拒绝继承他舅父的圣职，进入了巴黎的世俗大学。1732 年他获得巴黎大学文学士的学位。他追求精神世界的自由，不肯遵从父愿去学法律，为了获得真知而甘心过半工半读的贫苦生活。说来可笑，一个反宗教统治的斗士，青年时竟是靠为低能牧师捉刀代笔，写讲道词赚钱养活自己和丰富自由思想的。

狄德罗成就启蒙主义的丰功伟业，主要在于编了一部百科全书，即 1751 ～ 1772 年由出版家布雷顿（Andre-Francois Breton，1708 ～ 1779）出版的《百科全书，或科学、艺术与手工艺大词典》。它被全世界公认是百科全书史上的重要里程碑，而狄德罗则被奉为现代类型百科全书的奠基人。在狄德罗之前，西方百科全书的历史已经历了古代、中世纪两个阶段的演变。古希腊的哲学家亚里士多德的著作和罗马时期瓦洛的《学科要义九书》、普里尼的《博物志》，是古代百科全书的代表作。但是，无论从中世纪的观点还是从现代的观点来看，那与其说是百科全书，还不如说是归纳当时已有知识的教科书，而且掺杂了许多荒诞不经的内容。中世纪那些僧侣和教士（如圣伊西多尔和樊尚）所编的百科全书，自然免不了那个时代的烙印。当然，文艺复兴早期的一些百科全书也不乏科学与智慧的光芒。真正具有启蒙作用的百科全书传统，应该说是由以狄德罗为首的法国百科全书派建立的。

巴黎印刷业主布雷顿因出版这部巨著而留下名字，实在有点偶然。他原来设想的不过是照本翻译 1728 年英国的《钱伯斯百科全书》和 1719 年出版的哈里斯的《技术词典》。这个计划到了狄德罗手里，竟化为一部远远超过那个时代以前一切百科全书的辉煌巨著。完成这样一部宏伟的巨著，若没有卓绝的才思、广博的知识、严肃的治学精神和百折不挠的事业心是不可想象的。狄德罗的一生，是在艰苦学习和不停探索中度过的。1744 年，他翻译一部多卷本《医学词典》。他不甘心于简单的译述，必欲成为原作的真正内行而后止。为此他曾专门去听医学教授的解剖学和生理学课。狄德罗作为哲学家和作家，还精通许多学科，正是这样认真治学的结果。

狄德罗在编纂百科全书之前，已做了大量的预备性研究，写出过不少有名的著作。在哲学思想上，狄德罗早期是自然神论者，受过斯宾诺莎的泛神论的影响。1746 年写成的《哲学思想录》，赞美人的情感，把人的情感与大自然的创造力相比。但是，他歌颂的那个情感，仍然与神难分难解。他叹息道：“耶稣基督的宗教，被一些无知的人宣传着，曾造成了那些最初的基督徒。这同一个宗教，为一些学者和博士宣讲着，在今日却只造成了一些不信仰的人。”认真的科学探索精神，使他在 1749 年终于摆脱了自然神论的羁绊，写出《论盲人书简》。他通过盲人的眼光论证了上帝存在的虚妄性。

狄德罗的激进主义思想和著作，必然触犯当时封建势力的禁忌。他因此于 1749 年夏被送进监狱。铁窗能禁闭人身，却阻不住自由思想的翱翔。狄德罗编纂一部启蒙主义百科全书的愿望恰是在铁窗后面酝酿成熟的，而且形成了一个具体实行的计划。

在法国封建主义已陷入绝境的条件下，出现这样一部冲击经院哲学禁区的百科全书并不偶然。但是，如果没有一批学识渊博而又志同道合的先驱者，形成一个顽强的集体也是不可想象的。狄德罗早在 1740 年就与某些富于自由思想的作家结成一个小小的学术圈子。1742 年，他结识了另一位思想家卢梭（J.J.Rousseau，1712 ～ 1778），1744 年结识孔迪亚克（E.B.Condillac，1715 ～ 1780）、达朗伯（J.R.D’Alembert，1717 ～ 1783）、马布利（G.B.Mably，1709 ～ 1785）和霍尔巴赫（P.H.d’Holbach，1723 ～ 1789）等人，随后又认识了伏尔泰（F.M. Voltaire，1694 ～ 1778）。参加到这个圈子里来的

法国《百科全书》副主编达朗伯

还有哲学家孟德斯鸠（Montesquieu，1689 ～ 1755）、爱尔维修（C.A.Helvetius，1715 ～ 1771）、博物学家毕丰（G.L.Buffon，1707 ～ 1788）和重农学派经济学家魁奈（F. Quesnay，1694 ～ 1774）等。至此，一个以狄德罗和达朗伯为核心的、由法国第一流学问家和思想家组成的最壮观的编撰班子就形成了。这就是被人们称为“百科全书派”的一支杰出的启蒙运动的队伍。此外，参加百科全书条目撰写和编辑的还有当时法国各科学者、工程师、军事专家、医生等 200 多人。狄德罗还邀请一些工匠提供口述资料，写成不少关于各种技艺和机械方面的条目。这也是狄德罗的百科全书有别于其他百科全书的特点之一。

数学家兼哲学家达朗伯是百科全书编纂工作的核心人物。他为这部书写了序论，题为《各学科的起源与发展概述》。达朗伯主持了数学和物理学的部分，后来在 1758 年出版第 7 卷之后，经不住反动当局的压力而与百科全书分手。卢梭主持和编写了音乐和政治经济学方面的条目，霍尔巴赫写了化学方面的条目，伏尔泰写了历史等方面的条目。百科全书的第 1 卷于 1751 年问世，订户虽仅有 2000，但是由于宫廷和教会的非议带来的逆反心理，订户反而大大增加。自由思想的传播，使封建统治集团惊恐万状，先是窃窃私议，继而公开诋毁，最后图穷匕见，施以政治压迫。百科全书有几卷不得不转入地下秘密发行，最后 10 卷甚至改用假封面和倒填出版日期发行。

狄德罗的百科全书于 1772 年告成。全书共 17 卷正篇，11 卷图篇。这部书在狄德罗离开编辑部后，又由出版商先后编了多卷补编和索引。1780 年全书再版时共 35 卷。严格说来，这部百科全书已经不是单单供寻检查阅的工具书了。照狄德罗的说法，这是一部用来“改变人们思想方法的词典”。一部以启蒙主义，即解放思想为目的的百科全书，并不拘泥于工具书惯常的说明文体，有时不免夹叙夹议，雄辩滔滔，甚至玩世不恭，讽刺挖苦。例如，用“私通”一类字眼来解释神学；写“食盐”一条竟引伸到对征收消费税的抨击；“卖淫”一条不仅谈娼妓的性质，而且发挥到说有人为邀恩宠而用笔墨卖淫，大骂御用文人。狄德罗撰写的“政治权威”一条，讲到权力的性质时否认任何人有对他人行使主权的权利。狄德罗亲自撰写的条目达1269条，涉及领域极广，如“自由”“公民”“君主”“社会”“货币”“艺术”“农业”“建筑”“科学”“商业”“喜剧”等大条目。狄德罗十分重视技术条目，他反对那种装腔作势的学究气，而要求用革新态度介绍现代知识，尤其重视先进技术的工业应用。

狄德罗主编的百科全书，动摇了18世纪欧洲封建主义和宗教神学的思想基础，给漫漫黑夜中为梦魇所苦的人们带来一个新时代的智慧的光明。在冠冕堂皇的辞藻讲得太多的时代，人们常常会问：光明？光明意味着什么？光明，意味着人能看清周围的一切；光明，意味着人的智慧不再为黑暗所欺瞒。这就是启蒙！狄德罗的百科全书，作为百科知识工具书来说，不足之处是显而易见的。它对于许多事物的叙述，常常让位给作者的冗长辩驳，论战往往代替了对知识的解说。不过，人们并不用学究的眼光，或用百科全书的严格定义来苛求挑剔。因为谁都知道，狄德罗的百科全书本来就不限于一部百科工具书的作用，甚至不限于对某些思想意识问题的重新解释。恩格斯把狄德罗评价为贡献全部生命追求真理和正义的人，而谈到他的百科全书时则说：“法国的唯物主义者没有把他们的批评局限于宗教信仰问题，他们把批评扩大到他们所遇到的每一个科学传统或政治设施；而为了证明他们的学说可以普遍应用，他们选择了最简便的道路：在他们因以得名的巨著《百科全书》中大胆地把这一学说应用于所有的知识对象。”（《马克思恩格斯全集》第22卷352页）

狄德罗的百科全书出版还不过十几年，1789年7月14日，富于革命传统的巴黎人民攻破了巴士底狱。法国大革命风起云涌。漫长黑夜之后，一个新的时代开始了。法国大革命举起的旗帜，恰恰就是18世纪启蒙学者们所准备好的。百科全书派提出的自由、平等的民主原则，照直写进了《人权宣言》之中。狄德罗于 1784 年 7 月 31 日逝世于巴黎，未及看到他身后的这场伟大的风暴和随之而来的一个新的时代。但是，他主编的百科全书却留传下来，不仅成为现代百科全书无可争辩的基石，而且成为人类文化史上一座不朽的里程碑。

第二章
《不列颠百科全书》250年

2018年，《不列颠百科全书》的编辑人员庆祝该书250岁的生日。从1768年起步，一路走来，确实有两个半世纪的历史了。全世界古今中外哪一部百科全书的生命力能与《不列颠百科全书》比肩？没有。哪一位百科全书编纂者在动手编一部百科全书时，肯定都先要了解一下《不列颠百科全书》。各国各家百科全书，无不把《不列颠百科全书》奉为典范，把《不列颠百科全书》的编辑方法视为重要的经验。

1768年由三个苏格兰人创始的《不列颠百科全书》，在前100年中，即第9版之前，在世界百科全书界尚默默无闻，只是在第9版到第11版这半个世纪中才异军突起，为人们所注目。使《不列颠百科全书》跃居世界百科全书前列，是它的第14版的功劳。250年来，《不列颠百科全书》从简陋的3卷本，发展成为一部典范性的大型综合性百科工具书，从纸质载体到飞跃上网，曾经历了曲折、艰难的道路，先后有几十位主编、总编辑和几百位知名的编辑参加了创造和革新。《不列颠百科全书》的编辑经验为各国百科全书家所重视，并非偶然。它遇到过的难题，它采取的办法，它在编辑上的创新，它仍在处理的一些矛盾，是有代表性的，是一切综合性百科全书的编辑所关注的。因此，了解和研究《不列颠百科全书》走过的道路和历版编辑工作的得失，或者说研究他们的经验和教训，对于编百科全书的人来说是值得的。

《不列颠百科全书》的历史概貌　《不列颠百科全书》走过了250年，在现代百科全书界可谓长途跋涉，路漫漫兮。途中的顺遂和曲折，可为外人道也。

《不列颠百科全书250周年纪念版》

三代“三驾马车”　《不列颠百科全书》的编辑出版人员一向以他们书的国际地位和 250 年的编辑历程而自豪。他们回顾《不列颠百科全书》的历史时，常常提到为《不列颠百科全书》的发展作出重大贡献的三代“三驾马车”。这就是在 1768 ～ 1771 年创业的三个苏格兰人贝尔（Andreu Bell）、麦克法夸（C.Macfarquhar）和斯梅利（William Smelle）；在 1880 ～ 1890 年把《不列颠百科全书》从困难处境中摆脱出来，并使它一跃成为一部权威巨制的美国人胡珀（H.E.Hooper）、杰克逊（W.Jackson）和英国人贝尔（M.Bell）；在 20 世纪 40 年代初期把《不列颠百科全书》推向黄金时代的伍德（R.E.Wood）、本顿（W.Benton）和赫琴斯（R.M.Huchins）。而在伍德死后则加上艾德勒（M.J.Adler）。这三代“三驾马车”分别代表了 1 ～ 8 版的童年时期、9 ～ 11 版的青年时期和 14 版后的壮年时期。

从英国到美国　常使用《不列颠百科全书》的读者不时提出一个疑惑，《不列颠百科全书》或《大英百科全书》怎么是美国编纂和出版的？《不列颠百科全书》有一个从英国“移民”美国的过程。其在苏格兰的爱丁堡诞生到美国的芝加哥落户的“移民”过程，可用下面的路线图来粗略地说明：

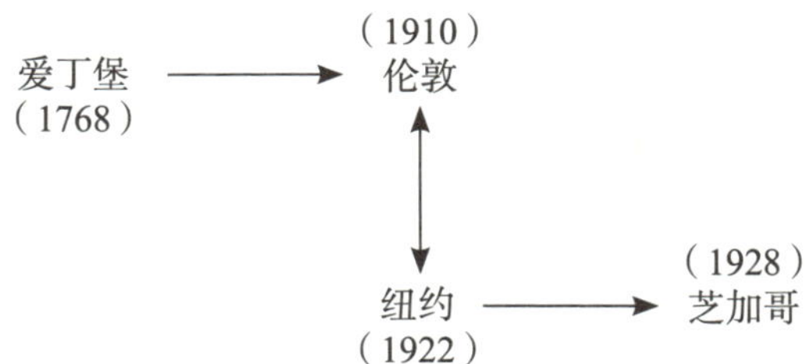

《不列颠百科全书》诞生在苏格兰的爱丁堡。18 世纪，那里是英国的重要文化中心。《不列颠百科全书》在爱丁堡的摇篮时代受到培育，成长起来。18 世纪末，它的第 3 版可以说是爱丁堡文化鼎盛时期的一座纪念碑。到第 7 版时，它已基本上定型。19 世纪 80 年代，它的第 9 版的名声远播国外。在这以前，《不列颠百科全书》还是名副其实的纯不列颠（即英国）的书。

1897 年，4 个美国人合资成立一家出版公司，与《不列颠百科全书》订立了一个合同，在美国翻印发行第 9 版。到 1901 年，美国人胡珀已掌握了该书的部分版权。从此，《不列颠百科全书》便进入美国人和英国人合编的时期。《不列颠百科全书》的编辑部已由苏格兰的爱丁堡迁往伦敦。这个时期也正是伦敦和纽约两个编辑部的作用此消彼长的时期。

1926 ～ 1929 年编辑著名的第 14 版时，伦敦和纽约的两个编辑部已处于平分秋色的对等地位（各有约 50 位主力编辑），而且两国编辑部组织的稿件也各占全书之半。

在第 14 版之后，美国的影响很快超过了英国。到第二次世界大战期间，特别是 1943 年，全书版权转到芝加哥大学手里，全书已经主要是由美国人编了。伦敦编辑部除保留一个“不列颠”的名牌象征意义外，只不过是驻英国的编辑分部而已。

六个时期　《不列颠百科全书》有一位资深编辑肯特，专门研究《不列颠百科全书》的历史。他把《不列颠百科全书》的发展分为 5 个时期，直到第 14 版的后期。如果加上后来编第 15 版这个阶段，应该说是 6 个时期。

第一个时期是从 1768 年编第一版开始到 1823 年为止，半个世纪共出了 6 版和 9 卷补编。《不列颠百科全书》从一部普普通通的科学艺术词典发展为学术性的大型百科工具书。

第二个时期是从 1830 年到 1903 年，共 70 多年，出了第 7、8、9、

10 版。其中第 9 版达到一个高峰。

第三个时期是从 1910 年到 1926 年，出了第 11、12 和 13 版。第 11 版是《不列颠百科全书》的又一高峰。

第四个时期的标志是 1929 年一次出齐的第 14 版。这一版考虑了更广泛的读者的需要，进一步扩大了选条范围，从组稿和内容上更注重了国际性。

第五个时期是从 20 世纪 30 年代开始形成连续修订制的时期，即逐年修订重印的体制，直到 70 年代出第 15 版之前。

第六个时期应从 70 年代算起，其代表作就是后来仍无定评的所谓“三合一”的第 15 版。

历版足迹 《不列颠百科全书》走过 250 年的长途，编纂出版了 15 版。历版的编纂有得有失，经历有长有短，但总的方向是前进和现代化，以至成为世界瞩目的权威百科巨作。

第 1 版 《不列颠百科全书》是由 3 个苏格兰人创业的。这 3 个人是贝尔（Andreu Bell, 1726 ～ 1809）、麦克法夸（C.Macfarquhar, 1745 ～ 1793）和斯梅利（William Smelle,1740 ～ 1795）。三个人的作用不同，斯梅利是主编，是位才思敏捷、讲究效率的编辑。他主编全书时才 28 岁。他一手负责第 1 版的框架设计，对后来各版的编法有一定的影响。贝尔是组织者兼制版人。据说，麦克法夸也参加了不少编辑工作，但对他的说法不一。

第 1 版共 3 卷，2689 页，收 160 幅铜板插图。第一版先以分册形式发行，先后出了 100 个分册。1769 年完成第一卷合订，1771 年完成第 3 卷，前后一共编了 3 年，大体上一年出一卷。

18 世纪时，百科全书在框架设计上存在两种倾向。占主导的倾向是大学科、大主题、大条目，主张对大的学科、大的主题作系统的叙述；另一种倾向是以名词解释为主的词典式的结构。当时已享盛名的狄德罗主编的法国《百科全书》（当时已出了 17 卷）就属于前者，而

Encyclopædia Britannica;
OR, A
DICTIONARY
OF
ARTS and SCIENCES,
COMPILED UPON A NEW PLAN.
IN WHICH
The different SCIENCES and ARTS are digeſted into diſtinct Treatiſes or Syſtems;
AND
The various TECHNICAL TERMS, &c. are explained as they occur in the order of the Alphabet.

ILLUSTRATED WITH ONE HUNDRED AND SIXTY COPPERPLATES.

By a SOCIETY of GENTLEMEN in SCOTLAND.

IN THREE VOLUMES.

VOL. I.

EDINBURGH:
Printed for A. BELL and C. MACFARQUHAR;
And ſold by COLIN MACFARQUHAR, at his Printing-office, Nicolſon-ſtreet.
M.DCC.LXXI.

《不列颠百科全书》第1版

英国E.钱伯斯编的百科全书则属于后一种。刚刚出世的《不列颠百科全书》尚不能同这些权威大书比拼高低，但它在框架设计上倒是有所建树。斯梅利的框架设计意图是结合两方面的需要：既便利查阅又便利学习。其实，这正是百科全书家一向要解决的问题。

第1版设置了45个学科门类性质的专题条目。其中以医学条目（如“解剖学”）为最大，有的条目长达100多页。这样的大条目均置有通栏的条头（标题）。此外，还有30个非学科性的大条目，其篇幅有的甚至比学科条目还长（如“金钱”“默罕默德”）。其他条目大多只占几行，有些条目仅限于定义。

斯梅利颇为他的框架而自豪。但从现代的眼光看来，那个框架的缺陷是很大的。斯梅利反对写人物，这就难免造成框架上的不平衡。例如，“音乐”一条有30页，但只写音乐技术而不谈作曲家及其作品。“诗歌”条目仅占10行，“诗学”占了3行，而“诗人”一条只有1行。

汇编性在早期的百科全书中有直接的反映，初版《不列颠百科全书》也不例外。例如：“漂白”条目就是从1756年出版的《漂白技术》一书中摘抄出来的。“簿记”条目则是从《簿记法》一书摘录出来的。

“法律”条目原本是《苏格兰法律原理》一书的第3版。“默罕默德”一条则录自《古兰经》一书，而J.Trydell的《音乐理论与演唱二讲》则全文印入书中，成为“音乐”条目。

斯梅利在编人物条目方面是保守主义者，因此第1版未收入人物条目。他甚至因此与编辑部发生分歧，而拒不担任第2版的主编。第1版未收人物条目，却收有国家、城市、江河和其他地理性条目。

第1版《不列颠百科全书》共销售了3000套，在西方百科全书界初步立足，但它的保守倾向、某些偏颇的叙述和事实的不精确受到不少批评。它的这些缺点甚至影响到后来第9版和第11版的权威性。

第2版　贝尔和麦克法夸于1776年聘泰特勒（J.Tyteler，1747～1840）主编第2版。泰特勒比斯梅利大一岁，原是苏格兰教会牧师，后学医，志趣极广，知识渊博，一度曾是靠卖文为生的落魄作家。他后来因编印煽动性传单而被放逐。泰特勒本人在第2版中写了十几个新的条目。

第2版开始分为181个分册出版。1776年动手，1777年开始出书，到1784年完成。全书合为10卷，共8595页，收340幅铜版插图。第2版被称为“增订扩大版”。它基本上维持了第1版的框架。主题大条目增加两倍。原收的条目也大大扩充了篇幅。第1版的不少条目原封未动。这一版最明显的变化是：增加了历史和人物传记条目，开始选收人物条目；把地图集中在“地理学”条目内；在条目的撰写上从原来偏重于指导性转为偏重于描述性，如“园艺”“商业”等条目。大的学科性专题条目（如“医学”有326页，“光学”有163页）都在释文内增加了“简史”“理论”“实践”等小标题。

第2版的保守倾向表现在忽视美国革命，特别是在泰特勒被逐流亡美国之后，这种倾向尤为显著。

第2版有一新的作法，就是增加了一个知识大类表。

第3版　泰特勒已被放逐，第3版于1788年由麦克法夸自任主编。1793 年他去世后，由苏格兰主教派牧师乔治·格莱格（Gleig,1753～1840）接手。格莱格本人为这一版写了20多个新条目，可能还写了大量的短条目。

第 3 版从 1788 年开始编纂，到 1797 年完成，分为 300 个分册，共 18 卷（原计划 15 卷），15 000 页，收 542 幅插图。许多条目取自前两版，略有修改。这一版增加了若干为当时人们感兴趣的条目，如“气球驾驶术”“耕作”“多神教”“批判哲学”。“革命”和“美国”条目也增加了内容。还出现了“友谊”“贞操”等新的条目。人物选收范围扩大，篇幅也有所增加，收入有“马可·波罗”条目。

这一版的撰稿人大多是当时苏格兰的名流学者，因此可以说这一版是爱丁堡文化鼎盛期的标志。如果说摘录汇编是前两版的基本编辑方式（当时还没有严格的版权限制），那么第 3 版便开始建立起约请专家撰稿的体制，并开始刊载撰稿人名单。

《不列颠百科全书》初期的保守倾向到第 3 版更加明显。出版家采取了一个新的行动，由贝尔和麦克法夸在书的扉页上向英王乔治三世题献。这一作法常为人们所非议。格莱格甚至在献辞中以批判的口气写道：“法国《百科全书》（指狄德罗所编）因传播无政府主义和叛乱的种子而受人责难，《不列颠百科全书》在一定程度上抵制这种有害倾向，必为陛下所赞许。”

第 3 版的另一缺点是麦克法夸死后格莱格接任主编，以至前后很不连贯，从第 3 版后半部可以看到大量的疏漏和重复。

第 3 版共销售 13 000 套（一说 10 000 套），另有两种非法翻印本，一种是美国费城印刷业主多布森的“美国第 1 版”。美国翻印版对部分条目加以改写，减少了英国的倾向。另一种是穆尔的都柏林翻印本（1790 ～ 1797）。

第 4 版　第 4 版实际上是第 3 版的补充修订版，由爱丁堡的物理学家米勒（Millar,1762 ～ 1827）担任主编。这一版从 1800 年着手，到

1809 年出全，花费了 10 年功夫。全书共 20 卷，16 033 页。米勒着力于修补第 3 版因麦克法夸中途去世而造成的缺陷，做了不少删繁补漏的工作，尤其补充了人物条目方面的遗漏。这一版受到高度评价的条目有华莱士（Wallace）教授写的教育方面的条目和詹纳（E.Jenner）写的关于牛痘的条目。第 4 版新增加的代表性条目有“贝壳学”“政治经济学”等。从这一版的一些条目可以看出，《不列颠百科全书》在时限性（Up-to-date）方面一般能采用到 10 年以内的材料。例如，这一版关于美国的情况介绍到 1800 年，并摘录了美国宪法。英国情况采用到 1803 年的材料，印度情况采用到 1804 年的材料。

第 4 版印行了 4000 套，但不久又应读者要求重印多套。

第 5 版　《不列颠百科全书》在编第 4 版的后期，经过相当长时间的谈判，产权于 1814 年由贝尔子女手中转入爱丁堡雄心勃勃的年轻出版家康斯特布尔（A.Constable,1774 ～ 1827）之手。在康斯特布尔主持下，随即着手对第 4 版进行修订工作。自 1810 年开始出第 5 版，到 1815 年出齐。全书 20 卷，16 000 页，收 582 幅插图。这一版的前 5 卷是由博纳（Bonar）主编的，后由 J. 米勒接续完成。实际上，第 5 版变动不大，因为康斯特布尔这时把更多的精力投入到同时进行的补编工作中。因此，第 5 版以及后来的第 6 版，在《不列颠百科全书》历史上只起了应付局面和过渡的作用，并不占有重要的地位。

第 6 版　第 6 版是由《苏格兰人》杂志的第一任主编麦克拉伦（C.Maclaren,1782 ～ 1866）担任主编的，没有什么特点可谈。到 1820 年，第 5 版的内容已显然过时（最新事实内容是 1804 年的），作为重点项目的补编尚在编辑之中。康斯特布尔决定稍作修订重印第 5 版，这就是第 6 版。这一版的编辑出版时间在 1820 ～ 1823 年。主要的修订是补充 1811 年的一些统计数字，其他变化很小。全书仍是 20 卷，以半卷本印行。

补　编　所谓的“补编”，指的是第 4、5、6 版的 6 卷的补编。

补编编于 1815 ～ 1824 年，是第 3 版之后、第 9 版之前的一个小高峰，在《不列颠百科全书》初期历史上占有一定地位，值得提及。补编 6 卷，共 5000 页，收 125 幅插图。所收 669 个人物条目中有 1/4 是近 30 年内逝世的人物。补编的主编是才气横溢的苏格兰年轻学者内皮尔（M.Napier,1776 ～ 1847）。他在大学里就以勤奋努力为康斯特布尔所知。他后来成为爱丁堡大学教授并兼《爱丁堡评论》主编。内皮尔眼界并不局限于苏格兰，他在主编补编时来往于爱丁堡和伦敦之间，把两地的知名人士都揽入百科全书的作者队伍。因此，补编的撰稿人大都是英国当时最杰出的学者，甚至还有法国有名的学者参加撰稿。

补编的一个特色是讲求文采，有人甚至认为它是一部优秀的散文集。它的另一个特点是在字顺编排的条目之外，增加了 3 篇重要的专题论文。这是受法国《百科全书》达朗伯的影响。这三篇专题论文是：①《论欧洲文艺复兴以来哲学、伦理学和政治学的发展》，作者是爱丁堡大学斯图尔特（D.Stewart）教授；②《论欧洲文艺复兴以来数学与物理学的进展》，作者是自然哲学教授普莱费尔（J.Playfair）；③《论 18 世纪末以前的化学进展》，作者是大不列颠皇家学院化学教授布兰德（W.T.Brande）。补编还在条目部分之前，按数学、自然哲学、化学、博物学、医学、艺术和制造工业、思维哲学、政治学、地理学、统计学与地形学、历史与传记等门类，各有一篇学科概述文章。补编在最后一卷之末列出了全部条目的目录。补编最著名的撰稿人有 J. 穆勒、托马斯 • 扬、W. 司格特、法国物理学家 J.B. 比奥、马尔萨斯、大卫 • 李嘉图。补编的革新作法，一是开始向国外学者组稿；二是撰稿人在条目释文之后署名。

补编在设计上的考虑，是既可作为第 4、5、6 版的补编，与全书配套，又可以单独使用。

第 7 版　康斯特布尔于 1827 年去世后，《不列颠百科全书》的版权归于亚当 • 布莱克（Adam Black,1784 ～ 1874）。布莱克也是爱丁堡的出版商，是爱丁堡和伦敦的布莱克出版公司的创建人。主编补编的内皮尔积累了编辑百科全书的丰富经验，被聘为第 7 版的主编。他又邀聘爱丁堡知名学者布朗（J.Browne）为副主编。自此，为《不列颠百科全书》开始设立副主编的职位。内皮尔是事业心很强的人，他在第 7 版上花费了很多心血，为每个条目稿件的质量而斗争，但也不得不作出某种程度的妥协。

第 7 版从 1830 年编起，原计划 25 卷，但到 1842 年全书出完只有 21 卷。不过，每卷的页数都有增加，全书总页数为 17 101 页，收 506 幅插图。第 7 版以“补编”为重要基础，对第 4、5、6 版做了较多的修订。内皮尔重视宗教、哲学、化学、土木工程、亚洲地理和人物传记，在这些方面增加了不少条目。第 7 版有几个令人注意的特色：① 增加了专论的分量，占整整一卷（第 1 卷）；② 大量使用通栏条头；③ 第 7 版最重要的发展，应该说是开始编有索引。从此，百科全书把末卷编为索引遂成定局，为世界大多数综合性百科全书所采纳。

第 8 版　第 7 版主编内皮尔这时已经去世，新任主编是爱丁堡大学法医教授特雷尔博士（T.S.Traill，1781 ～ 1862）。特雷尔博士颇有魄力，整顿了编辑部，设立 9 位助理主编，对第 7 版进行了彻底的修订。第 8 版从 1852 年着手，到 1860 年出全，共 21 卷，17 957 页，收 402 幅插图。1861 年补编了 239 页的索引卷。这一版新增加一个项目，在全书前面编了一个包括 11 大类的主要条目分类表。11 大类依次是：神学和宗教史、哲学和哲学史、政治学和社会学、数学、自然科学、博物学、语言学和历史、传记、地理和地形学、美术、实用艺术。

特雷尔博士本人撰写了不少科学条目，但人文学科条目则较为成功。美国的撰稿人埃弗（E.Ever）写了“华盛顿”人物条目，S. 艾略特写了“美国”条目。第 8 版除保留了原来的几篇专论外，又新增两篇：惠特利（R.Whately）大主教写的《基督教的兴起、进步和堕落》和福布斯（J.E.Forbes）写的《1850 年前的数学和物理学概览》。

第 9 版　第 9 版是《不列颠百科全书》的一个重要里程碑。它由于明显的大条目主义和广博的内容，常被人称为“学者版”。第 9 版编辑时间稍长，前后历时 15 年，为编索引卷就用了一年时间。全书自 1875 年动手，至 1889 年出齐，共 24 卷，篇幅 20 000 页，收 16 000 个条目。第 9 版获得盛名与该版的主编贝恩斯（T.S.Baynes）教授及其后继者 W.R. 斯密特有直接关系。《不列颠百科全书》第一次聘请一位英格兰人当主编。贝恩斯是圣安德鲁斯大学的逻辑学和英国文学教授，是研究莎士比亚的权威专家。他本人为第 9 版只写了一个条目，就是“莎士比亚”。《不列颠百科全书》自创编以来，历版框架虽然都有小的修补和变动，但基础大体上还是斯梅利打下的。直到第 9 版才由贝恩斯重新设计。他很重视百科全书编纂理论问题，在编辑方针上发挥了重要影响。这一版的副主编也值得提到，苏格兰学者犹太人 W.R. 斯密特在这一版的前几卷中还是撰稿人，因写过“圣经”条目而受到注意。1880 年，他被贝恩斯拉来合作，担任副主编。不久，贝恩斯病倒，主编的担子便落到斯密特肩上。

第 9 版在两位编辑大师的努力下，可能是最接近于表现编者意图的一版了。他们编的第 9 版把《不列颠百科全书》推向一个新的高度。第 9 版在编辑方针上有几项新的变化或探索：① 受科学发展的影响，加强了自然科学方面的内容，推动这一趋向的是 T.H. 赫胥黎。② 更注意避免倾向性。贝恩斯在全书前言中指出：“对于当前尖锐争论问题，无论是科学的，宗教的，还是哲学的……，百科全书均不宜介入……，百科全书的主要职能是准确地解说事实，对一切探索和考察的结果作出公正的概述。”③ 更多地注意到日常生活知识，新选收一些实用性的条目。④ 进一步扩大向国外专家组稿，在 1100 位撰稿人中，美国人有 70 多人，欧洲大陆各国有 60 多人，加、澳、新等国也都有撰稿人。俄国克鲁泡特金写了一些关于俄国地理的条目。

这一版是英、美合作的开端。1897 年，胡珀（H.E.Hooper）和杰

《不列颠百科全书》第9版

克逊（W.Jackson）等四个美国人合资成立一家出版公司，与布莱克公司和伦敦《泰晤士报》签订一项翻印第 9 版的合同，把《泰晤士报》同《不列颠百科全书》在经济上结合起来，采取分期付款等办法推销第 9 版，从而走向美英合编和版权向美国转移的最初一步。

第 9 版共销售 4.5 万套，在美国售出 3.6 万套，在英国售出 9000 套。

第 10 版　第 10 版算不上新版，而是第 9 版（24 卷）加上 11 卷补编，共 35 卷。第 34 卷是地图卷，收 124 幅地图，第 35 卷是索引。这时，全书编辑部由爱丁堡迁到伦敦，并开始在纽约设办事处（实际上是一个编辑部）。这一版首次在书前（扉页）印出全体编辑名单，其中 3 位主编是奇泽姆（负主要责任）、华莱斯和哈德利。《不列颠百科全书》从这一版首次任命一位美国主编，是 H.E. 胡珀的弟弟 F.H. 胡珀。他坐镇纽约，管理美国方面的编辑工作。美国人撰写的条目也比第 9 版大大增加了。

第 10 版的一个重要突破，是开始选收在世人物条目，包括重要的政治家（如国家元首）和各个领域的杰出人物。新立规定，在人物条目之末一般不署撰稿人姓名。第 10 版在索引的编辑上有所进步，第 35 卷为全书的内容分析索引，收有 60 万个索引主题。

第 11 版　第 11 版可能是《不列颠百科全书》到那时为止最好的一版。第 11 版共 29 卷。编辑工作是从 1903 年开始的，在 1910 ～ 1911

年一次出齐，共售出 7.5 万套。《不列颠百科全书》的版权经过旷日持久的谈判，终于在 1910 年落到剑桥大学的辛迪克（Syndics）手上。这一版是在英国编辑成书的最后一版。《不列颠百科全书》任命总编辑（editor in chief）一职也是从第 11 版开始的。第 10 版的主编之一奇泽姆，被选中为第 11 版的总编辑。历史学家菲利普斯（W.A.Phillips，1864 ～ 1953）成为他的副手，大部分历史条目均出自他的手笔。第 11 版有两个编辑部：伦敦编辑部和纽约编辑部。后者由 F.H. 胡珀负责。主要编辑工作在伦敦编辑部进行。胡珀的主要任务是掌握新版的内容，使其能适应一般读者的文化程度。全书一次出齐是第 11 版采取的一个果敢的体制。这种体制有不容质疑的好处，但很难办到。一次出全的好处是明显的：在全书编好之前而不付印，就可以随着后面各卷编辑的进展随时修订框架，引入新的条目和随时修订或补充条目内容。第 11 版放弃了大条目框架结构。这一版的总编辑认为大条目是“工具书之累”，而且容易挤掉较为专门的一些主题。随需要设置长短条目，使大小主题得到详简不同的处理，并能够互相适当衔接，以适应不同读者的需要。第 11 版把第 9 版的 16 000 个条目拆成 40 000 多个专细的条目。条目总数增加一倍还多，而释文则相对地缩短了。

第 11 版把选条框架改编为内容分类表，是一个很大的革新，在知识分类方面作出了创造。后来常常有人称这个分类为“大英百科分类法”。第 11 版把人类知识分为 24 大类：①人类学和人种学；②考古学和古迹；③艺术；④天文学；⑤生物学；⑥化学；⑦经济学和社会学；⑧教育；⑨工程技术；⑩地理学；⑪地质学；⑫历史；⑬工业、制造业和职业；⑭语言学；⑮法律和政治学；⑯文学；⑰数学；⑱医学；⑲陆海军；⑳哲学和心理学；㉑物理学；㉒宗教和神学；㉓运动和娱乐；㉔杂类。

第 11 版共售出 75 000 套。F.H. 胡珀在 1915 年又编出一种抽掉插图的小开本版，比原书价低一半。这样，到 1923 年共售出 20 万套。

1924 年又出了两卷条目选，选收名家撰写的条目。

第 12 版　第 12 版实际上是第 11 版加上战后补编。3 卷补编编为第 30 卷至第 32 卷。第 12 版是由奇泽姆和 F.H. 胡珀分别在伦敦和纽约两地所编，于 1922 年出版。补编由于准备匆促，结构很不完善。框架设计远不及第 11 版。第一次世界大战的影响在第 12 版补编的框架中有明显的反映。例如，过于详尽地描述各次战役，过于偏重军事科学技术领域，而人文学科的条目则比较单薄和空洞。补编用 316 页来写“炮兵”，而“音乐”条目仅写了 4 页。条目安排很不平衡，条目的分量很不相称。第 12 版卖出了 65 000 套。

第 13 版　所谓的第 13 版，不过是用 3 卷新的补编取代第 12 版的补编，与原来的第 11 版合成一套而已。新的 3 卷补编为第 29 卷至第 31 卷。F.H. 胡珀仍是美国主编，奇泽姆已去世。考克斯任命加文（J.L.Garvin,1868 ～ 1947）为总编辑兼伦敦编辑部主编。第 12 版出版才 4 年就需要一个新的补编来取代，原因是第 12 版在战后出得太快，不可能对这个时期作出客观的反映。第 12 版与第 13 版的关系，最能说明百科全书的一个理论问题，即内容的新与稳的矛盾。过多地强调百科全书的报导性，必然会影响到知识的稳定性。第 13 版突出地接触到各个学科争夺篇幅的问题，而强调相应地分配篇幅。这一版分给科学技术的分量比前一版增多，大大压缩了有关第一次世界大战的条目。第 13 版组织了一批名家的条目，如爱因斯坦写了“空间 – 时间”条目，福特写了“成批生产”条目，弗洛伊德写了“心理分析”条目，萧伯纳写了“社会主义”条目，托洛斯基写了“列宁”条目。第 13 版从 1925 年动手，到 1926 年编完。从所用时间如此短促来看，这一版仍是过渡性的，因为很快就要着手开编著名的第 14 版了。

第 14 版　《不列颠百科全书》第 14 版有许多特点。自 1929 年出版后逐年修订重印达 41 次，先后售出 300 多万套。第 14 版前后 40 多年经历了 6 任总编辑，仍保持了统一的风格。全书 24 卷共收约 4.5 万个条目（逐年修订重印均有微小变化），约合中文 6 千万～ 7 千万字。分析索引约 50 万条，相当于条目的 11 倍。全书插图约 1.5 万幅，平均每卷 600 多幅。

第 14 版开始采取连续修订制。百科全书保持材料的现代性是个大问题。该版成功地贯彻了一项长期修订计划。每年修订的文字量为 10%，到 1967 年这项工作达到高潮，全书近 93% 的条目都经过了修改。连续修订制不仅整页地换掉原来的释文，而且还增补新的内容，在原来的页码之后再加上 a、b、c 等插页。

大众化，实际上即美国化的倾向，是第 14 版的另一个重要特点。第 14 版逐年修订本，不断增加新的实用知识和美国的资料。《不列颠百科全书》的美国化过程，也是它的国际化过程。第 14 版大大扩大了选收范围，不再拘泥于老大英国传统，增加了许多反映世界各个地区和各个国家的新资料。

专题大条目编法仍然是第 14 版的特色。首先是国家条目较前完整，其次如“世界大战”“圣经”“绘画”“戏剧”这些传统上就受重视的条目，仍占有很大的篇幅。例如，“莎士比亚”一条就用了几十万字。再其次是现代经济性质的条目，如“采煤”“钢铁”“汽车”“失业”等条目，也都有相当大的分量。对于各个学科，也都不惜篇幅作完整系统的叙述。

第 14 版的其他特点还有：增加了当代在世人物传记条目，重要条目所附的参考书目也大为增加。

第 14 版的总编辑加尔温曾提出四点编辑思想：① 促进国际间的互相了解；② 加强英语世界人民的纽带；③ 激起读者对科学的兴趣；④ 为后代总结本时代的思想。从第 14 版的编辑与修订实践来看，从全世界知识界对《不列颠百科全书》第 14 版的评价来看，畅行了 40 多年的这一版百科全书，在一定程度上确实实现了它的最初设想。

第15版 1974年，《不列颠百科全书》作出“创举”，推出一部面目全新的“革新”之作。这就是所谓的“三合一”的第15版。这个新版在世界百科全书界产生不小的影响，也引起不小的争论。《不列颠百科全书》自称这一次“革命”，是百科全书编纂方法上的一次重大“突破”。

三合一：习惯于标准型综合性百科全书的读者，翻开新版《不列颠百科全书》难免有一种新奇的感觉。这是因为它的“三合一”的编法。公道地说，以该书总编辑阿德勒为首的百科全书“革新派”，的确煞费苦心。“三合一”的编法，不能不说是一种大胆的尝试。所谓“三合一”，就是以坚持该书大条目主义传统的“百科详编”（Macropaedia），又称“知识深义”（Knowlede in Depth）为主体，另加上一部试图弥补大条目主义不足的“百科词典”，即所谓的“百科简编”（Micropaedia），又称“便捷参考”（Ready Reference）和为加强百科全书教育作用的“知识纲要”（Outline），即“百科类目”（Propaedia），三个部分合而为一。为了便于了解三者的性质和关系，我们不妨先从“百科类目”说起。

百科类目：实际上是《不列颠百科全书》的结构“框架”。“框架”本来是编纂一部百科全书的编辑部内部设计文件，新版《不列颠百科全书》却把它改编为一个知识体系，作为百科全书入门的“钥匙”交给读者，而且在人类知识各领域、各门类之前各加一段概括性的说明，借以增加百科全书的可读性和教育性。新版的“框架”，本身也是“创新”的结果。据说，新版的编辑们花了15年时间酝酿和准备，为了设计这个“框架”，曾组织了160多位学者，专门研究了两年。它将人类知识打破了某些传统的学科分类法，把人类知识分为10大门类，即：①物质和能；②地球；③地球上的生命；④人类生命；⑤人类社会；⑥艺术；⑦技术；⑧宗教；⑨人类历史；⑩纯科学（指逻辑学、数学、哲学等科学）。为了说明人类知识各门类的关系，新版把这些门类绘成一个圆圈。前 9 个门类分占圆圈的一个扇面，而第 10 类是研究各门类知识的共同手段，居于圆圈的中心。

《不列颠百科全书》第15版

“百科类目”把人类知识细分到 6 层，细类分至 1.5 万个，分指“百科详编”4.5 万处。

百科简编：又称“便捷参考”。它有两种作用，首先，它是一部比较详尽的百科词典，对于不求甚解的读者，提供最基本的概念和解释，可以独立使用。“百科简编”共 10 卷，收 102 000 个条目，收选范围十分广泛。例如，对我国地名甚至收到某些县城。“百科简编”内容虽限于词典性质的释义，但对“百科详编”未收的条目，则给以较为详细的叙述，因而带有小百科全书的性质。有一半条目字数从 100 字至 1500 字（合中文，下同）不等，另一半条目短于 100 字。“百科简编”共用插图 16 000 幅，平均每页 1.5 幅，其中彩色插图 4000 幅，为全部插图的 1/4。“百科简编”的一个重要特点，是国家条目均设有专栏资料，按统一的次序介绍人口、政治、工农业生产、教育等数据资料。其次，“百科简编”还是一部详尽的参见索引。它在每个条目的释文之后附有大量的参见线索，指明参见“百科详编”的主题和页码。

百科详编：详编是新版百科全书的主体，继续保持《不列颠百科全书》的大条目主义和学术性的传统。“百科详编”共 19 卷，收 4207 个条目，每个条目字数从 1500 字到 50 万字不等。有些条目的篇幅相当于一般中等部头的书籍。“百科详编”共有 4000 幅黑白插图，另有 160 面彩图插页。

新 15 版　新 15 版指的是 1985 年新版。新 15 版据编者自称，是又一次“百科革命”，再动一次手术。与原第 15 版相比，新版到底有哪些大的变化呢？

全书结构变化：新版由 30 卷增编为 32 卷，仍称“三合一”，实为“四合一”矣，即“百科类目”1 卷，“详编”17 卷，“简编”12 卷，而且简编和详编已改为统编卷次，即 1 ～ 29 卷，“索引”2 卷。从全书总体变化看，重心明显地向“简编”有所倾斜，而 2 卷索引无疑是为弥补检索性不足的缺陷而增加的。

“详编”变化：“详编”由原来的 19 卷减为 17 卷。这样改变并非削弱《不列颠百科全书》传统的“大条目主义”，恰恰相反，就“详编”本身来看倒可以说是“超大条目主义”化了。例如，原来共收 4200 多个大条目，而新版竟骤然减为 672 条，每卷平均 40 多个条目。条目平均篇幅在 2.5 万～ 3 万字。“中国”一条就长达 40 多万字，“孔子与儒学”一条 2 万多字。这就是说，新版“详编”把一大批中小主题丢给了“简编”，而保留的大主题则知识更加集成化，更加系统化了。

新版“详编”条目的参考书目更新幅度很大，大部分书目已是 20 世纪 70 ～ 80 年代的出版物，最新的已达 1988 年。新版条目的另一变化是除少数人物条目外，一律在条目释文开端列出清晰醒目的层次标题目录（一般多为 3 层标题）。原来的书边题引仍然保留。

“简编”的变化：新版“简编”除增加两卷外，最引人注意的变化是脱离“详编”而独立起来。这是因为全书新编了索引，从而解除了“简编”兼负索引的负担。因此，“简编”条目都更完整、更充实了。新版条目数并未比原来增加，大约仍为8.5万条左右，但条目篇幅增加了，而且绝大部分条目都已改写，远非原来“简编”的面目。对应上述“详编”条目来说，“中国”一条约2.5万字（原来连同参见索引不过5000字），“孔子”条目虽然较短（约500字），但“儒学”一条则有2000多字。新版“简编”还有一个不大的但很方便读者的变化，就是在每卷之末均附有“缩语表”和“单位换算表”。再有一个小的革新是在卷内多处插入“本书使用说明”，如“查本书最好先查索引”或“请先查索引”，“卷末附有缩语表”，“本书条目字顺编排以词为单位，而不以字母为单位”，等等。这种随处插入体例说明的作法，确实对不惯于先看全书前言和凡例的读者有益，或许还与编者修订“补白”有关吧。

“百科类目”的变化：“百科类目”的变化最小。主要的变化是版面编排简化了。原第15版各大类（10大类）之下各层（6个层次）的知识主题，均以栏目分别对应主要查阅条目和参阅条目。新版则在每第三层（section）主题之后集中编出“建议阅读本书下列条目”，其下分别按“详编”和“简编”系统地分类列出参阅条目的条头，但不附卷次页码。这一改变显然是为了使“百科类目”更多地体现教育作用（即了解知识体系），而减少其检索功能。“百科类目”的另一变化，是在第四大类“人类生命”的第二亚类“人体构造”部分增加了12页精致的多层醋酸酯薄膜印刷的人体解剖图。

索引：新版《不列颠百科全书》的两卷“索引”是新增加的，采取三级主题复式索引形式，共收40万个索引主题，除直索“简编”和“详编”有关条目外，有的主题还索到“百科类目”的有关细类。

《不列颠百科全书》在70年代第15版的“革命”之后，仍不断“改良”革新，而新版与第15版相比，又动了一次不小的手术，这不能不引起人们（特别是百科全书编纂者）的兴趣。看来，百科全书的发展不能单靠品种和数量，而更重要的是不断适应新时代读者的需要，迅速更新内容和改进编法。“常变常新”，可能成为中外百科全书的常规，而且要在“变”和“新”的学问上不断地下些功夫。

《不列颠百科全书》新15版

第三章
中国百科类书史

我国古代百科全书性质的著作叫类书。这一点现在似乎争议不大了。因为用最基本、最起码的条件，即概括已有全面知识和对知识分类整理（且不管分类的科学程度如何）两项标准来衡量，类书作为古代百科全书是当之无愧的，何况中国类书还不像西方古代百科全书那样，起源于教科书后来才发展为工具书。中国类书一出世便是工具书，人们早就称之为文史工具书。

追溯渊源　我国典型类书的出现可以追溯两个渊源。一个是“词典”性质的《尔雅》，一个是杂家之始作的《吕氏春秋》。

最早的“百科词典”《尔雅》　《尔雅》是世界辞书史上最早的词典，但它的意义不仅于此，而在于它是我国百科性类书的渊源之一。《尔雅》始编于何人，已无从考察，一般认为是一部集体的著作，是众多学者递相增益而成，最后成书可能在秦汉之际。对于研究我国百科全书史来说，《尔雅》的重要性不仅因为它是一部辞书，还因为它是一部最早的百科词典，尽管它的编排体例、释义方式远不能与现代百科词典同日而语，但它毕竟是百科词（名物词）之典。全书 19 篇，仅前 3 篇“释诂”“释言”和“释训”属于语词释义，算是训诂性的纯语文词典部分，而后面的 16 篇则是“百科词典”部分：“释亲”讲人的社会关系，“释宫”讲建筑，“释器”讲器物，“释乐”讲音乐，“释天”讲天文和气象，“释地”“释丘”“释山”“释水”讲地理，“释草”“释木”讲植物，“释虫”“释鱼”“释鸟”“释兽”“释畜”讲动物。

《尔雅》是一部分类编的百科兼语文性词典，自然很原始，解释事物过于简略，但在那么早的时代，对有些对象的分析概括力不能不说有相当水平了。例如，“释鸟”一篇对禽与兽的界定：“二足而羽谓之禽；四足而毛谓之兽。”这种辞书文体可说简洁到家了。

在西方，百科词典出现于近代，是百科全书与词典的中间物，是两者互相交叉的结果，而且是兼祧两房的宠儿。百科全书家当然把百科词典视为“自家人”了。但在我国古代，《尔雅》作为原始的百科词典出现得太早，究竟对百科性质的类书有什么具体影响，还是一个值得研究的问题。因此，《尔雅》作为类书的渊源，可能没有杂家之作《吕氏春秋》来得直接。

《吕氏春秋》 《吕氏春秋》又称《吕览》，可谓类书之渊源。《吕氏春秋》在战国的百家争鸣时代，“兼儒墨之道，通众家之意”，合名法，以“不名一家之学”成为杂家的代表作，内容以儒、道思想为主，兼及名、法、墨、农及阴阳家言。全书 26 卷，约 20 万字，分为十二纪、八览、六论，共 160 篇。书中收入许多历史、天文、历法、数学、音乐、农学、科技方面的“百科知识”。这正是后来综合性类书所涉及的范围。清代致力于先秦诸子研究的史学家汪中（1745 ～ 1794）著《述学》一书，在《吕氏春秋序》中说：“吕不韦使其客人人著所闻，以为备天地万物古今之事。然则是书之成，不出一人之手，故不名一家之学，而为后世《修文殿御览》《华林遍略》之所托始。《艺文志》列之杂家，良有以也。”文中提到的《修文殿御览》和《华林遍略》，都是南北朝时期正统的官修类书。前者为北齐的祖珽主持编纂，360 卷，内容分为五十五部（类），取包罗万象之意，书大约成于公元 573 年；后者实为前者取材和编辑的蓝本，为南朝梁中书令徐勉奉敕领修，共 700 卷，成于公元 523 年。

在中国历史上名声不佳的大权术家吕不韦（？～前 235），却因《吕氏春秋》一书而名传后代。吕不韦得意时有门客 3000 人，多是寄身门下的清寒知识分子，靠出卖知识谋生，“人著所闻”遂编成《吕氏春秋》，当然全书的“总编辑”非吕不韦莫属了。吕不韦本是阳翟（今河南禹县）的大商人，非商不富，发了财便以钱易权，后来当上秦国的相国，爵封文信侯，秦始皇尊之为“仲父”，只是最后的下场不太美妙：饮鸩而死。吕不韦活得和死得都不光彩，但终究赢得诸子百家中“杂家”始祖之名，而且有一部名著以他之名传世，说来也算有些风光了。

《皇览》：类书之始　南宋学者王应麟（1223 ～ 1296）编《玉海》，称“类事之书，始于《皇览》”。这也是《唐书·艺文志》的定论。《皇览》（220 ～ 222）是魏文帝曹丕（187 ～ 226）亲自主持编纂的，参加编事的有王象、缪袭、刘劭等。曹丕并非挂名的“总编辑”，据《三国志·魏志·文帝纪》记载：“帝好文学，以著述为务，自所勒成，垂百篇，又使诸儒撰集经传，随类相从，凡千余篇，号曰《皇览》。”书名的由来，如唐代司马贞所说：“宜皇王之省览，故曰《皇览》。”

根据后来资料（包括其他类书）推测，《皇览》部头很大，上千卷，合 40 余部，总篇幅达 800 多万字。全书不幸早佚，存世不过 400 年，唐代已不得见。但是，它仍以南朝何承天、徐爰两家的合抄本和萧琛的《皇览抄》流传至唐末，但已经残缺不全。

《皇览》是一部综合性百科类书，内容全面。司马贞把《皇览》说成是专记先代冢墓之书，那就成了“陵墓百科”了。显然，他是根据第二手材料片面了解《皇览》内容的，无疑是以偏概全了。遗憾的是《皇览》亡佚太早，现在能说的只不过是它的性质、编者，以及其成书和亡佚过程，至于它的详细内容就无法说清了，尽管到清代还有人从别的书中辑录《皇览》的佚篇片段，但时隔 1700 多年，人们已无从勾画出我国第一部“百科全书”的清楚面貌。

类书归类（部）问题　我们的先人学者很早就把一切图书分为四部：经、史、子、集。任何一种书非此即彼，都得归入一部。这种简单化的图书分类法，一直沿袭到清朝编《四库全书》。晋以前我国只有一部类书《皇览》，尚属当时的新生事物，学者们不知道该把它归入哪部。晋朝的秘书监荀勖（？～289）把它与《史记》并列归入史部，当然没有道理。后来，《隋书·经籍志》把类书划入“子”部，似乎也没什么道理，但还有点来由。“子”部包括的是诸子百家之书，把横跨四部、无籍可隶的类书列入“子”部，可能是看中了“子”部中的杂家。类书的渊源诚然与更早的杂家之作有关。

南北朝的类书　南北朝是类书的第一个兴盛期，原因是帝室和卿相相与推重文学，尤以齐梁为甚。那时作诗著文讲究征事用典，所谓“句无虚语”，因而隶事之书遂应运而盛。梁武帝萧衍好文学，效魏文帝编类书，诏令刘杳等编《寿光书苑》。而以注《世说新语》闻世的刘峻（462～521）则为萧衍之弟萧秀编出《类苑》120卷。刘峻才高博学，性又傲直，深遭萧衍之嫉。萧衍为贬低《类苑》，而于516年命徐勉等编《华林遍略》，已如前述。此书约700卷，流传颇广，影响很大，不仅北齐官修类书《修文殿御览》以其为蓝本，而且至今存世的唐代类书《艺文类聚》也有它的影子。

《修文殿御览》360卷，倡议和主持编事的是祖珽，因对《华林遍略》采取“拿来主义”的态度，仅用了7个月的时间就匆匆编成。它以五十五部象征包罗之全。“五十五”之数出自《易经》。《易·系辞》有云：“凡天地之数五十有五。”这和西方常用universal（本是“宇宙”之意）表示百科全书内容之全道理相似。《修文殿御览》在百科全书编纂方面有一贡献，即重视体例，由文学家颜之推（531～约590）专司其事，所谓“萧、颜撰例，诸贤秉笔”。《修文殿御览》早佚，但1899年在敦煌石窟发现封藏本，可惜被外国人盗劫，仅存无头无尾的残篇。

此外，南北朝已佚类书还有陶弘景撰《学苑》100卷和张缵撰《鸿宝》10卷。另有《法宝联璧》《语对》《语丽》等几种，因书早佚，性质不明，似多属语文性而非知识性类书。

唐代四大类书　唐之前，隋代值得提到的类书有两部：隋炀帝时官修类书《长洲玉镜》238卷，参加编辑的名人有后来编《北堂书钞》的虞世南；隋著作郎杜公瞻奉敕编出《编珠》4卷，现存第一、二卷。

唐代类书颇盛，既有官修的也有学者自编的，有名的不下40余种，其中尤以《北堂书钞》《艺文类聚》《初学记》和《白氏六帖》为著名，号称唐代四大类书。

《北堂书钞》　虞世南（558～638）撰。隋唐学者虞世南以书法闻名，与欧阳询、褚遂良、薛稷并称唐初四大书法家。他原是隋朝掌管图书经籍的秘书郎。“北堂”就是当时秘书省的后堂，因以为书名。他博学而才德兼备，入唐后深受太宗李世民赞赏，称赞他兼有“五绝”，即博学、德行、书翰、辞藻和忠直。唐太宗出行时不载图书，说有“行秘书”（指虞世南，意为活图书馆）足矣。虞世南之博学如此，实因肚子里有一部百科全书，那就是《北堂书钞》。《北堂书钞》173卷，今本160卷，分为帝王、后妃、政术、刑法、封爵、设官、礼仪、艺文、乐、武功、衣冠、仪饰、服饰、舟、车、酒食、天、岁时、地19部（大类），其下再细分851子目（相当于概述性条目）。

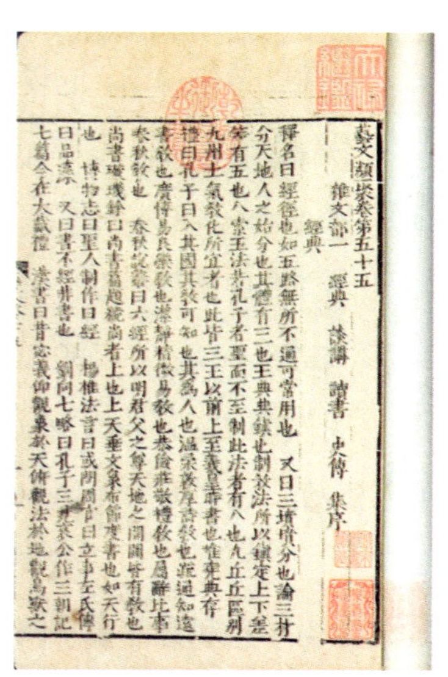

藝文類聚卷第五十五

雜文部一　經典　談講　讀書　史傳　集序

經典

釋名曰經徑也如五路無所不通可常用也　又曰三墳墳分也論三才
分天地人之始也其體有三也五典典鎮也制教法所以鎮定上下其
等有五也八索素王法若孔子者聖而不至制此法者有八也九丘丘區別
九州土氣教化所宜者也此皆三王以前上至羲皇時書也惟堯典存
禮曰孔子曰入其國其教可知也其為人也溫柔敦厚詩教也疏通知遠
書教也廣博易良樂教也潔靜精微易教也恭儉莊敬禮教也屬辭比事
春秋教也　春秋說題辭曰六經所以明君父之尊天地之開闢皆有教也
尚書璇璣鈐曰尚書篇題號尚者上也上天垂文象布節度書也如天行
也　博物志曰聖人制作曰經　揚雄法言曰或問周官曰立事左氏傳
曰品藻　又曰書不經非書也　劉向七略曰孔子三見哀公作三朝記
七篇今在大戴禮　漢書曰昔宓羲仰觀象於天俯觀法於地觀鳥獸之

《艺文类聚》

《艺文类聚》　欧阳询（557～641）等奉敕撰，书成于624年，100卷，约100万字，现存世（上海古籍出版社，1965）。《艺文类聚》开创了“事”（包括物、地等对象）与“文”（包括诗赋书铭）一条龙的“事前文后”的类书体例，对后来许多类书有很大影响。全书分46部（大类），列727子目（综合条目）。部目依次为：天、岁时、地、州、郡、山、水、符命、帝王、后妃、储宫、人、礼、乐、职官、封爵、治政、刑法、杂文、武、军器、居处、产业、衣冠、仪饰、服饰、舟车、食物、杂器物、巧艺、方术、内典、灵异、火、药香草、宝玉、百谷、布帛、果、木、鸟、兽、鳞介、虫豸、祥瑞、灾异。

《初学记》　唐学士徐坚等撰，是一部以知识为主，兼顾辞藻、典故和文章的官修类书。书原为皇子们修习学问而编，故有“初学”之名。全书30卷共分23部（大类）、313子目（综合条目），体例与一般类书不同。每一子目均分“叙事”“事对”“诗文”三部分。“叙事”就是不同文献对该事物所作的定性叙述，“事对”是资料性内容，“诗文”则是中国类书不同于现代百科全书的一个特点，颇有后来的方志体的内容。

《白氏六帖》　全名《白氏六帖事类集》，为唐代诗人白居易自编的一部类书。白居易是大诗人，现在恐怕没人会想到他还是一位“百科全书家”。《白氏六帖》并不是一部知识总汇性的类书，而是为积累写作材料自编的辞藻典故工具书。它采辑经典文献中的成语、典故、摘句，分类编排起来。全书分1367门（有点像百科全书的条目）。《白氏六帖》算不上典型类书，编纂体例也不讲究，但白居易为编此书搜集资料的功夫和方法，显示了我国古代编类书的一种路数。据记载，白居易为此使用了几千只陶罐，摆满七层架子。各罐上均题有门类细目的标签。他和学生们选摘各书中的故事和词句，抄成纸条，分别投入相应的罐中，如同现代收集资料制作卡片一般。古代编书用陶罐收集和积累资料，肯定不止白氏一家。这种用途的陶罐不知考古学家有否发现？关于“六帖”之名，颇有争议，一曰源于科举的“帖经”，一曰源于“六帖”，即“帖册”。

唐代除这四部类书名著外，有名可闻的类书还有《兔园册》30卷，杜嗣先撰，是蒙童（小学生）教材，为文人学者所不屑顾，以致宋时曾有冯道“遗下兔园”之讥。《文思博要》1212卷，高士廉等奉敕撰，包容甚广，武则天时张昌宗主持修订补充，改名《三教珠英》，扩至1313卷，至开元年间又改名为《海内珠英》。此外，还有唐诗人李商隐和词人温庭筠分别编撰的《金钥》2卷和《学海》30卷。这些类书均未存世。

《太平御览》和宋代类书　盛世修典，大型类书的编纂往往标志一个盛世。宋代是类书的极盛时期，官修的和个人撰著的有名的大小类书达70余种。不过，有时却是“典修盛世”，即靠编纂典籍性大书来装点包装“盛世”。宋代的《太平御览》和明代的《永乐大典》，多少都有点这样的味道。宋太宗赵光义弟继兄位，一时有不少闲话，因而有“斧声烛影”之疑案。他登位后，为安抚爱说长道短的知识分子，遂大抓文化建设，连续抓出“宋代四大书”：《太平御览》《册府元龟》《太平广记》和《文苑英华》。其中前两种是类书。

《太平御览》　1000卷，于977～984年编成，曾两度任宰相（同平章事）的李昉等领修。这部类书是以前代《修文殿御览》和《艺文类聚》为蓝本编纂的，也采取《易经》的“天地之数”分为五十五部，下再细分5363类，加上附表达到5426类。内容从天和地开始，接着是帝王将相，最后是动植物，到“百卉”为止。全书引用书籍1700多种，是保存五代以前文献最多的一部重要类书，对于校勘古籍很有价值。商务印书馆于1934年出版了《太平御览索引》，为查检此书提供了方便。

《册府元龟》　王钦若、杨亿等奉敕修撰，1000卷，1013年成书。“册府”意为渊薮，“龟”为古代占卜之宝。此书本为皇帝读书览古而编，但为后世留下许多珍贵史料，内容几乎概括了十七史，对五代史实记载尤详。为类书《玉海》作序的胡助赞之为“天下奇书”。

《玉海》　王应麟撰，200卷，内容分天文、律历、地理、帝学、圣制、艺文、诏令、礼仪、车服、器用、郊祀、音乐、学校、选举、官制、兵制、朝贡、宫室、食货、兵捷、祥瑞等 21 部，下细分 240 多类，还附有《辞学指南》4 卷。《玉海》是专为应博学鸿词科考试而编，因而体例和分类与其他类书有别，内容多用提要、概述形式。

存世的宋代类书还有王应麟所撰《小学绀珠》10 卷、祝穆撰《事文类聚》222 卷等。

《永乐大典》和明代类书　《不列颠百科全书》在“百科全书”条目中称我国明代类书《永乐大典》为“世界有史以来最大的百科全书”，它确实是当之无愧的。看几个数字便知其宏伟规模。

全书规模　全书 22 877 卷，目录 60 卷，分装 11 095 册，总字数 3.7 亿字，引据书籍约 8000 种。论起气魄，它旨在“包括宇宙之广大，统古今之异同”，而且要“巨细精粗”“网罗无遗”；讲起编辑力量，皇帝（朱棣）躬亲其事，动员翰林院的全部人力还嫌不足，又从礼、刑、工各部，国子监，国史馆，詹事府和其他地方抽调大批人员，以至直接参加工作的就达 2169 人，有监修（相当于总编委会主任），有正副总裁（正副总编辑），有纂修（编审）、催纂（计划进度）、编修（编辑）、看样（校对）、教授（顾问）等。这部百科巨编就规模而论不仅空前，而且还可能绝后（现代百科全书已不以大为能），无怪乎《不列颠百科全书》称它为“世界上最大的百科全书”。编纂耗时 6 年（1403 ～ 1408）。109 人另抄一部用时亦 6 年（1562 ～ 1567）。这部空前的百科巨篇可惜有名声无实效，大部分散失，现在存世仅 800 多卷，中华书局影印本 797 卷，仅占原书的 3%。

关于解缙　《永乐大典》历时 6 年编成，总编全书的有三人，称为“监修”，他们是：姚广孝、郑赐和解缙。三人中解缙才是全书的真正“总编辑”。因为他不仅是此事的倡议者，而且是前后两个编辑班子的实际主持者。解缙（1369 ～ 1415）在我国历史上算是一位功成名就的人物。他的知名度主要来自《永乐大典》。可能因为他是个纯知识分子型而不是文人官僚型人物，他的一生遭遇很凄凉。解缙少时即有文才，

18 岁中进士，被明太祖朱元璋看中，亲自选拔为庶吉士（见习性的文字官员）。这人过于率直，少年气盛，大胆敢言，还不乏骄傲情绪，不知得罪人为何事。刚被提拔便上书万言，批评皇上用人不当，“用刑太繁”，而且“学问不充”“心学无素”（心里没数）。当上监察御史，偏要揭顶头上司都御史袁泰的疮疤，当然他这官就不好做了。朱元璋还算对他不错，免官时还说句勉励的话：“过十年再重用你不迟！”他回家一蹲便是十年，可能在学问上又有不小的储备，但在个性上却未见长进。复出后，编《永乐大典》的 6 年是他一生中短短的黄金时代。他全身心投入事业，夙兴夜寐，终于实现了编一部知识大书的夙愿。1408 年，《永乐大典》刚一完成，他一向抵牾权势的后果就显露出来。他先被贬官广西布政，随即又远谪交趾（今越南北部）。解缙的厄运并未到此为止。有一次他进京奏事，恰值皇帝北巡。要是他留意一点朝廷规矩，就应该耐心在京等候陛见才是。解缙没有这样做，见过皇太子后便打道南归了。朱棣回京，便有人乘机进谗，说他“无人臣礼”。偏巧，他的好友王偁也贬来交趾。或因患难相逢一时高兴，或为消解多年郁积的忧烦，两人遂携手畅游岭南。寄兴山水倒也罢了，这位先生偏百无禁忌，一时兴起又上书要求动员民工，开凿赣江运河，以便往来。这又给进谗者以口实，惹得皇上大怒：犯过“错误”的人不知闭门思过，还这般张狂多事！于是下令将他入狱，后竟死在狱中。他的家属受累，也被流放边地。直到他死后十多年，朱棣偶然念及他的好处，才下令为他平反，赦回流放的家属，还给他儿子解祯亮一个抄抄写写的小官（中书舍人）做。这就是世界闻名的《永乐大典》的“总编辑”的一生。

《永乐大典》的特点　《永乐大典》的编法和体例值得一说。它采取韵序与分类相结合的编排方法，“用韵以统字，用字以系事”。单字按《洪武正韵》的韵目排列，每字注音、义和篆、隶、楷、草书体，然后依次介绍有关的天文、地理、人事、名物，以及奇闻异事、诗文词曲等。《永乐大典》收辑典籍广泛，上起唐虞，下至明初的经史子集百家之言，以及阴阳医卜、僧道技艺，包罗万象。

《永乐大典》最大的贡献是保存了明初以前许多文献资料，后来清时学者发现其中许多为“世所未见之书”。全书采用有朱丝栏的上等白宣纸，半页8行，行28字，用端正的楷书抄成。名物器具、山川形胜皆以白描手法绘图表现，精细工致。文内所引书名和圈点全用朱笔，以求醒目。书面裱褙，用黄布包裹。

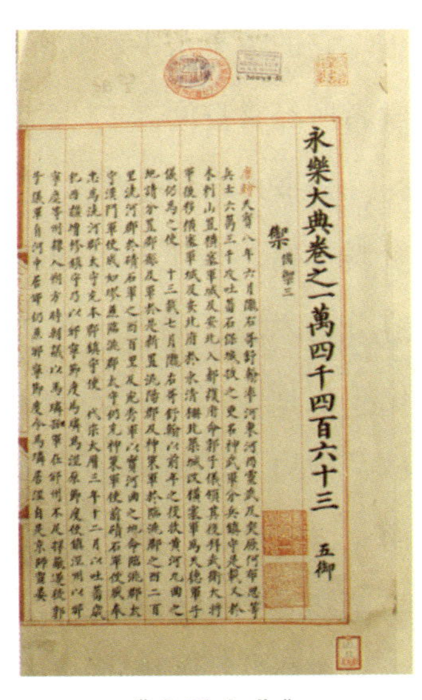
永樂大典卷之一萬四千四百六十三

《永乐大典》

《永乐大典》在世界百科全书史上亦属雄伟之巨著，比狄德罗的法国《百科全书》尚早360多年。只是这样重要的百科巨著，当时仅以正、副两部（永乐抄本和嘉靖抄本）分别藏之文渊阁和皇史宬。书的利用受到严格限制，更谈不上广泛发行，后又散佚流失，以至它作为古董珍品的价值远大于知识积累和传播的功用。这也是我国古代百科传统令人遗憾的一面。

《唐类函》和《三才图会》　明清是类书的又一鼎盛时代，而明代类书之作尤多，有书名和编撰者可考的类书就不下百余种。其中如《唐类函》200卷，明俞安期辑，分43部，将唐代类书汇辑起来，成为唐代类书的汇编，清代著名类书《渊鉴类函》就是据此增补而成的。《三才图会》（或《三才图说》）106卷，为万历年间王圻父子所编，内容分天文、地理、人物、时令等14门。其特点是对所介绍的事物均绘以图像，是一本当时少见的插图本类书。

《古今图书集成》和清代类书　《古今图书集成》是我国最早印刷出版的大类书。全书万卷，1亿多字，论规模仅次于《永乐大典》。英国汉学家翟理思（H. A. Giles，1845～1935）说，《古今图书集成》一书比1911年出版的《不列颠百科全书》第11版（29卷）还大3～4

倍。它的编纂水平和实际作用则更高于以往的任何类书，至今犹为中外学者所经常查阅。

全书内容和体例 《古今图书集成》在我国类书中体例最为完善，资料丰富，从工具书的角度来说，其重要性远高于其他类书。全书内容分为六篇：历象（天文、时令、历法和灾异）、方舆（地理）、明伦（包括帝王、后妃、官衙、氏族等）、博物（包括农、医、占卜宗教、神鬼、动植物）、理学（包括经籍、文学、道德）、经济（包括商业、教育、军事、建筑、法律等）。篇下再细分 32 典和 6109 部（相当于概述性综合条目）。每部的体例是：汇考（渊源沿革）、总论（经典论述）、列传（人物生平）、艺文（采辑诗文）、纪事（详细事迹）、杂录（散见资料）、外编（供作参考的资料），此外还辅以图表。全书辑入许多古籍，往往是整部、整篇地抄入，不予更动。书中引证一律注明出处，便于读者查阅原书。

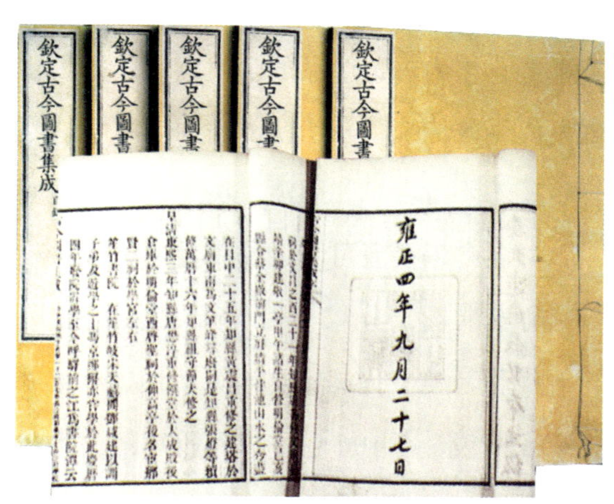

《古今图书集成》

主编者陈梦雷 《古今图书集成》原署名的主编是蒋廷锡，但实际编纂者是陈梦雷。这里有一段人世间的不平事。陈梦雷是康熙年间进士，他一生不幸，刚入仕途（被授以编修之职）便因病回家乡福建休养。天有不测风云，清史上有名的“三藩之乱”意外地把他卷了进去。

1674年，福建藩镇靖南王耿精忠起兵响应云南藩镇平西王吴三桂的叛乱，想拉陈梦雷入伙。陈虽借口有病推脱，但耿兵败后他仍受到牵扯，被人“举报”而下狱，后流放边地10年。被释回后，他为康熙第三子诚亲王胤祉收为门客。胤祉被他说动，出钱出人组织编辑班子，让陈梦雷主持，于1701年动手编《古今图书集成》（初名《汇编》）。一位有学识有抱负的知识分子，无端为军事政变牵连，十年谪戍，万里边荒，多少凄情，多少悲愤！在知天命之年得有机会实现编百科知识大书的夙愿，只想有所作为，更有何求？正如他在给友人的一封信中写道：“今何幸大慰所怀，不揣蚊力负山，遂以一人独肩斯任。”《古今图书集成》经6年编成，“较之前代《太平御览》《册府元龟》，广大精详，何止十倍！”陈梦雷为此付出了自己一生的心力。但书成后，可能因主编者有“政治问题”而一搁10余年。直到雍正即位，另派蒋廷锡“重新编校”，最重要的修订恐怕就是取消了陈梦雷的“署名权”。他的不幸并未到此为止，就在《古今图书集成》交给别人享受成果时，他可能又因胤祉的牵累而再次被流放，并死于流放地。1726年，《古今图书集成》前加“钦定”二字，用铜活字排版，印了64部。这应该说是值得我国百科全书史记上一笔的大事！人们不会忘记陈梦雷的功绩，1934年中华书局影印此书时，还是把他的名字印在了书前。

清代其他类书　清代也是类书繁盛的时期。据不完全统计，有名的综合性和专科性类书就有60余种，而且全都存世，有些还刊印出版。清代类书中影响较大的还有《渊鉴类函》《骈字类编》《子史精华》和《佩文韵府》。

张英、王士祯等奉命编撰的《渊鉴类函》450卷，实为《唐类鉴》的增补版，成书于1710年。它补入了唐以后、元明以前的多种类书的内容。各类的编排体例以释名、总论和沿革为先，随后是典故、对偶、摘句和诗文。张廷玉等奉命修撰的《骈字类编》240卷，成书于1726年。全书分天地、时令、山水、居处、珍宝、数目、方隅、彩色、器物、草木、鸟兽、虫鱼12门，后又补入“人事”一门。张廷玉、蒋廷锡等奉命编撰的《子史精华》160卷，因专门收集子书和史书中的内容而命名，书成于1727年。张玉书等奉敕所编分韵编排的《佩文韵府》以清帝的书斋“佩文”命名。全书444卷，拾遗112卷，康熙年间刊行。此书内容多辗转抄自其他类书，资料虽丰，但编辑功夫欠缺，错误不少。清代这四部类书基本上多是供查检辞藻、典故的文史工具书，很难说是百科知识工具书，与百科全书的性质有相当的距离。

结语 我国类书的发展，由于东西方文化传统的差异，自有与西方百科全书不同的模式和形态，考其原因多与读者对象有关。历代主要类书多为官修，供皇家“御览”，内容偏重治乱得失的历史掌故。宋以后类书较多面向文人学士，除经传外更多采集典故和诗文，成为治学著述的工具书。宋至明清，个人编撰类书之风日盛，出现了更多为科举应试而用的类书。与西方百科全书发展相比，我国类书传统有两个负面的特点：一是重文史而轻科学技术，且一般是汇集前代文献，因而被称为文史工具书；另一是文献摘编性质，采辑已有经籍文献汇辑成书，是文献资料的整理和汇编。在继承我国类书传统的同时，这些都是不足为我国现代百科全书所宜吸取者。

第四章

《中国大百科全书》问世历程

我国第一部现代百科全书《中国大百科全书》的编纂和问世，是我国文化界、知识界的一件大事，也是世界百科全书史上应该写上的重要一章。《中国大百科全书》是由 1978 年成立的中国大百科全书出版社，组织当代两万多位权威学者，历时 15 年完成的。

我国古代的百科全书，是以类书的形式出现的，如前所述，虽然与西方百科全书的道路不同，但已有大约2000年的历史。20世纪90年代，一座全新的、更加巍峨的中华文化丰碑，矗立在人们的面前。这已不是藏诸文渊阁的零落古代文物，而是已有数百万册传布于海内外的《中国大百科全书》。1993 年 10 月 8 日，是这座中华文化丰碑揭幕的日子。雷洁琼、卢嘉锡、吴阶平、宋健、胡绳、钱伟长、严济慈等 450 位参加过全书编撰的专家学者和大百科编辑代表，欢聚人民大会堂，庆祝这一旷世之典问世。《人民日报》为此发表长篇专文，题为“铸就中华文化丰碑”。

寻根和回顾　在《中国大百科全书》这座知识大厦落成之日，参加过《中国大百科全书》创建事业的出版社老编辑们，不免想到大百科事业的发源地和一路风风雨雨走过的艰辛道路。人们常有一种寻根探源的怀古幽思。《中国大百科全书》第一版的缔建和编辑过程不过 15 年，当然算不得“古”，但对于参与这番创业的老编辑们来说，15 年差不多就是个人的一生了。

大百科的发源地也并不很远，就在北京东城北总布胡同32号院内。1978 年 8 月，中国大百科全书出版社刚凑起 10 余人的筹备组，就在此生根立足。这是在当时国家出版局副局长王子野同志帮助下，向版本图书馆借来的三间堆放废书的库房。那三间简陋的平房现已不存，但这个艰苦创业的起点，却长久地留在创业者们的心中，至今犹为大百科全书出版社的老编辑们所津津乐道。

1978年8月，《中国大百科全书》发源地
北京北总布胡同32号院内的三间库房

随着编纂工作的展开和编辑队伍的扩大，出版社不得不在北京城里到处借房办公，出版社后来的足迹还曾留在东城史家胡同等八个地方，同志们戏称为大百科的“八大处”。

《中国大百科全书》第一版耗时15年，于1993年完成。韶光易逝，斗转星移，书成人非。令人伤感的是，许多可敬的老同志，不幸未见全书出版而先逝！胡乔木、姜椿芳、刘尊棋、王纪华、倪海曙、唐守愚、陈虞孙、朱语今……直接参与过大百科创业，为之呕心沥血的老前辈们，还有《中国大百科全书》总编委会名单中几十位名字已着黑框的专家学者们，都已载入我国现代百科全书事业的史册。在庆祝《中国大百科全书》第一版大功告成之际，人们尤其反复提到的是这一事业的创始人和奠基者姜椿芳的名字。是他，最先提出编纂出版《中国大百科全书》的非凡建议。

非凡的建议　1978年1月，中国社会科学院编发的《情况和建议》

姜椿芳

第 2 期，发表了姜椿芳所写的洋洋万言《关于编辑出版〈中国大百科全书〉的建议》，后又由国家出版局发行的《出版工作》所转载。一石激起千层浪，这一非凡的建议立即在学术界引起轰动。胡乔木、胡愈之、许立群、王益、陈翰伯、于光远、王子野等许多老同志表示热烈支持。

这一建议首先指出，编纂出版《中国大百科全书》是一项历史任务和客观需要。建议说："中国现在一般辞书很缺乏，根本没有大百科全书。世界各主要国家，从 18 世纪中叶开始就出版大型的多卷本百科全书。200 年来一再修订再版。除了综合性的百科全书外，近年还出版了许多专业性百科全书。美、苏、英、日、德等国，都有此种类型的百科全书几十种。现在第三世界国家，也纷纷出版百科全书。"

建议指出，我国"自古以来一直有编著此种类型图书的传统。远在 3000 年前就曾出现《尔雅》这样百科全书的雏形。以后历代都不断编辑流传。如魏有《皇览》（共 800 万字，大部散失）、唐有《艺文类聚》，宋以后这类书籍更多。明朝的《永乐大典》被西方称为世界最大的百科全书，共有二万二千多卷。清代则有《古今图书集成》，共一万卷，搜罗宏广，引证详明"。

建议进一步阐明了现代百科全书的性质和作用："现代意义的大百科全书是对过去积累的全部文化科学知识加以总结和概括，把当代的社会科学、自然科学、工程技术以及军事科学等各门类知识和最新成就加以综合的叙述。它的每个条目还不是各种学科的专门著述，但比一般基本知识的介绍尤为高深和全面，是各种学科的入门，便于读者进一步向精、深、专钻研。……编辑出版《中国大百科全书》，是我国社会主义文化事业的一项基本建设，是历史赋予的任务，是客观的需要，是世界潮流的必然产物。”

自从 1898 年康有为把“百科全书”这一人类知识总汇的概念引进我国知识界，百年来我国多少有识之士为之心动。清末民初，有从海外留学归来的学人，曾筹划编纂我国的百科全书。但是，这样巨大的文化工程，实非少数人所能承担，何况国内战乱频仍，人们有心无力。中华人民共和国成立之初，在我国知识界仍不断有编中国百科全书的议论，1956 年甚至列入了我国科学文化发展的十二年纲要，只是后来接连的政治运动使这一计划成为泡影。

也许是历史的巧合，在狄德罗开启现代百科全书事业之后 200 多年，编《中国大百科全书》的念头也是在监狱中酝酿出来的。在“文化大革命”中，中央编译局副局长姜椿芳同志受到“四人帮”迫害，被投入秦城监狱 7 年。他在狱中反复思量，若有重获自由之日，他还能为中华民族的文化建设和知识启蒙做些什么？他想到的就是编《中国大百科全书》！1978 年 1 月 27 日，他为此写的建议就在《情况和建议》第 2 期上发表了。

中央的决定 百科大业的启动过程，出人意料地迅速和顺利。一项发表在内部刊物上的个人倡议，转变为中国科学院、中国社会科学院和国家出版局联名向党中央提出的正式建议，并获得党中央和国务院批准，前后不过用了 4 个月的时间。

这里不妨引述姜椿芳本人的回忆文章《〈中国大百科全书〉及其出版社在草创阶段的一些情况》中的一段话，用以说明这一建议的提出和化为

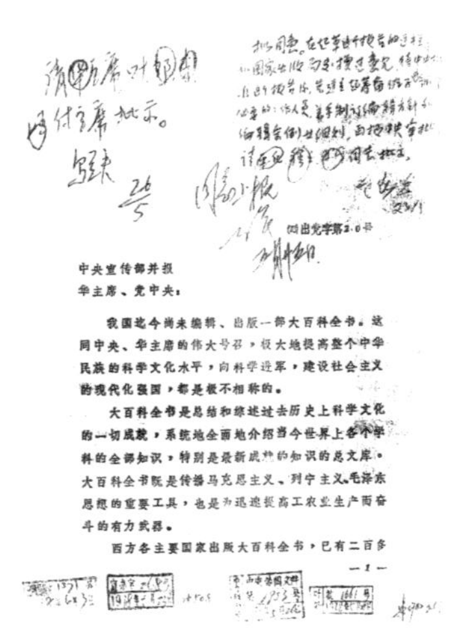

中央宣传部并报
华主席、党中央：

我国迄今尚未编辑、出版一部大百科全书。这同中央、华主席的伟大号召，极大地提高整个中华民族的科学文化水平，向科学进军，建设社会主义的现代化强国，都是极不相称的。

大百科全书是总结和综述过去历史上科学文化的一切成就，系统地全面地介绍当今世界上各个学科的全部知识，特别是最新成就的知识的总文库。大百科全书既是传播马克思主义、列宁主义、毛泽东思想的重要工具，也是为迅速提高工农业生产而奋斗的有力武器。

西方各主要国家出版大百科全书，已有二百多

— 1 —

《关于编辑出版〈中国大百科全书〉的请示报告》的中央批件

中央决定的实际过程。姜椿芳写道：

“1976～1977年两年中，我主要是调查研究国内外有关百科全书的资料。……《苏联大百科全书》第一、二版和《苏联小百科全书》，以及《苏联百科词典》是主要的参考书。我请编译局懂英文、法文、德文、日文、西班牙文的同志找这些国家的百科全书的资料，或给我翻译一些，或给我口头讲述一些。美国图书馆学会出版的工具书指南，其中介绍各国出版百科全书的情况，也很有参考价值。关于中国历代编辑类书的一些资料，清末民初中国出版过的几部百科全书类型的书，特别是1936年出版的带有百科全书性质的《辞海》，都提供了不少可供参考的信息。

我根据所掌握的不太完全的资料，写成文字，几次易稿，逐渐形成建议书这样的材料。我给中宣部和出版局送去的书面建议，被于光远同志看到。他立刻打电话给我说，这个材料将尽快发表在社会科学院刚出版的《情况和建议》上，第二期即刊出。

《情况和建议》刊出这个材料后，引起好多同志的注意。乔木同志让当时的出版局局长王匡同志来找我。我们在编译局的会议室谈了几分钟，决定由我写出正式的倡议书，送出版局。我连夜改写，由倪海曙抄出，第二天一早就由他亲自送到出版局。出版局请科学院和社会科学院会签，联名向中央提出。这事是在1978年4月20号左右。倡议书一到中宣部，中宣部出版局局长边春光同志就在建议书上签批了拟请朱语今、曾彦修和我为筹备人员，尽速筹备此事。建议书送到中央常委，李先念同志等都划了圈，表示同意。在5月初，批准文就发给了出版局等主管单位。王匡、陈翰伯、王子野、许力以通知我去开会，商议之下，很快就作出了决定：成立一个出版社，配备300～400人的编辑和工作人员，并成立以胡乔木同志为主任的总编辑委员会，领导编辑《中国大百科全书》的工作。”

预先的调研　一个巨大科学项目的开拓，离不开充分的调研和论证。《中国大百科全书》上马，有的人似乎觉得有些仓促，1978 年中央批准，当年首卷天文学卷就展开编辑工作。这是因为人们不太了解在此之前所做的大量调研和准备工作。对于我国传统类书编纂的研究和对于各国百科全书编纂方法的考察，都是学术性质的调研工作，也是为《中国大百科全书》的总体设计准备参考材料。这项工作是在一向重视调查研究的姜椿芳同志指导下进行的。1978 年 11 月编印的《百科全书参考资料》第 1 期，是一件值得收藏的中国大百科全书出版社筹备组最早的文献。它的内容是在筹备组成立之前几个月时间里紧张完成的系统调研成果，对于《中国大百科全书》的总体设计起了重要作用。首篇就是转载自《情况和建议》的姜椿芳《关于编辑出版〈中国大百科全书〉的建议》，那是经过多年资料搜集和深邃思考的成果，也是这一宏伟事业发轫的契机。

以中国大百科全书出版社筹备组名义发表的《几种外国百科全书的初步调查》一文，是运用比较辞书学的方法对《不列颠百科全书》《美国百科全书》、法国《拉鲁斯大百科全书》、德国《梅耶百科词典》、日本《世界大百科事典》和《苏联大百科全书》六种外国主要百科全书进行比较研究的成果，对六种百科全书中的“马克思主义”“宪法”“基本粒子”“遗传学”“粒子加速器”“歌德巴赫猜想”“空间技术”“计算机”“集成电路”“激光技术”“超导技术”“生产管理”“联合国”“奥运会”“百科全书”“书籍”“第二次世界大战”“明治维新”“屈原”“孙子（孙武）”“罗斯福”“南斯拉夫”“希腊”“瑞典”“巴黎”“日内瓦”等 26 个不同领域的重点条目进行了对比分析。调查条目选择的原则，既照顾到东方和西方、古代和现代，又考虑到自然科学和社会科学、基础学科和尖端技术、主题大小和内容繁简。从分析中归结出各书的特点和风格。

《〈大英百科全书〉第 15 版概貌》一文和研讨文章《关于百科全书的分类编排问题》，为我国百科全书分类分卷出版的特殊方式提供了参考。《各国百科全书编辑部门的组织情况》一文则为中国大百科全书出版社未来编辑部门的设置提供了参考资料。这些材料后来编为《中国大百科全书》总编委会第一次主任副主任会议文件的附件印发。

筹建出版社　为编纂出版《中国大百科全书》，中央批准建立一个300～400人的出版社和指导编纂工作的总编辑委员会。白手起家，一切从零开始，这可不是一件简单的事。中央决定，由姜椿芳、朱语今和曾彦修主持筹备工作。朱语今“文化大革命”前任中国青年出版社社长兼总编辑。曾彦修原任人民出版社副社长、副总编辑。两人当时都下放在外地，一时来不及进京。姜椿芳主持的筹备组，直到7月底以前还是个“光杆司令部”。但是具体筹备工作不能拖延。

1978年7月10日可以认为是中国大百科全书出版社历史上的一个有意义的日子。姜椿芳在这一天召来了几位业余“志愿人员”，召开了出版社的第一次会议，研究《中国大百科全书》和出版社的筹备工作。姜椿芳是中央编译局副局长，会议就在中央编译局后楼三楼会议室召开。《中国大百科全书出版社文件资料汇编》有关于那次会议的记载：“中国大百科全书出版社筹备组第一次会议纪要：时间1978年7月10日；地点中央编译局后楼三楼会议室；参加人姜椿芳、王纪华、阎明复、金常政、雷行、严玉华、李庆文、崔士敏。议题：1.姜椿芳同志说明出版《中国大百科全书》的意义、方针和筹备方案；2.金常政同志提出编辑工作设想和1978年业务工作打算；3.关于房子、1978年预算和调集干部问题。”

那次会简单随便，因为大百科还处于“有名无实”的阶段。中央正式批准了编纂出版《中国大百科全书》，而出版社筹备组尚未正式成立。不要说什么物质条件，甚至没有自己的人马。姜椿芳和阎明复还是中央编译局的人。王纪华原是中央工商行政管理局办公室主任，“文化大革命”后在家等着落实政策。金常政尚在北京无线电二厂下放。李庆文和严玉华是文化部退休干部，姜老拉她们来准备分别管人事档案和财会。雷行也是来自其他单位的“志愿者”。崔士敏本来就是编译局图书馆人员，参加会是为将来大百科图书资料建设出主意。会是八个人围坐在一张乒乓球台开的。那次会议议定，到1978年底争取调入业务人员50人、行政人员15人，到年底报预算50万元。

到了1978年9月，出版社筹备组已有相当的阵容。筹备组领导姜椿芳、朱语今和曾彦修都已经到任。经过一番奋斗，姜老还请来了刘尊棋、唐守愚、王顾明、倪海曙几位老同志参加筹备工作，而且筹备组已经有了个临时落脚点，即借版本图书馆的三间存放旧书的库房。刘尊棋是胡乔木帮助从社会科学院调来的，唐守愚是从文物局商调来的，王顾明原任浙江省文化局局长。筹备组决定了《中国大百科全书》上马后的一系列工作分工和参加一些学科活动的问题。

参加筹备工作的同志谁也没有编过百科全书，甚至多未见过百科全书。关于百科全书怎样编法，怎样上马，在筹备组内部曾有过一番激烈的争论。一种意见是先学习，从容准备几年，把全书总体设计搞完善再动手；另一种意见是在有个基本框架方案的基础上立即上马学步，通过实践完善总体设计。总体规划和总体设计工作，伴随着争论和说服，在北总布胡同那三间小房子里持续了一个多月时间，紧张地开过多次讨论会。姜椿芳以其坚毅的使命感和说服力感召了大家。他的方案，即全书分类分卷编纂出版，在初步确定全书框架的基础上，一个学科卷先行上马突破的方案，终于被筹备组接受了。

准备向总编委会报告的《〈中国大百科全书〉编辑出版的初步规划》，是在1978年9月4日议定成文的。规划内容包括：全书的性质、任务和规模；全书的编辑方针；全书轮廓的设想；全书编写工作的领导和编写力量；全书编写工作与科学研究工作的关系；全书的出版印制工作；出版社筹备组初期的工作步骤；当前的紧急组稿工作；关于建立中国大百科全书出版社的问题。

全书总体设计　从理论上说，完备的总体设计应包括全书的总框架直到条目表、全书的编纂体例和全书的装帧设计。其实，世界上没有哪一部百科全书初编时能具备这样的条件，只有在第二版、第三版时可能摸索出这些规律。的确，《中国大百科全书》的总体设计是远不完善的，总框架只是自然科学、社会科学、人文学科和工程技术各学科卷的配置。编纂体例是在天文学卷上马后在编纂实践中逐渐形成和完善的。筹备组经过反复讨论，拟订了两个方案。一个方案包括 45 个学科卷加上 2 卷索引，共 47 卷；另一方案包括 48 个学科卷加上 2 卷索引，共 50 卷。

当初设计的两个大框架方案如下：

方案一：

一、天学（宇宙、天文、空间技术） 1 卷

二、地学（地质、矿物、水文、海洋、大气、自然地理、测绘） 3 卷

三、数学（包括应用数学和计算数学一部分） 1 卷

四、物理学 2 卷

五、化学（包括生物化学、物理化学一部分） 2 卷

六、生物（古生物学、植物、动物） 2 卷

七、人类学（包括古人类学、人种学、民族学） 1 卷

八、医药卫生（包括药物、公共卫生、特殊医学、环境保护） 2 卷

九、农业（包括林业、渔业、牧业、农机、土壤） 2 卷

十、能源 1 卷

十一、采矿、冶金 1 卷

十二、机械（包括金属学） 1 卷

十三、电与信息 2 卷

十四、化工 1 卷

十五、建筑 1 卷

十六、交通运输（包括交通运输工具、交通管理） 2 卷

十七、轻工（包括纺织、造纸、印刷、食品、日用品、手工业）
2卷

十八、语言文字（包括语文翻译和贮存技术） 1卷

十九、考古 1卷

廿、哲学（包括逻辑、宗教、伦理道德） 1卷

廿一、历史（史学一般、世界史、中国史） 2卷

廿二、地理（包括古地理、经济地理、中外地理） 2卷

廿三、政治（包括法律、公安、社会学、民政、国际关系） 1卷

廿四、经济（理论经济学、部门经济学、经济技术管理） 2卷

廿五、军事（包括军事技术） 1卷

廿六、文学（诗歌、散文、小说、戏剧文学、民间文学） 2卷

廿七、艺术（美学、音乐、舞蹈、绘画、雕塑、舞台戏剧、电影、摄影、建筑与园林艺术、书法、篆刻、工艺美术）2卷

廿八、教育（包括心理学） 1卷

廿九、文化体育（新闻、广播、出版、图书、文化用品、体育、棋术、杂技） 1卷

三十、生活娱乐（婚丧、礼仪、民俗、家事、烹饪、缝纫、家具、游戏、旅游事业） 1卷

方案二：

一、自然科学

第1—3卷 自然科学总论、数理科学和化学（注一）

第4—6卷 天文学、地球科学（注二）

第7—10卷 生物科学（注三）

二、工业、交通运输

第11卷 工业技术总论、一般工业技术

第12卷 动力工程、原子能技术

第 13 卷	石油、天然气工业
第 14 卷	金属学、金属工艺、机械、仪表工业
第 15 卷	电工技术、无线电电子学
第 16 卷	化学工业
第 17 卷	建筑科学、水利工程
第 18 卷	轻工业、手工业
第 19—20 卷	交通运输、宇宙航行
三、农、林、牧、渔	
第 21—23 卷	农业、林业
第 24 卷	畜牧、水产（注四）
四、医学卫生	
第 25—28 卷	医学、卫生
五、社会科学	
第 29—31 卷	社会科学总论（注五）、历史、考古
第 32 卷	经济
第 33—34 卷	政治、社会、法律
第 35—36 卷	地理
第 37 卷	外交、国际关系、民族
第 38 卷	军事
第 39 卷	哲学（注六）
第 40 卷	宗教
六、文学、艺术	
第 41—42 卷	文学
第 43—44 卷	艺术
七、文化教育	
第 45 卷	语言、文字
第 46 卷	教育

第47卷　　文化（事业）、体育
八、其他
第48卷　　生活、娱乐
第49卷　　按拼音字母顺序排列的内容总索引
第50卷　　按拼音字母顺序排列的内容总索引

（注一）　内容为数学、力学、物理学、化学、晶体学
（注二）　内容为固体地球物理学（包括地震等）、气象、海洋学、地质学、自然地理学、测绘学等
（注三）　内容为普通生物学、细胞学、遗传学、生理学、生物化学、生物物理学、分子生物学、环境生物学、古生物学、微生物学、植物学、动物学、昆虫学、人类学、人类形体学等
（注四）　包括兽医、狩猎、蚕桑、养蜂
（注五）　包括统计学、人口学
（注六）　包括逻辑学、因明学、伦理学、美学，心理学也可拼在一起

总编委会通过方案和规划　1978年10月7日是个关乎《中国大百科全书》命运的日子。在这一天，中国大百科全书总编委会主任胡乔木在中国社会科学院会议室召开了总编委会第一次会议，审议和决定《中国大百科全书》的总体设计和编辑出版规划。人们后来在全书首页上见到的110位总编委会成员名单，那是后来逐步扩充的，到1985年出版教育卷时才增补齐全。

第一次会议仅是总编委会主任与副主任会，参加的人有主任胡乔木，副主任于光远、周扬、陈翰笙、裴丽生、陈翰伯、张友渔、姜椿芳。出版社筹备组参加会议的有朱语今、王纪华、阎明复、金常政、林秉元等。会议肯定了筹备组的工作和姜椿芳报告的总体方案和规划，并

提出不少重要的指导性意见。

会后筹备组整理了会议纪要，分类记录下与会者的一些重要发言。这是大百科出版社筹备组的一份原始的历史文件。下面就是这次会上大家发言的记录。

1. 关于大类分卷问题

于光远同志：赞成分卷，也赞成先编天文学卷。分类是个困难问题。分类本身就是一门学问。科学分类与图书分类是不相同的。人类知识的分类，也不是哪一个学科能搞出来的。譬如，力学是基础学科还是应用学科？心理学是自然科学还是社会科学？图书馆学、博物馆学放在哪类？陈翰伯插话：应放在文化教育类。他接着说：同意大类分卷。

乔木同志：原则上同意这个分类，进行半年后再开会讨论。分类主要是为了找人。百科全书分类与学科分类不同。科学分类可以用图表来表示，是平面的。百科全书分类是线型的。我们可以先不管它，经过半年实践再讨论。现在讨论也不切实际，说不定半年之内就要修改。例如，历史、地理，分不分中国和外国？这个分类暂作“空中方案”。（光远同志插话：同意乔木意见，先要“开步走”才好。）“自然科学”“社会科学”……等大的类可以不要，按一、二、三、四排起来就行了。以语言学为例，其中的语音学主要是属于物理问题，不是社会科学。心理学也是如此。自然科学离不开应用科学，每卷都有交叉。编辑部可以多搞几个其他国家百科全书分类的材料来。

2. 关于编排体例、补卷和索引问题

光远同志：各卷内也可按系统分类编排。至于检阅的方便，可靠索引解决。按体系分最好，虽然有些困难。现在决定是有困难的。

翰伯同志：光远同志意见类内还分类也好。我的意见，可以分二次搞。第一次大类分卷；第二次按词典方式。（乔木同志插话：光远意见，卷内分类，现在讨论也不实际。第二版是否按字顺，还可考虑。）全书应有一套英文索引。

3. 关于再版、补卷的编辑组织问题

翰伯同志：可分两个阶段搞，五年为期：第一个阶段按大类分卷；第二个阶段按词典方式。可设第一版、第二版两个编辑部。（乔木同志插话：两版设两个编辑部可以考虑。）

乔木同志：十年出齐，效率算是高的，但十年变化很大，最后一卷出书时，第一卷就过时了。从理论上说，百科全书应当二三年再版一次。可以在不出全书的情况下出补卷。

光远同志：在未出再版之前，每年可出补卷。

4. 关于中国特点的问题

翰笙同志：中国的条目应作为重点，反映中国百科全书的特点。

光远同志：中国百科全书的特点，还表现在是马克思主义者编的。不过，自然科学和技术方面，不能光靠自己的。

5. 关于各学科（知识门类）分编委问题

丽生同志：通过学会建立分编委是个好办法。在各学会里，科研、教学方面都有人参加。理事会是权威的，理事以上的人对本学科力量是心里有数的，积极性也大。按这个分类表，前十八类都有学会。

翰笙同志：农学会今年也将召开。

光远、友渔同志：社会科学可先找各个研究所。

乔木同志：关于具体条目问题，总编委会没有发言权，主要靠分编委。可邀请各分编委负责人讨论，可能要开三天的会，可能还要分组。

6. 关于知识性的问题

周扬同志：一个是找人，一个是壮胆。即便是自然科学也有人害怕政治不挂帅。编辑部要注意百科全书的知识性。《辞海》的政治性很强，但稳定不下来，如“大跃进”等词目。百科全书要求知识性，要提高整个中华民族的科学文化水平，首先就是知识。在知识方面要丰富，要准确。这样大一部书，都是马克思主义怎么行呢？允许有不同意见。作者都要署名。不敢写的，要给他们壮胆。知识性才是稳定的。如果总是跟着形势变，那就永远也搞不出来。对于不稳定的，正在进行的，可以从缓。找人写先要交底，给人家壮胆。知识上的错误不要有，观点上的错误难免。你也讲马克思主义，他也讲马克思主义，可是不相同。自然科学不必要讲政治，是科学性的书，知识性的书嘛。现在找人写，还会有人害怕，只敢讲些保险的，自己的知识却不敢摆出来。政治术语不必要，那是虚的。政治挂帅不是这样挂的嘛。要给人家壮胆、撑腰。

7. 关于请外国人撰稿的问题

光远同志：请不请外国人写？是个问题。例如，某个学派的创始人，要不要请他写？但涉及国际关系的，如地理方面，有边界问题的就不好办。如马可·波罗，南斯拉夫说是南斯拉夫人。

周扬同志：可请外国百科全书的专家，如阿德勒来讲学。

8. 关于条件问题

光远同志：有没有搞个编译馆的要求？有了编译馆，翻译工作就不必靠自己了。百科全书应该有一个好的图书馆。一定要有自己的出版社和自己的印刷厂。

起步和突破　《中国大百科全书》从天文学开始。为什么全书先编天文学卷？说来道理是很多的。我国对于学问有个传统的说法：上知天文，下知地理。我国对学科还有个传统的排列法，叫作“天、地、生，数、理、化”。不过，《中国大百科全书》从天文学开端，带有一定的偶然性。“文化大革命”后最先恢复学会活动的是中国天文学会。通过学会活动，发动学术界编大百科全书是最理想的路子。

1978 年 9 月 8 日，姜椿芳率天文学卷责任编辑金常政赶赴上海，参加天文学会的年会。《中国大百科全书》以“天文学”为开路卷的决定，深深激励了天文学家。《中国大百科全书》第一个分（学科）编委会建立起来，由我国天文学界五大泰斗张钰哲、戴文赛、李珩、程茂兰、王绶琯担任编委会主任和副主任。天文学家和大百科编辑紧密合作，仅用了短短26.5个月的时间，完成了全卷从框架设计和选条、组稿撰写、审稿、编辑加工，到终审定稿、发稿排校和印刷全过程。天文学卷在1980年底问世。这是为全书铺路定音的首卷。全书的面貌和性格大体上由此而定。在编纂过程中，天文学家与大百科编辑共同努力，把天文学学科知识与百科全书编纂学结合起来，摸索出百科全书的多维框架设计方法，增强百科意识，创造出一卷书从概观文章、条目分类目录开始，到学科大事记和多渠道索引为止的结构模式。天文学卷还为全书提供了最初的基本体例文件——《中国大百科全书编辑工作条例》。1986年正式颁布的《中国大百科全书成书编辑体例》，就是在这一基础上修订和补充而成的。

天文学卷的编纂工作的困难，在于没有现成的指导文件可依，也没有现成的规范可循，甚至没有别人的教训和弯路可资参考。所以，天文学卷的意义在于：①迈开了步子，起了某种解放思想的作用；②摸索了路子，探索到编纂百科全书的规律；③锻炼了人，促进了从事百科全书事业的紧迫感和责任感；④为其他学科卷提供了经验和教训。

摸索到什么路子了呢？那就是一个学科卷的编纂过程和规律。一个学科卷的编辑工作分为前期和后期。前期工作指稿件未进编辑部之前的五个阶段，即调研准备阶段、组织作者队伍（建立分编委会和编写组）阶段、框架设计和选条阶段、组稿和撰写阶段、科学内容审定阶段；后期工作指从稿件收进编辑部到签字付印为止的三个阶段，即分支编辑加工阶段、成书编辑阶段和通读校阅排印阶段。各个阶段均有不同的繁复的工作内容。（参阅本书附录1）

天文学卷在全书中是个标准部头的卷。全卷共762面，包括彩色插页72面。全卷版面字数154.8万字，收入1074条目（其中130人物条目），释文内插图775幅。全卷自扉页后的内容顺序是：总编委会名单（当时仅限主任、副主任），分编委会（学科编委会）和各分支主编、副主编名单，“天文学”概观性文章，条目分类目录，彩图插页目录，正文（A—Z 条目），天文学大事记，条目笔画索引，繁体字简化字对照表，条目外文索引、内容分析索引、外国人名译名对照表、主要编辑出版人员名单。天文学卷的模式后为《中国大百科全书成书编辑条例》所肯定，并成为全书各学科卷所遵循的规范模式。

《中国大百科全书》天文学卷出版后，受到国内外学术界的肯定评价。英国著名科学史学家李约瑟撰文评论说："这一卷所达到的水平是很高的，印刷也很精良。撰稿人和编辑人员应当为他们在三年中所取得的成果感到自豪。"

天文学卷的工作带有"探路"的性质，因为天文学全卷的设计考虑自然是全书性质的，要为全书体例规范做大量的调查研究工作，要为全书提出编辑体例、作者队伍组织方式、框架设计程序、编辑工作计划安排、体例指导方法、全书凡例，以至稿酬办法的全书性质的建议方案。

大百科人和大百科精神　法国 18 世纪有一个因编百科全书而闻名的进步知识分子集体，他们因知识启蒙的共同理想凝聚在一起，这就是以狄德罗为首的"百科全书派"。我国在编纂《中国大百科全书》的过程中，两万多位专家学者陆续投入这一宏伟的事业。他们意识到正在创建一座新时代的文化纪念碑，不禁想到法国的"百科全书派"。"文化大革命"过去不久，"派"字名声不佳，于是他们常常自称为"大百科人"，借以激励一种"共赴时代召唤，解放思想，尊重科学，团结奋进，崇尚效率"的大百科精神。1993 年当《中国大百科全书》完成时，《人民日报》发表《铸就中华文化丰碑》专文，特在文前加一按语："大百科精神，是一种执着的爱国主义精神，是一种高尚的集体主义精神，是一种主动开拓的创业精神，是一种实事求是的科学精神，是一种无私的奉献精神。"

大百科人并不是别的什么人，就是以自觉地传播科学文化知识、提高中华民族科学文化水平、实现我国四个现代化为己任的有心人。几百位百科全书的编辑，几千位大百科总编委会和学科编委会委员，两万多位大百科撰稿人，都是由大百科精神凝聚起来的大百科人。

在《中国大百科全书》编撰过程中，不知有多少可歌可泣的感人事迹，表现了大百科人的大百科精神。天文学家戴文赛、考古学家夏鼐、国际法学家陈体强、文学评论家周扬、经济学家许涤新、历史学家侯外庐、冶金学家孙德和、物理学家王竹溪，都是在病重住院期间仍不辍笔，在病榻上继续为大百科撰写或审改稿件。建筑学家童寯临终前仍在握笔疾书，他在撰写“江南园林”条目时写到“扬州以莳花闻名远近，清初……”即溘然长逝！

为了编好《中国大百科全书》，多少位学术泰斗和一代宗师，不务名利，虚怀若谷，放下自己的论文、专著，与百科全书编辑共同切磋百科编写体例，边学边干，不厌其烦。许多学科卷的框架、大批百科条目稿件，都经过不止五六次的修订或改写。有些学者为了撰写几百字的短条目，竟然查阅了上百种文献资料。

为了保证全书的内容全、精、新和权威性，《中国大百科全书》除制定有被称为“百科大法”的体例文件外，从撰稿、审稿（包括学科内容和体例要求）到编辑加工和终审定稿，设有层层把关的严密而科学的编审组织。最高学术领导机构是总编辑委员会。各个学科分设分（学科）编委会。全书共有 66 个学科编委会，由全国各该学科最著名的权威专家学者和各分支主编组成。每个学科编委会下设数个至数十个学科分支编写组，分别由分支主编、副主编负责。全书共有这样的分支编写组 734 个。

计划修订和人事更迭　各国编百科全书都不免膨胀和失控的教训。我国第一次编现代百科全书，经验尤为缺欠。到 1985 年，由于各部门各行业争相要求增加新卷，全书似有膨胀到 80 卷以上的趋势，鉴于这种情况，姜椿芳提出“三不变”的方针，即：全书综合性的性质和大卷分类的编法不变；75 卷的规模不变；十年出齐全书的奋斗目标不变。当时出版社进入发稿的高潮，编辑和出版力量都显得吃紧，困难较多，但仍应坚持“好中求快”，气可鼓而不可泄。这是激励大百科人奋进和抑制失控的积极措施，经出版社领导集体讨论通过，形成全社人员的行动口号。全书是一个整体，性质和编法不变，是显而易见的道理；“75卷不变”的提出，则是针对我国第一次编大百科全书尚缺乏经验，篇幅和规模很容易失控，必须在75卷上打住；至于“十年出齐不变”，则不过是提出一个奋斗的目标。

姜椿芳以66岁的高龄开创大百科事业，八年不倦奔忙，埋首伏案，积劳成疾，尤以视力损伤为甚，几近失明。1986年4月，中央决定姜椿芳改任顾问，总编辑职务由梅益同志继任。不幸的是，《中国大百科全书》总编委会副主任、首任总编辑姜椿芳同志，于1987年12月17日病逝。

为保证全书的质量，大百科新领导根据当时编辑与出版力量的实际条件，决定将全书出齐的计划推迟5年，于1987年由总编委会主任胡乔木同志报请中央批准（据《梅益同志给乔木同志并请转报中央、国务院的报告》，1987年2月18日）。涉及全书计划的其他变动还有：原来全书框架内的“世界经济”和“科学社会主义”卷，从《中国大百科全书》中撤出，分别改为专业性的《世界经济百科全书》和《科学社会主义百科全书》出版。后来，又在《中国大百科全书》内新增“财政、税收、金融、价格”一卷。

各学科卷的主帅主将和进程　《中国大百科全书》第一版前后历时15年，于1993年8月胜利完成。73卷大书，加上1994年出版的全书总索引，可以摆满3米多宽的书架，恰如一座宏伟的文化长城。66个学科编委会和出版社的责任编辑，是保证各卷编纂水平和顺利出书的关键。学科编委会主任当然是“帅”，而出版社的责任编辑则是冲锋陷阵的“将”。1993年，《中国大百科全书》获得国家图书奖荣誉奖，获奖名单列出获奖者全书责任编辑“一百单八将”。实际上，全书责任编辑应是88人，因有一人兼多卷责任编辑者。

这里不妨列出《中国大百科全书》各学科编委会主要负责人和出版社责任编辑，以及各学科卷的出版时间，从中可一窥大百科各卷的分量、学术与编辑阵容和15年的出书进程。

天文学：1卷154.8万字，收1074条目，1980年12月出版，编委会主任张钰哲，责任编辑金常政、林盛然。

外国文学：2卷354.3万字，收3017条目，1982年10月出版，编委会主任冯至，责任编辑刘麟、杨哲。

体育：1卷158.7万字，收736条目，1982年12月出版，编委会主任荣高棠，责任编辑魏杰、郑伯麒。

戏曲 曲艺：1卷169.7万字，收1200条目，1983年8月出版。戏曲编委会主任张庚、曲艺编委会主任陶钝，责任编辑王伯恭、刘辉、周绍昌、赵舒凯。

环境科学：1卷135.9万字，收600条目，1983年12月出版，编委会主任吴学周，责任编辑刘志荣。

纺织：1卷103.8万字，收690条目，1984年6月出版，编委会主任陈维稷，责任编辑沈蓉芬。

法学：1卷236.2万字，收1100条目，1984年9月出版，编委会主任张友渔，责任编辑张遵修、唐飞霄。

矿冶：1卷239.9万字，收1232条目，1984年9月出版。采矿编委会主任高扬文，责任编辑韩大钧；冶金编委会主任陆达，责任编辑高林生。

教育：1卷148.5万字，收773条目，1985年8月出版，编委会主任董纯才，责任编辑贺亚麟、魏杰。

力学：1卷161.8万字，收681条目，1985年8月出版，编委会主任钱令希，责任编辑林盛然、卢鼎霍。

固体地球物理学 测绘学 空间科学：1卷119.7万字，收500条目，1985年11月出版。固体地球物理学编委会主任傅承义、测绘学编委会主任陈永龄、空间科学编委会主任吕保维，责任编辑殷宗玲。

航空　航天：1卷157.6万字，收1124条目，1985年12月出版，编委会主任邹家骅，责任编辑王樵裕。

民族：1卷173.6万字，收1000条目，1986年6月出版，编委会主任包尔汉，责任编辑金效敬、潘祖淦。

交通：1卷173.9万字，收910条目，1986年6月出版，编委会主任郭洪涛，责任编辑孙志敏、刘志荣。

考古学：1卷202万字，收1149条目，1986年8月出版，编委会主任夏鼐，责任编辑胡人瑞、赵雅琴。

电子学与计算机：2卷269.8万字，收1280条目，1986年10月出版，编委会主任孙俊人，责任编辑杨公谨、段中。

中国文学：2卷353万字，收2547条目，1986年11月出版，编委会主任周扬，责任编辑杨哲、姜逸清。

土木工程：1卷187.5万字，收960条目，1987年3月出版，编委会主任李国豪，责任编辑张庆文。

大气科学　海洋科学　水文科学：1卷245万字，收950条目，1987年5月出版。大气科学编委会主任叶笃正，责任编辑韩玉如；海洋科学编委会主任曾呈奎，责任编辑李小文、孙关龙、温宗文；水文科学编委会主任施成熙，责任编辑盛志浩。

物理学：2卷336.6万字，收1707条目，1987年7月出版，编委会主任王竹溪、李洪元，责任编辑张云鹗、陈荫民。

机械工程：2卷252.2万字，收1400条目，1987年7月出版，编委会主任沈鸿，责任编辑黄锡桥、冯雪明、纪恒恩。

哲学：2卷348.3万字，收2301条目，1987年10月出版，编委会主任胡绳，责任编辑王德有、谢寿光。

化工：1卷213万字，收1346条目，1987年12月出版，编委会主任杨光启，责任编辑白以素。

宗教：1卷165.9万字，收1332条目，1988年1月出版，编委会主任罗竹风，责任编辑吕子都。

语言文字：1卷150万字，收947条目，1988年2月出版，编委会主任季羡林，责任编辑李鸿简、郑伯麒。

建筑 园林 城市规划：1卷160.8万字，收870条目，1988年5月出版，编委会主任杨廷宝、戴念慈，责任编辑刘永芳、高林生、黄鸿森。

经济学：3卷404.4万字，收2181条目，1988年10月出版，编委会主任许涤新，责任编辑龚莉、张智联、阿去克。

数学：1卷237.2万字，收869条目，1988年11月出版，编委会主任华罗庚、苏步青，责任编辑潘寰、戴中器、吴希曾。

化学：2卷355万字，收2564条目，1989年3月出版，编委会主任杨石先、柳大纲，责任编辑施莘善、龚定金。

音乐 舞蹈：1卷251.5万字，收1963条目，1989年4月出版。音乐编委会主任吕骥、贺绿汀，责任编辑狄沙；舞蹈编委会主任吴晓邦，责任编辑杨小凯。

军事：2卷376.9万字，收2924条目，1989年6月出版，编委会主任宋时轮，责任编辑吴丽。

戏剧：1卷154.5万字，收1000条目，1989年11月出版，编委会主任曹禺、黄佐临，责任编辑赵舒凯。

外国历史：2卷333.4万字，收2521条目，1990年1月出版，编委会主任陈翰笙，责任编辑于瑞玺、满运新、韩知更。

世界地理：1卷199.5万字，收1162条目，1990年3月出版，编委会主任李春芳，责任编辑张岭、郑景纯。

地理学：1卷146.9万字，收920条目，1990年9月出版，编委会主任林超，责任编辑孙关龙。

农业：2卷456.6万字，收2393条目，1990年9月出版，编委会主任刘瑞龙，责任编辑陶家祥、徐玲。

新闻　出版：1卷156.1万字，收1500条目，1990年12月出版。新闻学科编委会主任萨空了，出版学科编委会主任许力以，责任编辑赵素吾、陈生铮、宋彦尊。

美术：2卷319万字，收2100条目，1990年12月出版，编委会主任艾中信，责任编辑刘晓路、贾玉江。

自动控制与系统工程：1卷171.8万字，收1098条目，1991年2月出版，编委会主任宋健，责任编辑戴中器、王樵裕。

电影：1卷144.2万字，收1200条目，1991年6月出版，编委会主任夏衍，责任编辑杨小凯。

心理学：1卷158.4万字，收771条目，1991年9月出版，编委会主任潘菽、荆其诚，责任编辑张人骏、张志伟。

轻工：1卷179.5万字，收887条目，1991年11月出版，编委会主任季龙，责任编辑吴益、刘伯根、白以素。

社会学：1卷145万字，收1001条目，1991年12月出版，编委会主任雷洁琼，责任编辑谢寿光。

生物学：3卷630.1万字，收1210条目，1992年2月出版，编委会主任贝时璋，责任编辑张均康、卢豹、全如瑊。

水利：1卷146.5万字，收900条目，1992年3月出版，编委会主任钱正英，责任编辑龙以律。

中国历史：3卷429.4万字，收2682条目，1992年4月出版，编委会主任侯外庐，责任编辑杨川、孙晓林、杨光辉。

电工：1卷186.9万字，收1095条目，1992年6月出版，编委会主任高景德，责任编辑张友韬。

政治学：1卷166.1万字，收970条目，1992年9月出版，编委会主任张友渔，责任编辑周五一。

中国传统医学：1卷180.5万字，收1081条目，1992年9月出版，编委会主任施莫邦，责任编辑全如瑊、张志伟。

文物 博物馆：1卷232.5万字，收1897条目，1993年1月出版。文物编委会主任谢辰生，博物馆编委会主任吕济民，责任编辑赵舒凯、朱惠康。

图书馆学 情报学 档案学：1卷179.8万字，收1277条目，1993年1月出版。图书馆学编委会主任周文骏，情报学编委会主任武衡，档案学编委会主任吴宝康，责任编辑周绍昌。

地质学：1卷185.6万字，收1099条目，1993年4月出版，编委会主任程裕淇，责任编辑盛志浩、吕建华。

中国地理：1卷213.9万字，收1610条目，1993年6月出版，编委会主任黄秉维，责任编辑郑景纯。

现代医学：2卷506.3万字，收1759条目，1993年7月出版，编委会主任吴阶平，责任编辑全如瑊、郑伯承、刘正萍、陈盈盈。

财政 税收 金融 价格：1卷160.4万字，收1247条目，1993年8月出版，编委会主任刘国光，责任编辑刘海英。

总索引：1卷249.6万字，1994年8月出版，责任编辑王渝丽、郭庆麟、蒋仲英。

《中国大百科全书》第一版

《中国大百科全书》第一版的特色 在百科全书史上和现代世界百科全书之林中，许多平淡无奇、没有特色的百科全书已经湮没无闻。

《中国大百科全书》开创之初，曾下功夫研究世界各国的百科全书，也注意过我国传统的类书和西方百科全书的历史，为的是能编出一部有自身优势和本国特色的百科全书，以满足我国现代读者的需要，同时为世界百科宝库作出我们独特的贡献。在世界百科全书之林中，《中国大百科全书》第一版究竟有哪些特色呢？

首先，中国知识内容充分而精确，是《中国大百科全书》的主要优势所在。发扬光大中华民族的文化遗产和现代成就，当然只能靠我们自己的百科全书。为世界知识宝库贡献自己的一份知识财富，是我国百科全书理所当然的义务。《中国大百科全书》有整整 8 卷（中国历史、中国地理、中国文学、戏曲曲艺和中国传统医学）完全是中国内容，而那些非纯属中国内容的学科卷，对中国知识内容也多有所侧重。

其次，1.3 亿字、74 卷的部头，在现代世界各国百科全书中是很突出的。这样的规模不属一也属二了（只有西班牙的《欧美插图大百科全书》已逾百卷）。生物学、经济学、医学和中国历史 4 个学科都多达 3 卷，还有 11 个学科编为 2 卷。全书配用 6.3 万幅插图，也居各国百科全书之冠。部头大，自然内容多而详，这对于我们泱泱文化大国首次编纂现代百科全书是很必要的，同时也为再版的精选缩编和我国百科全书系列化打下有利的基础。

再次，《中国大百科全书》采取一种特殊的编排方式，与多数外国百科全书不同，我们称为“大类分卷”或“分类分卷”的编法，即内容按学科或知识门类分卷，而在学科卷内条目则按汉语拼音字母顺序编排。这种设计完全是从我国当时具体条件出发，既便于组织作者，又考虑到我国个人读者购买力和藏书空间的条件。在每个学科卷前面都编有“学科（知识门类）概观性文章”和“条目分类目录”，在正文（全部条目）之后编有“学科（知识门类）大事年表”，也是有别于外国百科全书的做法，有助于增强全书的教育（学习）功能。

再次，设置多种检索渠道，如著名学者周有光所赞的“路路通”，是《中国大百科全书》的又一特色。外国百科全书通常以A—Z的字母顺序为基本检索系统，以同样字母顺序的内容（主题）分析索引为辅助检索系统，仅此而已。《中国大百科全书》除这些常规检索系统之外，还编有“条目分类目录”，实际上是一种条目分类索引。此外，还编有“条目笔画索引”和“条目外文索引”。“学科（知识门类）大事年表”，其实也是一种时序检索工具。

《中国大百科全书》与我国百科全书的系列化 《中国大百科全书》的编纂出版，带动了我国百科全书的系列化发展。《中国大百科全书》是综合性百科全书，是百科全书系列化的主干。综合性百科全书还依读者的年龄段（或文化程度）而分为中学生程度的普及型百科全书和少年儿童百科全书。中国大百科全书出版社于1997年编纂出版了《新世纪中学生百科全书》，收入2000个条目。中国浙江教育出版社于1991年出版了4卷本的《中国少年儿童百科全书》，中国大百科全书出版社于2001年出版了4卷本的《中国儿童百科全书》。

百科全书系列化的两个主要支干是专业性百科全书和地域性百科全书。

我国最先编纂的专业性百科全书是《中国医学百科全书》，是由上海科学技术出版社于1978年紧随《中国大百科全书》之后起步的，10年后出齐93个分卷，又于20世纪90年代合为五大部8卷全书。

《中国农业百科全书》是在《中国大百科全书·农业》卷直接影响下于1980年开始编纂的，经过16年的艰苦努力，于1997年出齐全书31卷。《中国农业百科全书》可能是我国最大的专业百科全书。

《中国企业管理百科全书》3卷是以《中国大百科全书》编辑人员为顾问编成的，由企业管理出版社于1984年出版。全书采取全分类（即全书条目完全按内容分类编排）的编排方法。

《中国水利百科全书》也是由《中国大百科全书》编辑担任编委会顾问编纂的，由水利电力出版社编纂出版。1985年开始编纂，历时5

年出版。这部百科全书采取的是全字顺的编排方式，即全书 4 卷的条目按汉语拼音字母顺序从 A 到 Z 编排。

《中国电力百科全书》也聘有《中国大百科全书》的编辑为该书编委会的顾问。全书 8 卷采取《中国大百科全书》的大类分卷的编排方式，设5000多条目，于1987年上马，1994年出第一版。值得提到的是，该书竟先于《中国大百科全书》于 2001 年出了第二版。

由中国大百科全书出版社编纂出版的专业性百科全书还有：《世界经济百科全书》（1 卷）、《自然辩证法百科全书》（1 卷）、《材料科学技术百科全书》（2 卷）、《中国儒学百科全书》（1 卷）、《能源百科全书》（1 卷）、《中国性科学百科全书》（1 卷）、《中国古代小说百科全书》（1 卷）、《中国烹调百科全书》（1 卷）、《中国人权百科全书》（1 卷）等。

自从《中国大百科全书》第一版出版以来，已有数十种不同规模的专业性百科全书，纷纷由各专业出版社编纂出版。

地域性百科全书又称地方百科全书，是百科全书系列化的另一主要支干。中国大百科全书出版社于 1989 年开创地域性百科全书系列，首先编纂出版的是单卷本《黑龙江百科全书》，于 1991 年出版。同一时期编纂出版的《北京百科全书》虽由其他出版社出版，但也与中国大百科全书出版社颇有渊源。该书初版为单卷本，在地域性百科全书中突出的是该书已于 2002 年出了 20 卷的第二版。由中国大百科全书出版社编纂出版的地方百科全书还有《广东百科全书》《潮汕百科全书》《广西百科全书》《广州百科全书》《大连百科全书》等。由其他出版社出版的还有《四川百科全书》《上海百科全书》《宜宾百科全书》等。

《中国大百科全书》的再版　百科全书的编纂，劳师动众，靡费甚巨。毕一代学者专家之功，修成知识和学问之典，成就一代盛事。这样的大书编成，当然应该传之后世。百科全书传世，主要靠修订再版，或者称为升级换代。修订再版，意味着书的完善和完美，意味着书的内容

（知识和资料）更新，意味着书的编纂技术改进。大百科全书的修订再版，是一件非比寻常的工作，因为书的规模大，而且内容变化也大。如果说“质量是百科全书的生命”，那么修订再版则是一部百科全书的长寿之途，获取权威性之路。

《中国大百科全书》第二版已于2009年问世。与第一版相比，第二版变化很大。主要变化在于：①规模大大缩小，由第一版的74卷缩为32卷（包括2卷索引），总篇幅由1.3亿字减少至6000万字，总条目数也由77 895减少到60 000。第一版的6000个条目已经更新，撤消约3万偏专过细的条目，修订保留稳定的约3万条目，归类合并一版重复1万多条目，重新撰写约3万条目。②由第一版的大类分卷编法改为全书条目统编，即全部条目按汉语拼音字母顺序从A到Z编排，改以大多数国际现代百科全书通行的编排法。③科技内容与社科和人文学科内容比重有所改变，由原来一版偏重科技内容变为社科和人文学科内容过半。特别注意到20世纪90年代以来世界科学文化的新发展、新成就，以及国际形势的新变化和新格局。新版尤其关注边缘学科、交叉学科的地位，增加新学科门类近百个，分支学科300多个。④新版从黑白图加彩图插页改进为全书彩印的现代完美形式。全书使用插图约3万幅、地图约1000幅。

《中国大百科全书》第二版

第五章

工具书　辞书　百科全书

百科全书是现代工具书家族的成员，百科全书又被归属辞书。三者关系究竟如何，关乎现代百科全书性质的问题，因而是本章要讨论的问题。毕竟，三者的概念有所不同，百科全书编纂者有必要在理论上有个明确的认识。

现代工具书　这里说“现代工具书”，是为了同我国传统的文史工具书相区别。中国古代百科全书性质的类书，被称为文史工具书。现代科学技术和经济、文化发展非常迅速，人类知识急剧增加，世界已进入一个信息时代。作为知识信息库的现代工具书，在科学、文化、教育，以及人们一切生活领域中的作用越来越大。工具书的种类和数量也越来越多，从而形成了一个庞大的现代工具书家族。人们形容书籍是知识海洋，说是“书海无涯”。不管书海多么浩瀚，不管图书分类如何纷繁，但就书的基本功用来说不外两大类：一类是供人连续阅读的书（小说、教科书、专著皆是）；另一类是供人随时查检而不适于系统阅读的书，这就是工具书。“工欲善其事，必先利其器。”工具书就是一种“器”，就是治理学问（读书、学习、写作和研究）的工具。有人给工具书这样下定义：工具书主要是供人查检一定问题，而不是供人连续（系统）阅读的书。半个否定句的定义不太符合一般定义的常规，但在这里则是为了强调工具书与其他书的区别。

现代工具书实质上就是回答问题的书，是“问事书”。人们所能问的问题不外乎 6 个“W”，即 what（何事物）、who（何人）、where（何地）、when（何时）、why（何故）、how（如何）。工具书大体上就是为回答这 6 大类问题编纂的。不同的工具书回答不同的问题。下图大致地、形象地表示出各种工具书所主要回答的问题。

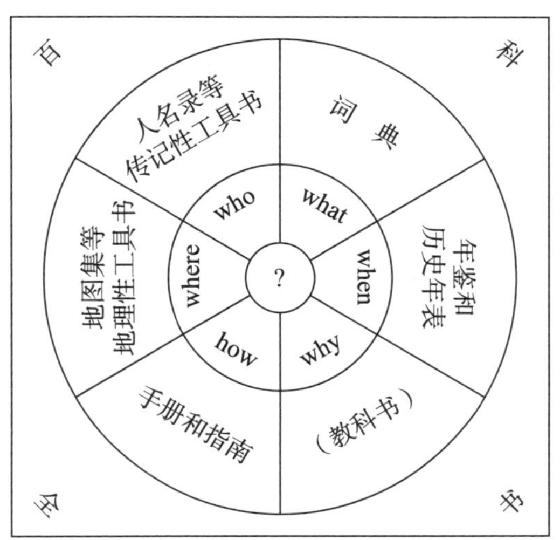

各种工具书的作用示意图

美国《图书馆学和情报学百科全书》把现代工具书分为 13 类，即书目（Bibliographies）、词典（Dictionaries）、百科全书（Encyclopedias）、年鉴（Yearbooks）、指南（Manuals）、传记性资料（Biographical sources）、索引（Indexes）、期刊（Serials）、手册（Handbooks）、便览（Directories）、地理性资料（Geographical sources）、政府文件集（Government documents）、视听资料（Audiovisual sources）。这是美国图书馆学专家 L. 肖尔斯的分法。如果不唯权威是从，打乱一下肖尔斯的排列次序，按可读性高低，或检索性递增的次序重排，便是：百科全书、传记性资料（人名录等）、年鉴、期刊、手册、指南、便览、政府文件集、词典、地理性资料（地图集等）、书目、索引。视听资料属于载体形态的不同，姑且不列入其内。我们从个体到整体巡视一番现代工具书的王国之后，可能会发现百科全书是这一王国中性质有些特殊的一员。这倒不是因为它部头大（德国有一部百科全书仅半部就达 180 多卷，而《永乐大典》这部“世界最大的百科全书”总篇幅达3.7亿字）和资格老（有2000多年历史了），而是因为它兼具两大类图书的作用，即它主要是工具书，同时又有辅助人们自我教育的作用，这就是人们常常说到的“没有围墙的大学”的作用。在工具书家族中，各种工具书回答的主要问题不同，因而作用也各不相同。百科全书的另一个特殊之处，是它的完备性。它在一定程度上包容有其他各种工具书的成分，甚至教科书的成分，因而在某种程度上能回答各种工具书所能回答的问题。人们备有一部编纂精良的百科全书，便有可能代替部分其他工具书。前面的示意图大概地说明了各种工具书的基本作用和百科全书在各种工具书中的特殊性质。

辞书与百科全书　词典和百科全书在现代工具书大家族中关系非常密切。其实它们出自两个源头，一个是语言，一个是知识。不过，两者一表一里，本来就密不可分，而且随着历史（词典史和百科全书史）的演进，两者也越来越靠拢了。著名的《不列颠百科全书》原来是把“词典”和“百科全书”分设两个条目的。其第15版详编，则把这两个条目合并成为一个条目：“百科全书与词典”。这表明对百科全书与词典越来越密切的关系有了新的认识。遗憾的是，这一新的处理除把两个条目机械合并外，并未对两者的关系增加什么新的论述。不过，百科全书与词典的关系密切，更多的是在编纂学方面。这两种工具书在性质上，即在本质属性上还是不相同的。

关于“辞书”的概念　“辞书”这一概念，可能是中国和日本所特有的，而且其内涵和外延都不甚明确。在西文中也找不到一个与之对等（等值）的词来。《辞海》对“辞书”的释义是：“字典、辞典、百科全书、专科辞典的统称。”这不是定义，不是辞书的内涵，只是它的不完全的外延。到目前为止，对“辞书”的严格定义还未有所见。王云五在为《辞源》写的序和凡例中，以及胡适在为朱起凤所编《辞通》作的序中，虽也提到“辞书”，但却未对辞书的性质加以界定。日本《世界大百科事典》倒是设立了“辞书”的条目，并下了定义：“辞书是把单词按一定次序排列，并介绍其写法、发音、词类、词源、含义、例句和用法的书”。这实际上是“词典”的定义。可见，日文中所说的辞书，是指词典而言，至少对辞书的解释是含混的。不过，该书的这个条目在解说辞书的外延时，似乎涉及了这里要论述的主题。

所以说辞书这一概念是中国和日本所特有的，根源就在于汉字（日本也用）的特点。西方文字中没有“字”，而只有由字母组成的“词”（或称单词），因而也就没有“字书”“字典”这种工具书的形态，而只有词典（英文 lexicon 或 dictionary，俄文 Словарь，德文 Wörterbuch）。因此，中国是先有字书，后有词典（《尔雅》是个例外，可以认为那是百科词典的最早雏形），甚至汇集成语的“语书”，汇集名言、警句的“句书”（后两者一般也采用词典的形式）。于是，便产生了把这些语文工具书归为一类的意图，“辞书”遂成了这一类语文工具书的“统称”。因此，辞书是一个类称，而不像词典、字典那样专指哪一种具体对象。

不妨探讨一下，为什么“辞书”这一类成立，而迄今尚无一个质的界定呢？主要原因可能出在这一类工具书赖为基础的那个“辞”字。《辞源》对“辞”的释义是：“说也，言之成文者曰辞。”清代阮元编《经籍籑诂》，宗旨也只是说“统长言短言而并录”。“长言”“短言”既可能是词、词组，也可能是“语”和“句”。这些语文中的词、词组、语、句，都属于“辞”的范围，再加上“字”（有的字本身就有“词”义），都可谓语文的单元。这样，“辞书”的内涵就稍稍清楚些了。是不是可以为“辞书”下这样一个定义：辞书是汇集各种语文单元（字、词、句、语），将其按一定次序排列并加以释义的语文工具书？至于工具书，自然是更上一层次的概念，在逻辑上是各种工具书的属。不管国内外专家对工具书怎样分类，词典以至辞书，也不过是其中的一类（即使是一大类），绝不是其同义语。

词典：语文词典和百科词典　如果把我国传统的字典作为一个特例

不谈，那么词典的概念是比较清楚的。国内外各种百科全书和词典，对于“词典”所下的定义大体上是一致的，试看几例。

汇集词语，按一定顺序编排，以条目为单元对其作出说明或提供有关信息的辞书。

《辞海》第六版普及本，564 页

汇集语言中单个的词并说明其正字规则、发音、含义和用法，以及其同义词、词源和历史演变的便于查阅的书。

《牛津英语词典》卷三，331 页

汇集语言中的单词，按字母顺序排列，并加以释义，解释词源，标明发音和提供词语有关资料的书。

《韦氏大词典》第二版，506 页

按一定的次序编列语词，分别加以解释的工具书。

《中国大百科全书·语言文字》卷，38 页

按顺序列出词语并附有释义的工具书。

《不列颠百科全书》国际中文版第五卷，290 页

关于词典按性质分类，各种百科全书和词典的解说也大致相似，即分为语文词典和百科词典（包括专科词典）两大类。如我国的《辞海》和《中国大百科全书·语言文字》卷就是这样分的。词典是以语言中的词为对象的，这一点对于语文词典是没有疑义的。而百科词典（包括专科词典）实际上是以解释人、事、物、概念为目的的，但所列的词目则是表示这些对象的语言符号，也是词。百科词典从词典编纂学的角度来看，处理的仍然是语言中的词，只不过是表示百科内容的词罢了。因此，“百科词典”应理解为“百科词”之“典”，而不是百科知识之“典”。如果是后者，那便是百科全书了。

语文词典、百科词典和百科全书之间的这种复杂关系，从三者的起

源和发展上更容易看得清楚，这一点在本书第二十章有进一步的论述。考虑到内涵的充分和严谨，作者在《国外工具书指南》（中国学术出版社，1984）一书中给“词典”下的定义是：“词典，或称辞典，是汇集语言和事物名词等词语，解释词义和用法，并按一定次序编排，以便检索的工具书。”至于百科词典在词典和百科全书两者之间的特殊地位，不妨打个不太科学的比方：它是兼祧两房的宠儿。这就是说，词典和百科全书这两支都把它视为自己的一个分支。这也并不奇怪，两类书的发展历史和现代功用都证明了这是事实。

百科全书是不是辞书？　对于辞书性质的分析已如上述，但百科全书究竟是不是辞书？对此，很难作出二值逻辑，即绝对的“是”或“非”的判断。我国著名语言学家倪海曙先生在《关于百科全书》(《辞书研究》1985 年第 4 期）一文中说：“辞书是以词语为对象的。词语可分为语文词语和知识词语两大类。以语文词语为对象的辞书是语文辞典或词典，以知识词语为对象的辞书是百科辞典或专科辞典。百科全书是以各科知识为对象的，与以词语为对象的辞书是两回事。”倪海曙先生的论述是有力的，但实际上两种书的界限却不那么容易一刀切开。美国《标准百科全书》在“词典”条目中也谈到了这个问题：“词典与百科全书之间没有截然的分界。‘词典’通常指着重解释词本身的工具书，而‘百科全书’则指着重解释标引词所表示的对象或思想的工具书。”（卷 5，159 页）。

百科全书与辞书同属于工具书这个家族，而且它们在形式和内容上是互相交叉、互相包容的最紧密的一组（不是一类）。因此，把百科全书与辞书完全分离开来，否认它们之间的复杂交叉关系（如图 1 所示）；或者把两者混为一谈，认为辞书完全包容了百科全书（如图 2 所示），不仅在理论上陷于逻辑混乱，而且对两种书的编纂实践也是不利的。

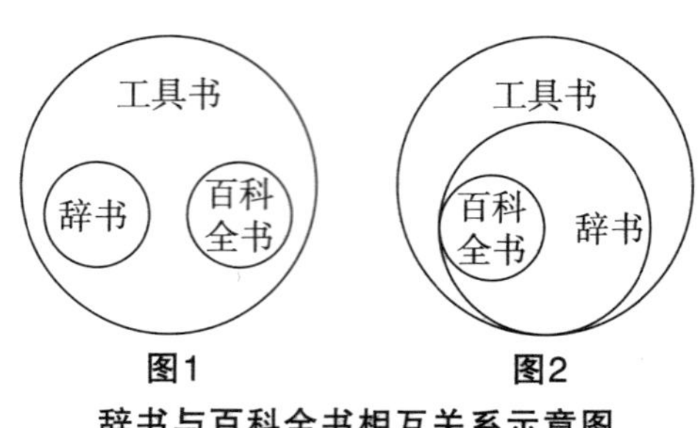

图1　图2

辞书与百科全书相互关系示意图

百科全书是以知识为对象的，但知识和概念离不开语文表达。仅以百科全书的条目标题（条头）为例，如百科全书条目“形而上学”，就设有释文内标题“词源”：“‘形而上学’一词原是古希腊罗德岛的哲学教师安德罗尼柯给亚里士多德的一部著作起的名称，意思是‘物理学之后’……严复把‘物理学之后’译为‘形而上学’。”（《中国大百科全书》哲学卷，1028 页）。至于释文文字则是知识的表现形式而已，离“辞书”的涵义就更远了。

百科全书的编纂方法也与多数辞书编纂方法有相近和相似的方面，因此人们把百科全书归类为辞书。百科全书编纂者始终不能忘记，他处理的百科全书条目释文，实是以语文为手段所表述的知识。因此上图应该显示两者既不是绝对分离，也不是完全包容。更确切地说，是两者存在着交叉关系。

第六章

20 世纪——现代百科全书定型化

百科全书在漫长的发展演变中，正是20世纪这100年才是它的现代定型化时期，就是说，百科全书在性质和形态上才算真正稳定下来。这当然是仅就印刷版纸质百科全书说的，至于20世纪最后出现的多媒体百科全书和网络百科全书，则又当别论了。先且不说百科全书性质和形态的演化，就说“百科全书”这一书名，也几乎是进入20世纪才完全确立。16世纪以前，东西方都已存在几百种百科全书，却还没有一部冠以“百科全书”之名。百科全书史家把百科全书“正名”之功，归于1559年编撰出版了《百科全书，或诸般学科及圣俗事物概要》的斯卡利杰。自那时以来，直到20世纪初，大多数百科全书仍不直截了当地称为“百科全书”，而是还给自己的书名加一个尾巴：“百科全书，或……词典。”就连1910～1911年出版的第11版《不列颠百科全书》也不免此俗，书名加有“……，或艺术、科学、文学和基本知识词典”的字样。这倒不仅仅是书名的事，其实也是百科全书在性质和形态上作为检索性工具书的认定（中世纪以前的百科全书编纂家总是把百科全书认定为教科书）。

现代百科全书定型的前奏　在近代百科全书史上有两件重要事实，为20世纪百科全书定型化创造了基本前提。

开现代百科全书先河的狄德罗主编的法国《百科全书》，奠定了现代百科全书编纂的科学基础。人们都知道，狄德罗的《百科全书》是启蒙运动之典。百科全书与启蒙运动挂钩，是现代百科全书的一个重要出发点。那么，启蒙运动又是怎么回事呢？让启蒙运动思想家康德

（I. Kant，1724～1804）来下定义，可能更容易明白："启蒙运动就是把人们从自己造成的蒙昧状态中解放出来；蒙昧就是离开别人的指导就没有能力运用自己的头脑的那样一种状态。"狄德罗《百科全书》的另一位主编达朗伯在全书"绪论"中指出，他们编的是"一部百科全书，同时又是一部系统的词典"。狄德罗又补充说，这是一部"改变人们思想方法的词典"。被改变的思想方法，显然指的就是愚昧。启愚昧之蒙，并方便人们取用真正科学的知识，这就是现代百科全书的真谛。狄德罗的《百科全书》意义非凡而深远，但是作为实用的百科工具书则不免已归于历史。毕竟，人间事物和人类知识，都不免有时过境迁、今是昨非的变化。

另一件事发生在19世纪，那就是百科全书编纂家都熟知的大小条目主义之争。著名的《不列颠百科全书》是大条目主义的代表，主张复兴古典百科全书的全面教育功用。"没有围墙的大学"的口号，就是他们的人提出来的。19世纪初，异军突起的德国布罗克豪斯"社交词典"派百科全书，则以满足人们社交活动的知识应急需要为目的，以小主题把知识细细分解，简明道来，不作学究式的讨论，让读者对浩如烟海的知识一索即得，一读即懂。"社交词典"虽不免有"兔园册"的意味，但确实受到当时人们的欢迎，获得极大成功，对欧洲和美国各家百科全书有深远的影响，就连大条目主义的代表《不列颠百科全书》，到了第15版也不得不以"简编"来弥补"详编"之缺憾，说明小条目主义编法更能适应"知识爆炸"时代的需要。

定型化的内涵 20世纪百科全书的基本趋向和基本特征，是现代百科全书定型化的结果。

知识工具书性质的肯定 百科全书已走过以教科书性质、以教育作用为主，以工具书作用为辅和两者并重的历史阶段，进入20世纪便定位在知识工具书的性质，即以知识检索功用为主，兼具系统教育功能的性质。在形态上表现为两种趋势：一是字顺编排方式居主流地位；二是小条目主义编法居优势地位。以大条目主义代表的《不列颠百科全书》为例，在 20 世纪 70 年代进行一次“革命”，出了“三合一”（即“详编”+“简编”+“百科类目”）的第 15 版。“详编”+“简编”共收近 9 万条目，条目平均篇幅合中文大约 700 ～ 850 字，严格说，这已远不是大条目主义。《不列颠百科全书》的大条目主义传统只是靠“详编”来保持了。

百科全书系列化的形成　百科全书系列化的主干有三：综合性百科全书、专业性百科全书和地域性百科全书。顾名思义，百科全书本来就是综合性的，或者说是包罗万象的。18 世纪以前世界上尚未闻专业百科全书之说，遑论地域性百科全书。真正的专业性百科全书，出现于 19 世纪科学技术突飞猛进之期。首先突破综合性百科全书樊笼的是化学学科，法国化学家弗雷米（Edmond Fremy）编的《化学百科全书》出版于 1882 年，而更权威的德国乌尔曼《应用化学百科全书》（*Ullman's Enzyklopädie der technischen Chemie*，1914 ～ 1923）的出版，已是 20 世纪初的事了。地域性百科全书脱胎于地理性工具书和地方志类图书，出现于 19 世纪之末。我国很古老的地方志，虽然带有某些“地方百科全书”的成分，但毕竟还不是百科全书性质的书。百科全书的系列化，是应不同专业和不同层次读者群的不同需要而发生的。百科全书按读者文化程度又有高级成年人档、普及成年人档或中学生档和少年儿童档之分。传统的百科全书均属高级成年人档，但少年儿童教育自来就受人重视，所以少儿百科全书出现较早。1695 年在德国出版的瓦根塞尔主编的《培拉少年文库》应该算是最早的少儿百科全书。跨世纪的儿童百科全书是法国《拉鲁斯儿童百科全书》，初版于 1853 年。不过，无论是哪一系列的早期之作，都带有偶然的性质，百科全书的真正系列化则是到了 20 世纪才形成。

知识形象化　图文并茂，自古就是百科全书编纂家的追求。但是，插图大量增加，以至占到全书 1/3 ～ 1/2 篇幅，特别是彩色插图的使用，则是 20 世纪的新发展。上半世纪，精致的细密插图和彩色插图，多还是用插页处理，而 20 世纪 60 ～ 70 年代以来，多数百科全书已改为全书彩印，即把彩图直接印在正文中。使用多层醋酸酯透明插页来表现复杂结构和解剖示意，则是 20 世纪才有的一项新技术。在世界各国百科全书中，以插图量多幅大而且精美著称的，首推法国《拉鲁斯百科全书》。当然，普及型和少年儿童百科全书更是靠形象的插图来吸引小读者。

检索系统完备化　参见和索引系统对于百科全书来说，算不上什么新事物。但是，用形象符号标示参见和编制主题分析索引，则是 20 世纪百科全书检索系统的新发展。现代百科全书的多渠道检索系统，还包括全书内容分类检索系统。《中国大百科全书》第一版各卷均编有独特的“条目分类目录”。70 年代新版《不列颠百科全书》编有一卷“百科类目”，美国《科利尔百科全书》与《世界图书百科全书》则编附全书的“学习指南”（Study Guide），均属此类。有的百科全书还编附“大事年表”，则是一种时序检索工具。

编辑班子规范化　以往编纂出版百科全书的出版社，除像连续不断再版的《不列颠百科全书》者外，大多不建立永久性的编辑班子。编、撰也无明确的分工，各种学科、专业的大批条目，往往都出自主编及其助手之手。学科编辑尚未成为编辑班子中必不可少的角色。书编完了，班子便各奔西东。20 世纪以来，百科全书成为人们获取基本知识不可缺少的工具书，出现了以出版百科全书为主业的专门出版社，如美国著名的四大百科全书出版公司（格罗利尔、麦克米伦、菲尔德，以及成立最早的不列颠百科全书出版公司）。无论是采取再版制还是补卷制，特别是自 30 年代出现连续修订体制以后，各家百科全书都建立起以学科编辑（后来又加上图片编辑）为核心的、分工细密的编辑部，并力求保持编辑班子的稳定性和连续性。聘请顾问编辑也是后来才有的做法，但更多的百科全书则成立编委会，帮助编辑部把握科学内容的精确性。

计算机应用 计算机应用于百科全书编辑和出版工作，完全是20世纪的新事。最早是用于索引编制，但迄今尚难突破概念索引（根据信息量选择概念主题词）一关。在编辑工作中除文字处理外，目前还未实现计算机辅助编辑的全过程。对于百科全书编辑工作来说，计算机最重要和最有效的应用是建立百科数据库。这是解决百科全书编辑工作中最繁复的资料工作（提取和核对事实资料）的有力工具。在百科全书出版方面，完备的计算机排版系统早在20世纪60～70年代已广泛用于百科全书的排印方面。

20世纪各国主要百科全书 20世纪是现代百科全书的定型时代，也是百科全书出版空前繁荣的时代。世界上已有大约50～60个国家出版了百科全书，有的国家竟出版了上百种的各种类型百科全书。如果把20世纪各国出版的百科全书一一列举出来，那将是一份太长的书目。这里只能重点谈到一些有代表性的综合性百科全书，并兼及国家的广泛性。

跨世纪老字号百科全书 以20世纪百科全书的资格而论，当然得首推诞生于英国而后移居美国的《不列颠百科全书》，其次是德国的《布罗克豪斯百科全书》（初版称“社交词典”）。这两家恰是19世纪百科全书编纂大小条目主义两派的代表，对20世纪百科全书都有举足轻重的影响。20世纪前创编，而在20世纪声名渐隆的还有《美国百科全书》（我国习称《大美百科全书》）、德国《迈耶百科词典》、英国《钱伯斯百科全书》和法国《拉鲁斯百科全书》。荷兰的《温克勒·普林斯大百科全书》和丹麦的《哈格鲁普插图百科词典》，也有跨世纪百科全书之荣。

《不列颠百科全书》（*Encyclopaedia Britannica*）见本书第二章。

《布罗克豪斯百科全书》（*Brockhaus Enzyklopädie*）初版于1796～1808年，原名《布罗克豪斯社交词典》（*Brockhaus Konversations-*

Lexikon）。出版后大受读者欢迎，频频再版，在 20 世纪以前已出了 14 版。1928 ～ 1935 年经过较大的修订，改编为第 15 版，21 卷，称《大布罗克豪斯百科全书》（*Der Grosse Brockhaus*）。1986 年的第 17 版改名为《布罗克豪斯百科全书》，25 卷，收 22.5 万个条目，90 年代又出 1 卷地图集、3 卷德语词典、1 卷英语词典作为附卷，共 30 卷。1995 年出版 4 卷本《布罗克豪斯》，收 5.5 万条目。2005 年在莱比锡出版单卷本《大布罗克豪斯》附 CD-ROM（光盘）。

《美国百科全书》（*The Encyclopedia Americana*）最早出版于 1829 ～ 1833 年，是以《布罗克豪斯社交词典》第 7 版为蓝本编成的，13 卷。1918 ～ 1920 年经过彻底改编，共 30 卷，遂成为后来连续修订的基础。2006 年最新版收约 6 万条目。《美国百科全书》以叙述简洁明快、历史与文化内容充实见称，尤以关于美国和加拿大内容丰富翔实为特点。

《迈耶百科词典》（*Meyer's enzykolpädisches Lexikon*）于 1840 ～ 1855 年初版，名《迈耶社交词典》。20 世纪 70 年代出第 9 版，25 卷。《迈耶百科词典》虽名“百科词典”，实为百科全书，属典型的小条目主义派，收约 25 万条目，是当时世界上条目最多的百科全书。它原是《布罗克豪斯百科全书》的竞争对手，80 年代两家百科全书与著名的《杜登词典》同归于德国 BI 出版公司的旗下。

《钱伯斯百科全书》（*Chamber's Encyclopaedia*）以英国出版家钱伯斯兄弟姓氏命名，初版于 1850 ～ 1868 年。进入 20 世纪于 1927 年和 1935 年先后出第 3、4 版，均为 10 卷。1944 ～ 1950 年经过彻底改编，重新选条，出第 5 版，15 卷。1982 年出重印版，收约 2.3 万条目。《钱伯斯百科全书》英国倾向较强，英国内容远多于其他国家内容，更着重学术性，特别强调内容的稳定性。传记性条目仅限于过世人物，因而有观点保守之讥。

《拉鲁斯大百科全书》（*La Grande Encyclopédie Larousse*）以法

国百科全书编纂家拉鲁斯姓氏命名。初版于1865年，书名《19世纪百科大词典》，15卷。1902～1923年出版《小拉鲁斯百科》，曾受到列宁的赞赏。1928～1933年出版《20世纪拉鲁斯》，此后不断翻新，编出多种大小及分类的百科全书。1986年出版《拉鲁斯大百科全书》，由20世纪70年代的21卷减为15卷，收入12 100条目，成为千变万化的拉鲁斯百科系列的主干。《拉鲁斯百科全书》以文字流畅、插图精美和关于法国的内容翔实见称。

《温克勒·普林斯大百科全书》（*Winkler Prins Encyclopedie*）是荷兰最早的现代百科全书，初版于1870～1882年。1966～1975年出至第7版，20卷。1990～1993年出第9版，26卷，收8.5万条目。

《插图百科词典》（*Illustrede Konversations Lexikon*）是丹麦19世纪末出版的“社交词典”型百科全书，原名《哈格鲁普插图百科词典》。进入20世纪后，于1913、1925和1953年先后出了第2、3、4版，均为10卷。

20世纪新生代百科全书　20世纪是百科全书繁花似锦的时代，全世界究竟出版了多少种百科全书已不可胜数。下表仅按初版年代先后，列出20世纪以来主要的综合性百科全书。

书　　名	新版 年代、版次	卷　　数	初版年代	出版国家 和地区
欧美插图大百科全书 （*Enciclopedia universal ilustrada europeo- americana ESPASA*）	2007~2008 补卷	正编70卷+补编10卷+历年补卷，已达118卷	1905~1933	西班牙
萨尔瓦特百科词典 （*Salvat universal diccionario enciclopedico*）	1993	20	1906~1920	西班牙
阿谢豪格百科词典 （*Aschehougs Konversations leksikon*）	1968~1973 第5版	20	1907~1913	挪威
大众百科全书 （*Everyman's Encyclopaedia*）	1978 第6版	12	1913~1914	英国

续 表

书 名	新版年代、版次	卷 数	初版年代	出版国家和地区
世界图书百科全书（*The World Book Encyclopedia*）	2010	22	1917~1918	美国
康普顿百科全书（*Compton's Encyclopedia and Fact-Index*）	2008	26	1922	美国
澳大利亚百科全书（The *Australian Encyclopaedia*）	1996	9	1925~1926	澳大利亚
希腊大百科全书（*Megale hellenike enkyklopaedeia*）	1959~1960	24	1926~1934	希腊
苏联大百科全书（*Большая Советская Энциклопедия*）	1970~1978 第3版	30	1926~1947	苏联
意大利科学、文学和艺术百科全书（*Enciclopedia italiana di scienze, lettere, ed arti*）	1979~1992 第2版	36+26 补卷	1929~1939	意大利
芬克和瓦格纳新百科全书（*Funk and Wagnalls New Encyclopedia*）	1994	27	1931	美国
意大利大百科词典（*Grande Dizionario Enciclopedico UTET*）	1993 第4版	25	1933~1940	意大利
哥伦比亚百科全书（*Columbia Encyclopedia*）	2000 第6版	1	1935	美国
葡萄牙与巴西大百科全书（*Grande Enciclopedia Portuguesa e Brasileira*）	1964	40	1936~1957	葡萄牙与巴西
瑞士百科词典（*Schweizer Lexikon*）	1992~1993	6	1945~1948	瑞士
土耳其百科全书（*Türk Ansiklopedisi*）	1946~1984	33	1946~1984	土耳其
挪威百科全书（*Norsk allkunnebok*）	1948~1966	10	1948~1966	挪威
犹太百科全书（*Encyclopaedia Judaica*）	2006	22	1949	以色列

续　表

书　　名	新版年代、版次	卷　　数	初版年代	出版国家和地区
科利尔百科全书（*Collier's Encyclopedia*）	1993	24	1950~1951	美国
南斯拉夫百科全书（*Enciklopedija Jugoslavije*）	1980 第 2 版	11	1950~1971	南斯拉夫
阿根廷大百科全书（*Gran Enciclopedia Argentina*）	1956~1963	8	1956~1963	阿根廷
加拿大百科全书（*Encyclopedia Canadiana*）	1977	10	1957~1958	加拿大
亚洲百科全书（*Encyclopaedia Asiatica*）	1976 第 3 版	9	1958	印度
匈牙利新百科词典（*Új Magyar Lexikon*）	1959~1962	6	1959~1962	匈牙利
罗马尼亚百科词典（*Dictionar Enciclopedic Roman*）	1993~	4	1962~1966	罗马尼亚
国际百科全书（*Encyclopedia International*）	1982	20	1963~1964	美国
新西兰百科全书（*New Zealand Encyclopedia*）	2005 第 6 版	3	1966	新西兰
墨西哥百科全书（*Enciclopedia de Mexico*）	1966~1972	10	1966~1972	墨西哥
巴西百科全书（*Enciclopedia Brasileira Mérito*）	1967	20	1967	巴西
秘鲁百科词典（*Diccionario Enciclopédico del Perú*）	1967	3	1967	秘鲁
世界百科全书（*Encyclopdie Universalis*）	1990 第 3 版	30	1968~1974	法国
巴布亚新几内亚百科全书（*Encyclopaedia of Papua and New Guinea*）	1972	3	1972	巴布亚新几内亚
哈佛世界百科全书（*Harver World Encyclopedia*）	1969~1973	22	1973	美国
万有百科大事典（小学馆）	1973~1976	21	1973~1976	日本

续 表

书 名	新版年代、版次	卷 数	初版年代	出版国家和地区
欧洲百科全书（*Enciclopedia éuropea*）	1984	12	1976	意大利
讲谈社大百科事典	1977	28	1977	日本
百科全书（*Enciclopedia*）	1977~1984	16	1977~1984	意大利
美国学院百科全书（*Academic American Encyclopedia*）	1997	21	1980	美国
中国大百科全书	2009第2版	32	1980~1993	中国
中华百科全书	1981~1983	10	1981~1983	中国台湾
环华百科全书	1982	21	1982	中国台湾
东亚原色世界大百科事典	1990	31	1982	韩国
日本大百科全书（小学馆）	2001	25	1984	日本
捷克斯洛伐克百科全书（*Mala československá encyklopedie*）	1984~1987	6	1984~1987	捷克斯洛伐克
世界大百科事典（平凡社）	2007（改订版）	34	1988	日本
印度尼西亚国家百科全书（*Ensiklopedi nasional Indonesia*）	1988~1991	18	1988~1991	印度尼西亚
瑞典国家百科全书（*National Encyklopedin*）	1989~1996	20	1989~1996	瑞典
剑桥百科全书（*The Cambridge Encyclopedia*）	1997 第3版	1	1990	英国
大百科词典（*Большой Энциклопеический Словаль*）	2003	1	1991	俄罗斯
简明中华百科全书（纯中国内容）	1994	3	1994	中国
中国大百科全书（简明版）	1998年第2版	12	1996	中国
俄罗斯大百科词典（*Большой Российский Энциклопеический Словаль*）	2003	1	2003	俄罗斯

续　表

书　　名	新版年代、版次	卷　　数	初版年代	出版国家和地区
俄罗斯大百科全书（*Большая Российская Энциклопедия*）	2004	35	2004	俄罗斯
简明印度百科全书（*Concise Encyclopaedia of India*）	2006	3	2006	印度
新百科词典（*Новый Энциклопеический Словаль*）	2008	1	2008	俄罗斯
插图百科词典（*Иллюстрированный Энциклопеический Словаль*）	2010	1	2010	俄罗斯

值得提到的是进入 21 世纪以来，又有不少新编的百科全书面世，尤其引人瞩目的是俄罗斯的百科全书。苏联的百科全书一向因意识形态倾向性和装帧（包括纸张、印刷）水平差而不受好评。而现正陆续出版的俄罗斯百科全书，不仅品种纷繁，卷帙宏大，而且纸张、印制和装潢，已不逊于西方各国最漂亮的百科全书。例如，2008 年开始出版的俄罗斯《插图大百科全书》（*Большая Иллюстрированная Энциклопедия*），已见的第 11 卷才编到俄文第三个字母 В。全书将收 50 万条目，用插图 15 万幅。2004 年开始出版的《俄罗斯大百科全书》（*Большая Российская Энциклопедия*）在书前印有俄罗斯联邦总统普京为该书撰写的《致读者》信。他在信中赞扬了俄罗斯悠久的百科全书文化传统，表彰了该书编撰者的贡献，可见对俄罗斯百科全书出版的重视，只是只字未提苏联的大百科全书。该书于 2017 年出齐，并将第一部献给了普京总统。

中国的百科全书复兴时代　20 世纪是中国的百科全书复兴时代。中国古代编百科性质类书的传统源远流长，自魏至清几百部百科性类书，构成中国传统知识工具书（称为“文史工具书”）中最有价值的部分。世界著名的《不列颠百科全书》在谈到百科全书的历史时，就提到我国魏之《皇览》、隋之《北堂书钞》、唐之《艺文类聚》和《初学记》、宋之《太平御览》、明之《永乐大典》、清之《古今图书集成》等 27 种类书，并称《永乐大典》为“世界上最大的百科全书”。到了清末，编类书的传统式微。这与 19 世纪与 20 世纪之交西学东渐之风的影响不无关系。新的世纪呼唤现代性质的百科全书的出现。遗憾的是，千呼万唤，姗姗来迟，这个过程竟延宕了半个多世纪。直到 20 世纪的最后两个十年，东方地平线上才出现灿烂的中国百科新星——《中国大百科全书》。在我国文化史上，这是一件值得用重彩浓墨书写的大事。这一划时代百科盛事的奠基者姜椿芳留下一本遗著《从类书到百科全书》，书名就表明我们所处的世纪是我国百科全书的复兴时代。令人欣喜的是，我国现代百科全书事业一经兴起，在短短的 20 年间就呈现出百花齐放的空前繁荣局面。我国百科全书事业的繁荣，首先表现在百科全书系列化在 20 世纪最后 10 年间便已形成，这是百科全书现代化的标志之一。我国百科全书事业的繁荣，还表现在海峡两岸的知识界同时起步，如相约携手，如比肩竞赛，仅在这 20 世纪的最后 20 年间就编纂出版了 200 余种百科全书。《中国大百科全书》第一版很快就有了海峡对岸的繁体字版。1992 年，中国大百科全书出版社与锦绣出版事业股份有限公司签订了在海峡对岸出版 60 卷《中国大百科全书》的繁体字版的协议。锦绣出版公司决定对 60 卷原书一字不改。这 60 卷分别是天文学、数学、物理学、化学、地理学、地质学、生物学、现代医学、中国传统医学、环境科学、电子学与计算机科学、电工、自动控制和系统工程、机械工程、航空航天、交通、土木工程、建筑园林和城市规划、化工、世界地理、中国地理、考古学、中国历史、外国历史、中国文学、外国文学、戏剧、戏曲曲艺、新闻出版、美术、电影、音乐舞蹈、文物博物馆、哲学、教育、体育、经济学、政治学、法学、民族、语言文字、宗教、图书馆情报学与档案学等卷。

现代百科全书概念的引进　《中国大百科全书》有3卷收有“百科全书”条目，都提到中文“百科全书”一词大约出现于20世纪初。这是个概略的提法，意在说明我国知识界从20世纪初开始才有编现代百科全书的要求。康有为于1897年编《日本书目志》，第一次把“百科全书”一词从日本介绍到我国，比“20世纪初”还早3年。不过，我国知识界有现代百科全书的概念，则比知道其名称要晚一些。最初，人们还未完全摆脱类书的影响，曾有“类典”之称，而更多的人想象的是“辞典”。20世纪30年代开始出版的《辞海》，就是一部很好的百科词典，并不逊于西方稍早的“社交词典”，应该说是我国百科全书编纂的先行者。

铸就中华文化丰碑　《人民日报》于1993年9月6日以头版头条近万字的篇幅发表祝贺《中国大百科全书》74卷出齐的长篇报道，文章题目就是本节借用的标题。《中国大百科全书》这座中华文化丰碑的“铸就”，在中国知识界有过近百年的酝酿过程。20世纪初，我国有识之士就筹划编纂现代类型的百科全书，曾提出“百科学典”的书名。20～30年代，商务印书馆和中华书局，都为编百科全书做过大量的资料准备工作。1956年，我国还把编中国百科全书列入全国12年科学发展纲要。但是，修大典须待盛世，在那些战争祸乱连绵或政治运动频仍的年代，成就这般宏大的事业自非其时。70年代末，我国改革开放时代的到来，终为构筑这座丰碑提供了良好的社会环境。

中央决定编纂出版《中国大百科全书》之际，恰值海峡对岸也传出将以张其昀为主编编纂出版《中华百科全书》的消息。香港文化界人士胡菊人先生在报纸上发表评论，为两岸同时起步编百科全书而振奋，认为中华民族将有两块“知识基石”竞相奠立。不过他也以不无疑虑的口吻表示，两岸百科全书编纂者能否不囿于以往的意识形态影响，解放思想，编出知识内容客观而准确的百科全书。胡先生的评论虽颇含蓄，但不能不引起百科全书编纂者的注意。

诚然，编这样“半经典性”（于光远语）权威大书，参加编撰的人自难避免各种思想认识的影响。《中国大百科全书》在编纂中并未绕走畏途，回避难点，而是在一些敏感的问题上作出了突破。在世人物上书（设专条），牵涉到资格地位平衡和功过评说，常为辞书编纂者所畏难。《中国大百科全书》共收约 7.8 万个条目，其中有约 1.5 万个人物专条，约占全部条目的 19.1%，在世人物有 2680 多条，占全部人物条目的 18% 左右。全书各卷的中国内容条目充实而精确，自然非外国百科全书可比，而且还有整整 8 卷（中国历史、中国地理、中国文学、戏曲曲艺和传统医学）纯属中国内容。

“百科热”的兴起　《中国大百科全书》的出版，引发了我国各学界编百科全书的热潮，人称“百科热”。这是一种比其他任何“热”都更值得赞扬的知识热。“百科热”的深远意义是科学知识的普及和人民文化素质的提高，而对于百科全书事业本身来说，直接影响则是我国百科工具书系列化的迅速形成。在综合性百科全书方面，高、中、少三个档次已经齐全。如中档的《中国大百科全书》（简明版）、《中国小百科全书》、《中学生百科全书》，还有几部百科词典；少儿档的有好几部少年儿童百科全书。专业百科全书系列已出版的既有农业、医学、军事、电力、水利、邮电、企业管理、冶金、化工、材料等大、中部头的百科全书，也有计算机、法律、哲学、儒学、伊斯兰教、旅游、集邮、烹饪，以至性科学、少林武术等单卷本百科全书，数不胜数。地域性系列已出版的有省、直辖市、自治区一级的，亦有地、市一级的。

多媒体百科全书的出现　印在纸上的百科全书已有 1100 年的历史，这也是 20 世纪百科全书的基本形态。在 20 世纪结束前 15 年，随着计算机技术的飞速发展，百科全书又有了一种全然不同的崭新形态。百科全书以光盘为载体，内容展现在电脑屏幕上，发展出交互式多媒体百科全书。所谓“交互”，就是可以“人—机（书）对话”，人和书有问有答；所谓“多媒体”，就是把文、图、声、像（动态影像）和动画视频等结合为一体，让百科全书“活”起来，成为集寻检查阅、系统学习、浏览娱乐与益智活动于一身的多维立体的百科全书。自从1985年美国格罗利尔出版公司领先开发出《格罗利尔多媒体百科全书》以来，各国不少百科全书出版家争先恐后地推出多媒体版。多媒体百科全书成为开设在家中的一座“窗口大学”，能使读者享受获取知识的无穷乐趣。它首先对青少年读者产生不可抗拒的诱惑力，但也为传统百科全书编纂家所瞩目。不过，预言多媒体百科全书、网络百科全书会取代印刷版纸质百科全书，恐怕尚言之过早，但网络百科全书与原来印刷版纸质百科全书相竞争，占领传统百科全书的很大一部分市场，则是无可怀疑的。

第七章
现代百科全书的性质和种类

现代工具书的性质已如第五章所述，它主要是供人们遇到不解问题寻检查阅的工具书，但与其他工具书有所区别之点，是兼具供人系统学习的教育作用。为了满足不同的读者需要，百科全书就有不同类型。

百科全书的种类和现代化　一部百科全书无论怎样完备，也不可能满足一切使用者和一切方面的需要。现代百科全书的重要发展趋势是系列化、网络化，增加信息量。现代百科全书已经形成完整的系列，或者说，已经成龙配套。所谓系列化，就是在综合性百科全书的基础上繁衍出程度有高有低、专业有宽有狭、内容有繁有简、资料有详有略，借以满足各种不同读者需要的一系列百科全书；网络化则相反，可以突破系列化的分野，扩大收容知识范围，变换载体，实现即时修订内容的目的。

编纂出版大型综合性百科全书，是一项耗资巨大、费时费工的复杂工程，往往也是一个需要大量投入的过程。从经济效益上说，只是在一版出齐之后（大约需时 5 ～ 10 年）才能渐渐收回成本，而真正的经济效益（和社会效益）则是在百科工具书系列化的条件下才能实现。百科工具书的系列化，可以说是对已经花费巨资、动员广大学术力量编成的大型综合性百科全书的“综合利用”。外国百科全书出版社的经验表明，大型百科全书的编纂成果有非常宝贵的“综合利用”价值，而在百科工具书系列不断发展的基础上，根据社会的不同需要，逐渐增加新品种，补齐新系列和不断修订原有的百科全书，则是越来越容易的事情，效益也越来越大。

现代百科全书的品种十分繁杂，功用各异。归纳起来，大体上可以按部头（规模）大小、选收范围、地域范围、编排方式和读者对象进行分类。

按部头划分　百科全书的部头一般是以卷数来区分，不过卷有大小。百科全书的“标准卷”一般认为在相当于汉字 150 万字左右。

1. 大百科全书：一般在 30 卷以上，近年来趋向于 20 ～ 30 卷的标准部头。现代各国著名的综合性大百科全书，如《不列颠百科全书》（32 卷）、《美国百科全书》（30 卷）、《中国大百科全书》（第一版 74 卷，第二版 32 卷），均属此类。当代最大的百科全书当推西班牙的《欧美插图大百科全书》，正篇 70 卷，补篇 10 卷，加上历年补卷已逾百卷。《中国大百科全书》总字数过亿，亦堪称当代世界百科全书之“最”。大百科全书不限于综合性百科全书，有些专业性百科全书也是大型的，如《苏联医学大百科全书》（30 卷）、《中国农业百科全书》（31 卷）。

2. 小百科全书：一般在 10 卷以下。综合性小百科全书大多属于普及型的，即以教育作用为宗旨的百科全书，如法国《拉鲁斯少年百科全书》就是 10 卷本的，美国《康普顿百科全书》虽然是 26 卷，但每卷篇幅不大，全书总容量仍属于小百科全书范围。

3. 单卷本百科全书：单卷本可能是现代各种百科全书中最多的一种，常被称为“案头型百科全书”。特别是专业性和地域性百科全书多采取单卷本的形式。单卷本的综合性百科全书多为百科词典型的，即词条简短、仅作概念解释的小百科，如美国的《哥伦比亚百科全书》、英国的《剑桥百科全书》。有些单卷本百科全书索性名曰“小百科”，不过现在出版的有些名为“小百科”或“某某百科”的书，是百科全书还是徒有“百科”之名，是需要读者加以辨别的。各国出版的百科词典也多属单卷本百科全书的性质。

按选收范围划分　百科全书按选收内容范围分为综合性百科全书和

专业性百科全书两大类。

1. 综合性百科全书：综合性百科全书是世界内容的百科全书，广收古今中外、一切学科和知识门类的内容，常被称为“包罗万象”的百科全书。综合性百科全书既有大型的，也有中等部头的和小型或单卷本的。各国著名的大百科全书均属此类（参阅本书第6章所附各国现代重要百科全书一览表）。

2. 专业性百科全书：专收一个或数个学科或知识门类内容的百科全书。专业性百科全书按所收的范围宽狭差别很大。例如，美国麦格劳－希尔出版公司出版的《科学和技术百科全书》（我国科学出版社已翻译并分类分卷出版）、麦克米伦出版公司出版的《国际社会科学百科全书》（17卷）和中国农业出版社出版的《中国农业百科全书》都涉及很宽的知识领域，包含许多学科，带有某种程度综合百科全书的性质。多数专业性百科全书是专收某一学科或知识门类的百科全书，但学科或知识门类本身也有宽狭之分，如物理学百科全书、化学百科全书、生物学百科全书、哲学百科全书、历史百科全书都是大学科的百科全书，而环境科学百科全书、心理学百科全书、考古学百科全书等，内容范围就相对窄些。现代专业性百科全书还包括一类专题性百科全书，其内容仅限于某一专门问题，如歌剧百科全书、芭蕾百科全书、宠物百科全书等。

按地域或民族划分　百科全书按地域和民族内容分为国际性（世界内容）百科全书、地域性百科全书和民族性百科全书。

1. 国际性百科全书：或称世界内容的百科全书，所收内容涉及全人类的知识。世界各国大多数综合性百科全书都是反映世界内容的，但在对待各国和各地区内容的比例上和观点上，则不免都存在侧重于本国和本地区的倾向。尽管如此，各国重要的综合性百科全书都会强调自己的客观性和全面性。

2. 地域性百科全书：内容仅限于一个地区或一个国家的百科全书。

如《亚洲百科全书》（*Encyclopaedia Asiatica*，9卷）着重介绍印度次大陆和东南亚地区的情况，而《中华百科全书》（3卷，中国大百科全书出版社）则是纯中国内容的百科全书。

3. 民族性百科全书：内容限于一个民族及其宗教等问题的百科全书，如《犹太百科全书》（*Encyclopaedia Judaica*，22卷）和西班牙的《巴斯克百科全书》（*Basque Enciclopedia*）。

按编排方式区分　古今中外的百科全书对条目不外有三种编排方式，即按字母顺序（简称字顺）编排、分类编排和混合编排。编排方式的选择与百科全书的功用有关。

1. 字顺编排的百科全书：现代绝大多数百科全书都采取字顺编排方式。我国按笔画次序和汉语拼音字母顺序编排也属于字顺编排的性质。我国台湾地区出版的《环华百科全书》（21卷）则是按国语注音符号次序编排的。字顺编排的百科全书检索性好而知识的系统性差，其教育功用（辅助自学的功用）则须靠其他手段解决，如编附内容分类目录或“学习指南”等。《不列颠百科全书》有整整一卷“百科类目”（Propaedia），或称“知识纲要”（Outline of Knowledge），而《科利尔百科全书》（*Collier's Encyclopedia*）则编有一套“学习指南”（Study Guide），都是为了达到这个目的。

2. 分类编排的百科全书：18世纪以前，分类编排曾是百科全书编排方式的主流，现代百科全书已较少采用。完全采取分类编排方式的现代百科全书，可以举出的例子有法国《博尔达斯百科全书》（*Bordas Encyclopédie*，20卷），全书内容按十进分类法编排。另一个例子是日本的《玉川百科大事典》（31卷）。到了2000年，法国拉鲁斯也推出一部《拉鲁斯分类百科全书》（*Théma Encyclopédie Larousse*，4卷）。此外，现代的通俗性和少年儿童百科全书还有不少采用分类编排方式。

3. 混合编排的百科全书：或称分类分卷的字顺编排的百科全书，这是把上述两种编排方法结合起来的方式，即按学科和知识门类分卷，而学科或知识门类内条目则按字母顺序编排。《中国大百科全书》第一版就采取这种编排方式，主要是为了突出百科全书的教育作用，方便读者分卷购置。日本小学馆的《万有百科大事典》（21 卷）也是采取这种编排方式。

按读者对象划分　百科全书按读者文化程度分为四档。

1. 高级成年人百科全书：一般供具有高中以上文化水平的读者使用，专家读者亦可用以查阅非本专业的内容。各国的综合性大百科全书和大部分专业性百科全书都属于此档。这一档的百科全书一般部头较大、知识覆盖全面、学术性较强。一般说来，这一档的百科全书常常是一个国家科学、文化发展水平的标志。

2. 普通成年人百科全书：或称通俗百科全书，基本上适用于具有中学文化程度的社会青年读者。它既能满足人们查检一般问题的需要，又可作为自学读物。美国《科利尔百科全书》《康普顿百科全书》和《中国大百科全书》简明版（12 卷）均属此档。

3. 中学生百科全书：供中学生或家庭教育用的百科全书。其特点是条目的设置和释文内容与学校教学课程结合比较紧密。例如，美国《国际百科全书》（*Encyclopedia International*，20 卷）和《优等生百科全书》（*Merit Students Encyclopedia*，20 卷），都是编纂者在广泛调查研究美国和加拿大中学课程设置的基础上编成的。

4. 少年儿童百科全书：一般适用于小学和初中读者，但深浅程度不一。浅近的如英国《儿童百科全书》（我国科普出版社和知识出版社合作翻译出版该书，名为《少年百科全书》，共 10 册）；稍深一些的如美国《不列颠少年百科全书》（*Britannica Junior Encyclopedia*，15 卷，按字母顺序编排）和英国《牛津少年百科全书》（*Oxford Junior Encyclopaedia*，13 卷，分类分卷编排）。

除上述四档外，有些出版社还出版学龄前儿童的启蒙“百科全书”，如美国不列颠百科全书公司出版的《不列颠启蒙全书》

（*Britannica Discovery Library*，12 册）。

按载体区分　西方最古老的百科全书是写在莎草纸或羊皮纸上的。中国古代百科类书是写在竹简上的。这些不是我们要谈的内容。这里没有必要再予以讨论。近现代百科全书的载体也有三变。

1. 纸质百科全书：自人类创造出纸张以来，百科全书就都已印在纸上，这是近现代人们早已熟悉并习惯使用的。自从 IT 技术和互联网出现以来，纸质百科全书似乎受到冲击，似有退出历史舞台的趋势。关于纸质百科全书的命运和前途，作者在全书“结语”中表示了自己的看法，这里便不再赘述了。

2. 多媒体交互式百科全书：生存在纸质百科全书与网络百科全书之间，是以 CD-ROM 光盘为载体并借助 IT 技术编制成“活”起来的百科全书，一度风行于青少年读者间。因科学技术发展太快，命运不长，不过 30 多年。

3. 百科全书转以互联网为载体，即网络百科全书，是百科全书的一次大飞跃。其特点和意义可参看本书第二十七章。

在百科工具书系列化中，还可以列入百科手册、百科年鉴，以及其他百科资料性工具书。百科手册属于实用性的工具书，其性质介于百科全书与手册两种工具书之间。百科年鉴在性质上属于另一种工具书年鉴，但它实际上是百科全书的延续，是百科全书的一种修订手段，自然也应列入百科全书系列。其他百科资料性工具书多是百科全书编纂过程中的副产品，如人名词典、历史年表和事实数据工具书等。

第八章
百科全书的总体设计

一件工具越是通用多能，越是方便好用，在设计和制造上就越是复杂，越是困难。同理，百科全书作为包罗万象的完备的知识工具书，为让读者能查到所需要的知识和资料，而且查检方便，就需要有一个缜密的总体设计。百科全书的总体设计，是一件科学的，但又是复杂而繁难的事情。对于初次编百科全书的编辑部来说，这种牵涉到大量调查研究和学术探索的工作，尤其需要时日，往往要用几年时间进行准备。即便是编了 200 多年、出了 14 版的《不列颠百科全书》，为了重新设计第 15 版，也抽集专门班子花了 5 ～ 6 年的时间（1965 ～ 1970）。国内外百科全书出版的经验证明，边设计边施工是一种有害的做法。这样做，不仅会在整个编纂过程中造成顾此失彼、捉襟见肘的被动局面，而且会矛盾重重，漏洞百出，以致造成无穷的反复和麻烦。结果，欲速则不达，耗资费力，旷日持久，勉强凑合出来，书的质量自然是不会高的。

总体设计的内容　一部百科全书的总体设计究竟包括哪些内容呢?简单说有四个方面：制定编纂方案（包括编辑方针）；编制体例文件（对作者的和对编辑部的）；框架设计和编制条目总表；全书装帧设计。如果再加上一项，则是制订全书的编纂计划。此外，当然还有实施编纂过程的一些组织措施，如建立相应的编辑部门、制定编辑流程和各种工作细则等，这已不属于全书总体设计的范围了。

基本编纂方案　百科全书的基本编纂方案是全书总体设计的根本依据，是总体设计的出发点，也是总体设计的归宿，即全书编纂由此出发并最后落实于此。编纂方案应规定全书的总性格、总面貌和最主要的特色。编纂方案首先包括决定全书编撰工作指导思想的编辑方针，并在此基础上确定全书的性质，包括种类（是综合性的还是专业性的）和读者对象（书的档次，是高级成年人档、中学生档还是少年儿童档），以及书的规模、编排方式（是字顺编排还是分类编排）、突出的重点和内容比例（如科学技术与社会科学和人文学科、本国与外国内容、古代与现代内容、人物和地名等比重）。编纂方案还应规定全书的附属成分（各种目录、索引和参见系统等）和修订体制。

框架和条目总表　框架是全书选收内容和结构的设计。从百科全书的基本性质和功用出发，建立多维和多层次的知识（学科和知识门类）体系，按学科和门类分层次选择知识主题，最后在处理交叉和全面平衡的基础上编制出条目总表。条目总表是框架设计的完成形式，是编撰工作的重要工具。它应包括：分支划分、条目（条头，即条目标题）、条目编号、条目层次、条目内容范围、字数和插图等。（详见第十一章）

编纂体例　百科全书的体例文件是根据全书编纂方案和编辑方针制定的。它是指导全书选条、撰写、审稿、编辑加工，直到成书的一整套规范。体例的主要作用是保证实现全书的编纂方案和编辑方针，保证全部稿件符合百科全书性质的要求，重点是解决检索性（方便读者查阅）和条目规范化的问题，并保证提高稿件的质量。全书体例文件是全体编辑和撰稿人、审稿人或编委会、主编必须遵守的基本工作规则。（详见第十二章）

装帧设计　百科全书的装帧设计除要求规格较高、内容较复杂外，基本内容与其他图书无大差别。装帧设计主要包括：确定开本、封面（包括书徽）设计、纸张、版式（包括排版格式、正文和各级标题的字体字号、书眉）、插图插页、印刷和装订方法等。百科全书的装帧设计必须经过试装本的审查和验证。（详见第十八章）

基本设计指标 百科全书编纂方案的最实质部分是几组量化指标。它们决定着全书的基本面貌和状态，同时也往往是人们鉴别和评价一部百科全书的起点。百科全书总体设计方案应包括四组基本指标，即规模指标、结构指标、形象化指标和检索性指标。

规模指标 一部百科全书的规模如何，是设计者（编纂者）和使用者都首先关心的。不消说，一部百科全书的规模表示的是全书知识信息的容量，它能反映全书内容的多少。体现全书规模的指标是卷数、总页数和总字数。

一部百科全书规模大小，最简单的标志是全书的卷数。但是，卷的大小却没有通行的标准。对于设计者来说，卷数并没有严格的规定性，而更多的是印刷装订和使用方面的考虑。《中国大百科全书》的“标准卷”为150万字，而“加强卷”竟达到230多万字。《不列颠百科全书》与《康普顿百科全书》相比，卷的差别就十分悬殊。卷的容量大小与每卷的页数有关。工具书指南和图书馆人员常用总页数来衡量一部百科全书的规模。但是，页也不是有严格规定性的单位。页的容量又与开本、版心、字号和行距等有关，也不是百科全书设计的精确的单位。卷与页的关系又决定于纸张的厚度。《不列颠百科全书》为保持全书规模，不增加卷数而增加容量，曾试着使用薄型的专用纸张。

总字数才是设计百科全书的最精确的规模指标。但是，各国出版界对字数单位的表示方法不同。西方百科全书常用词（words）表示，有些国家用印刷符号表示。在我国，字数则是汉字加上标点符号和字间空格，称为版面字数。为了比较外国百科全书与中国百科全书的规模，可以使用经验的换算方法，即把外文译成中文后平均计算词和印刷符号与汉字字数的比例关系。例如，根据实验，西文词与汉字的比例大约是1∶2；印刷符号与汉字的比例大约是2.7∶1。下表列出现代世界主要几家百科全书的大致规模。

书　　名	规　模			国 别
	卷数	总页数	总字数（万字）*	
《不列颠百科全书》	32	31 175	7740	美国
《美国百科全书》	30	27 400	约 5000	美国
《布罗克豪斯百科全书》	20	16 600	约 4000	德国
《拉鲁斯百科全书》	20	13 000	约 3000	法国
《苏联大百科全书》	30	19 149	7500	苏联
《世界大百科事典》	33	16 000	4000	日本
《中国大百科全书》第一版	74	51 133	12 900	中国

* 外国百科全书的字数均为折算中文的约略字数。

百科全书的设计规模，从理论上说是信息容量的指标。但人们知道，字数并不总是等于信息量，如重复和“水分”也表现为字数。用总字数表示一部百科全书的信息量，只不过是一种理想的假定。而让总字数确实反映信息容量还要靠另一些因素，如体例要求（包括条目编写提纲的约束）、篇幅限制和作者的表述能力等。

现代百科全书的发展趋势，是在保证相当可读性的基础上提高信息密度，缩小总体规模，即减少卷数。如果说 20 世纪 50 ～ 60 年代综合性百科全书的标准部头为 30 卷，而近年来则趋向于 10 ～ 20 卷。决定这一趋向的主要因素，是现代读者对百科全书快速查检的需要和藏书空间的限制。单卷本和小部头的百科工具书越来越为现代读者所欢迎，而 19 世纪人们崇尚的大部头早已失去吸引力。

结构指标　百科全书的结构包括两个方面：一个是知识门类（学科）的比例；另一个是条目组成及大小的比例。百科全书内容结构比例往往与社会的因素（基本读者群），特别是与时代思潮有关。中世纪的大多数百科全书把宗教、神学列为首要内容，给予很大篇幅，这是不难理解的。文艺复兴时期的百科全书多以人文学科和社会科学知识为主要内容，也很自然。工业革命以来的百科全书大大增加了自然科学和技术知识的分量，但仍以社会科学内容为重。20 世纪 60 ～ 70 年代的百科全书科学技术内容猛增，曾是一时趋势。下面是世界几家重要百科全书科技内容所占的比例：

《不列颠百科全书》第 14 版　　25% 左右

《不列颠百科全书》第 15 版　　40% 左右

《美国百科全书》　　30% 强

《苏联大百科全书》第 3 版　　44%

《中国大百科全书》第一版有一条重要的编辑方针，那就是为我国的四个现代化建设服务，因而规定科学及技术内容与社会科学及人文学科的比例大体上是 1∶1。这两大知识领域的篇幅或条目比例，只不过是一个最概略的结构关系。在两大知识领域内部，确定各具体学科或知识门类的篇幅与条目的比例，比这要复杂得多，但却是百科全书总体设计不可回避的重要问题。例如，在科技方面，工程技术知识在外国的综合性百科全书中所占的比例都不太大，而基础学科知识内容的比例则相对大得多。不过，自 20 世纪 80 年代以来，社会科学和人文学科内容的比例又开始回升，这是一个有趣的新趋势。

作为实例，我们不妨看一下下面的《苏联大百科全书》第 3 版总体设计中的学科（门类）比例结构表。

学科或知识门类	条目		篇幅	
	数量	比重（%）	印刷符号（千符）	比重（%）
数学	1945	1.7	3040	2.3
物理学	3225	2.8	5970	4.5
化学	3560	3.1	4290	3.2
天文学和大地测量学	1930	1.7	2400	1.8
地球物理学	860	0.8	1270	1.0
地质学	2260	2.0	2865	2.2
地理	19 490	17.0	13 400	10.0
生物学	10 885	9.6	10 160	7.6

续　表

学科或知识门类	条　目		篇　幅	
	数量	比重（%）	印刷符号（千符）	比重（%）
心理学	415	0.4	610	0.5
医学	4440	3.8	4720	3.6
兽医学	470	0.4	460	0.3
技术	10 200	8.8	14 000	10.5
哲学	1375	1.2	3870	2.9
逻辑学	210	0.2	440	0.3
语言学	1610	1.4	1805	1.3
文学	6195	5.4	6485	4.8
音乐•戏剧•电影	3930	3.4	4650	3.6
历史				
本国史	5835	5.1	9155	6.9
世界史	10 175	8.9	12 230	9.2
考古•民族•人类学	3120	2.7	2640	20.0
经济	4005	3.5	8230	6.1
农业	3370	2.9	4170	3.1
法律	3045	2.6	3280	2.5
出版•广播•电视	750	0.7	720	0.5
教育	1860	1.6	2450	1.8
杂类	1590	1.4	460	0.3

注：1. 比例余数为保留的机动量。
2. 表内的学科（门类）次序已经过改变，原表是按俄文字母顺序排列的。

现代百科全书除缩小规模和专业化（编专业性百科全书）的趋势外，增加条目总数和减小条目篇幅是适应现代信息时代要求的一个重要发展方向。条目多少和条目大小，直接反映一部百科全书的检索性，即容易查到所需知识和资料的程度。表示这一结构的指标是百科全书条目总数和条目平均篇幅（length of articles）。条目总数通常也包括参见条（无释文的空条）在内。条目平均篇幅是全书正文总字数与条目总数之比，即

$$条目平均篇幅=\frac{全书总字数}{条目总数}$$

现代百科全书条目平均篇幅趋小，一般在 500 ～ 1000 字之间。下表列出现代世界几家百科全书的条目平均篇幅。

书　名	条目总数（万）	条目平均篇幅（字）
《不列颠百科全书》	10.6（简编＋详编）	730
《美国百科全书》	6	930
《布罗克豪斯百科全书》	22	180
《拉鲁斯百科全书》	0.8	3750
《苏联大百科全书》	10	750
《世界大百科事典》	8	500
《中国大百科全书》第一版	7.8	1650

百科全书条目一般区分为特大、大、中、小条目和参见条五种类型。但各类条目篇幅大小范围并无定则，由设计者考虑决定。一般多以 700 字以下为小条目，以 700 ～ 2000 字为中条目，以 2000 ～ 20 000 字为大条目，20 000 字以上为特大条目。各类条目的比例决定于设计者对所编百科全书功用的考虑。例如，强调工具书检索功用的百科全书以小条目占较大比例；而突出自学教育作用的普及型百科全书，则可能以大条目为主。《中国大百科全书》第一版总体设计中的各类条目的比例大体上是：

特大和大条目　　约 5%

中条目　　25% ～ 35%

小条目　　45% ～ 55%

参见条　　≤ 10%

形象化指标　百科全书的形象化手段主要是插图。各类百科全书依性质、作用和对象之不同，配图量差别很大。插图多固然形象化好，但会减少信息容量和降低百科全书的严肃性（像大画册一样的百科全书可能不是高档次的）。高级成年人档的百科全书一向以文字为主体，插图只是释文的附属成分；而少年儿童百科全书则可能以图画为主，文字解释倒可能成为图的附属成分。然而，美国《兰登百科全书》虽然并非少年儿童档而是普及型百科全书，但它特别强调知识形象化，图片竟占全书篇幅的 2/3。

在现代百科全书中，彩色插图的比例越来越大，而且随着印刷技术的进步，全书彩印（把彩色图片直接印在释文中）已不新鲜。我国现在仍有一些百科全书采取彩图插页的方式。插图还包括各种地图。插图数量和所占的篇幅，也是百科全书总体设计应决定的指标。图文比有两种表示方法：一种是字幅比，即：

$$\text{图文比}=\frac{\text{全书总字数}}{\text{全书总图数}}$$

另一种是篇幅比，即

$$\text{图文比}=\frac{\text{图位所占字数}}{\text{全书总字数}}$$

下表列出现代世界几家主要百科全书的图文比数据。

书　　名	配图量		图文比（字幅比）
	总图数（万幅）	地图（幅）	
《不列颠百科全书》	2.4	1174	3075 : 1
《美国百科全书》	2	1136	2650 : 1
《布罗克豪斯百科全书》	2.5	375	1576 : 1
《拉鲁斯百科全书》	1.5		2000 : 1
《苏联大百科全书》	3.6		2083 : 1
《世界大百科事典》	3.8		1050 : 1
《中国大百科全书》第一版	6.38		2030 : 1

检索性指标　百科全书是完备的知识工具书，检索性是它的一项很重要的指标。百科全书的检索性指标包括索引量、参见频率和参考书目数量等。百科全书除此三项外还有一些其他保证检索功能的因素，如条目的编排方式、条目释文内层次标题的设置和百科全书的有关附录。但这些因素一般不以数据指标反映。

1. 索引量：自从 17 世纪 J. J. 霍夫曼在他所编《百科词典》中编附索引以来，现代百科全书已把索引作为百科全书的一种最重要的检索手段。大型百科全书都编有专门的索引卷。百科全书的索引大多包括条目主题（条头）和条目释文内隐含主题的主题分析索引。索引量大小（理论上为索引深度）直接关系着百科全书的检索功能和全书材料的可检性。索引量还与百科全书的种类和选条情况有关。综合性百科全书一般比专业性百科全书的索引量为大。

百科全书的索引占全书相当篇幅，这对全书规模指标自然有影响。这就是说，索引量大会增加全书的规模。主题大量重复的复式索引比简式索引占用的篇幅可能加倍（参阅本书第十七章）。因此，索引量在百科全书设计中是受到一定限制的。索引量指标一般用索引主题与条目数之比来表示。后者得出的是条目的倍数，即

$$\text{索引比}=\frac{\text{全书索引主题数}}{\text{全书条目数}}$$

外国标准型综合性百科全书，如《美国百科全书》的索引比为 5.8 倍，日本《世界大百科事典》为 3.8 倍。《中国大百科全书》第一版各卷索引比在 4 ～ 8 倍之间。

2. 参见频率：参见频率指的是百科全书条目释文内参见（cross reference）运用的频繁程度。在百科全书总体设计中往往只确定参见原则（在什么条件下参见）和大致的平均参见频率，而实际参见次数则是在编辑过程中根据参见原则具体掌握的。精确的参见频率是一个统计

数据，一般不作为绝对的设计数据。各家百科全书对参见的运用很不一致，大体上可分为谨严、中等和宽泛三派。下表中是对几家百科全书的“天文学”和“美术”两条目抽样统计的例子，从中可略见各家百科全书参见频率之不同。

书　名	“天文学”条目		“美术”条目	
	全条字数*（万字）	参见条次	全条字数*（万字）	参见条次
《不列颠百科全书》第14版**	2.5	32	2.2	61
《美国百科全书》	2.5	6	1.3	6
《布罗克豪斯百科全书》	0.5	7	0.3	18
《拉鲁斯百科全书》	1	13	1.5	7
《苏联大百科全书》第3版	1	57	0.9	24
《世界大百科事典》	0.9	12	0.3	2
《中国大百科全书》第一版***	1.25	72	2.4	124

*　表中字数均为估计的中文字数。
**　第15版详编未设“天文学”条目，此内容在“物理学”条目内。
***　两条均为概观性文章。

3. 参考书目量：百科全书重要条目之后所附的或全书集中编附的参考书目，是为读者提供的对有关知识主题进一步学习和研究的线索。在百科全书总体设计中常根据国内外各类图书（特别是新书）情况和全书条目总表预先确定参考书目使用量（哪些条目附书目，共用多少种和多少次，等等）。

第九章

百科全书的编纂过程和修订体制

编百科全书是一项宏大的文化建设工程。这样的宏大工程，在我国的文化史上倒是不乏其例。早在500多年前，明朝永乐年间编成的《永乐大典》就是其中之一。《永乐大典》是具有百科全书性质的类书，与现代百科全书有所不同。我国的类书基本上是纯粹“编辑”的书，也就是说，是辑录古籍文献、分门别类剪辑而成。现代百科全书则是对人类已有知识进行概要记述，先要有个总体设计，再组织撰写，然后再行编辑。十年磨一剑，编一部大百科全书可非一剑可比，动辄成千上万人参与工作，耗费巨大，工程艰巨。《中国大百科全书》第一版编成，就历时15年（1978～1993），有两万多位专家学者和编辑人员参加。像这样巨大的文化建设工程，没有周密的计划和严密的组织是不可能完成的。即使是编一部小型的百科全书，具体而微，也离不开一些最基本的编纂和编辑工作过程。百科全书的编纂自有其规律，百科全书的编辑工作也自有其特点。

百科全书编辑工作的特点　现代百科全书的编纂和编辑工作同其他书刊编辑工作相比，有一些特殊的复杂性。这种复杂性是由百科全书的特殊性质决定的。百科全书编纂和编辑工作的特殊难点，在于以下几个方面。

编、著者的作用　对于一般书刊来说，作品的主题、读者对象、作品内容、结构、体例、写法等，基本上是作者的事情，编辑部的工作只是制订选题计划、组稿、审稿、加工整理稿件和发稿。而百科全书的编纂方案、编辑方针、读者对象、全书体例、框架设计和选条、编写体例，甚至条目撰写的叙述程序和文字风格，以及各种目录、附录、索引、参见系统等，都要由编辑部来解决。百科全书的编者既要进行设计、组织和指导撰写与审稿，又要把众多作者分别撰写的稿件修修剪剪，合为一体，而且要合得完整和规范一致。

兼顾两类书的作用　书籍按使用的方式分为两大类。一类是供人系统阅读和学习的读物；另一类是帮助人们阅读、学习和写作时查检问题的工具书。百科全书是兼具教育作用（可作为系统阅读的自学读物）的完备的工具书，而且又包含各种工具书的成分。这就是说，百科全书要能适应比其他图书广泛得多的读者和广泛得多的查阅需要。编工具书已是难事（要保证精确性和检索性），而要工具书兼具另一种书的作用（要保证系统性和可读性）则是难上加难。首先，百科全书的读者对象就比一般书刊复杂得多，必须提供不同读者查阅需要的“知识纵深”；其次，它既要给人扎实的知识（知识性），又要提供基本的、可靠的事实资料（资料性）。这一切要求编者在全书总体设计、选条、体例指导和体例控制上下极大的功夫。

全、精、新的要求　“全”是百科全书有别于其他书刊的主要之点。荟萃人类知识之全，古今中外，包罗万象，百科全书非任何其他书籍可比。求全，难在合理地组织知识，合理地处理知识体系被分割之后的交叉关系，既要避免重要遗漏，又要去除重复。当然，百科全书内容之“全”是相对的，指的是能满足一定程度读者寻检查阅之全。百科全书的“精”也自有其特点，是“精确”加上“精练”。“精确”，就是要提供“标准的”知识，或者说是知识的“标准”，就是让读者可以放心引以为据的知识；“精练”则是要求“浓缩的”知识，去除各种“水分”。为了做到精确，编者要做大量的勘定核对的工作；为了精练，编者要做大量的文字锤炼工作。百科全书的“新”，受着稳定性要求的制约，是稳定得下来的“新”，不是竞新猎奇，不是标新立异，不是“过期无效”的新。这就要求编者精心鉴别和严格取舍。

众多的作者　一部百科全书可能有成千上万位撰稿人参加撰写。参加《中国大百科全书》第一版撰写的作者超过两万人。《不列颠百科全书》新版的撰稿人有 4277 人。众多作者带来的问题是学术水平不一、写作习惯各异、文字风格不同，而且各人取用不同的资料来源。百科全书自然是“百衲衣”，但却要求统一的体例、统一的文体，甚至统一的叙述程序。一件“百衲衣”偏要剪裁精细、缝制得体，最好做到“天衣无缝”。这正是百科全书编辑的难处。

复杂多样的编排项目　百科全书是完备的工具书，它要给使用者各种可能的查阅方便。这就要靠百科全书的多种编排项目和附属成分（包括百科全书的各种检索手段）来提供。百科全书的各种目录（如条目分类目录、“学习指南”）、插图、图表、参见系统、参考书目、索引和其他附录，都与正文紧密关联，在编辑工作中牵一发而动全身。这些基本的和辅助的检索工具，最后都是由编辑部来编成的。

百科全书的编纂全过程　百科全书的编纂和编辑过程，从调查研究开始到成书发稿和排校通读，是一个复杂的系统工程，有一个繁复的设计与“施工”的过程。《不列颠百科全书》编辑部曾作过一个统计，仅一个条目从约稿开始到印在书上为止，需要经过 569 道工序，可见其繁难的程度。怎样组织百科全书的编纂和编辑工作，各百科全书编辑部依其具体条件而各自巧妙不同，但编纂的全过程都离不开下面的 8 个基本阶段（参看下图）。

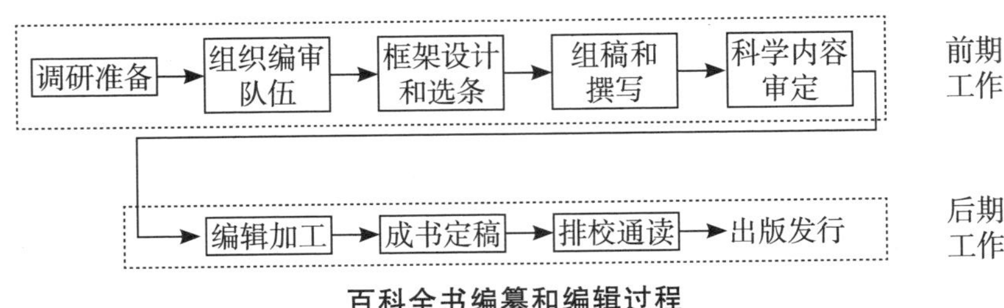

百科全书编纂和编辑过程

调研准备　这个阶段的主要工作内容是：广泛收集和了解国内外同类百科工具书，研究其选收情况、内容结构和编排特点；调查、分析各种百科工具书的社会评价和读者反映；分析研究各种学科和分类体系，作为框架设计的参考；调查了解读者的需要和水平；调查国内学术（撰写和审稿）力量的分布和特点；组织和培训编辑班子。

组织编审队伍　编审队伍包括作者和审稿人，一般是建立编委会和编写组之类的组织。编委会和各学科主编负责选择、推荐和联系相关条目的撰稿人和审稿人，并组织必要的审稿活动。组织编审队伍应考虑权威学者与实干专家和老、中年专家的结合。“找适当的人写适当的条目”是选择作者的基本原则，但“适当的人”除了学术上的权威性外还包括写作（文字表达）能力、职业、社会条件（不是大活动家和特大忙人）和容易商量问题（听得进审稿意见，有反复修改的耐心）等因素。

框架设计和选条　这是全书编纂工作的关键步骤之一。框架如同一个工程的基础，最后形成全书的条目总表。它要反映学科和知识领域的分支体系、条目结构层次、条目的内容提要和预定字数。（详见第十一章）

组稿和撰写　这是另一个关键的阶段。这个关键阶段的关键在于体例指导。成千上万作者如果都按个人的理解和想法，任意发挥，而不顾百科全书的特殊性质和体例要求，那么写出来的会是一批杂志文章、教科书的章节或是词典的词条，进入编辑部便会成为难以处理的包袱，因而不能合龙成一部整齐的百科全书。（详见第十二章）

科学内容审定　或称专家审稿，即由专家在编委会或编写组讨论中对科学内容（包括观点、事实、数据、疏漏和重复）把关，同时进行体例控制，以保证稿件内容的精确性和体例的基本规范，为稿件的编辑加工打好基础。（详见第十三章）

编辑加工　编辑加工内容不外是：删（删除重复、“水分”、偏专过细的内容）、改（政治观点问题、费解不通、歧义含混和表达不清等）、核（核对事实、时间、引文、数据、参考书目等）、统（统一人名、地名、机构名、书刊名、学术名词、符号、单位、事实、数据等）、编（建立参见系统、编制索引、图文配合等）几个方面。编辑加工还包括文字润饰和编辑整理，总的目的是提高稿件的质量，有时还要把加工后的稿件印发征求意见。编辑部内的一、二审通常在此阶段完成。（详见第十五章、第十六章）

成书定稿　对书稿（包括文、图）全面终审通读，完成各种单项（条头、外文、释文内层次标题、参见、图文关系、参考书目等）审定检查，编制索引等各种附属成分，最后达到齐、清、定的发稿要求。（详见第十六章）

排校通读　发稿之后，编辑的工作主要是：配合排版和校对人员解决排校过程中发现的问题；配合版面设计人员解决版面安排问题；通读校样，作必要的修改补救；完成目录和索引的页码反查工作等。

前期和后期　百科全书编纂和编辑工作的各个阶段在实践中可灵活掌握，有所交叉，但基本的阶段性应是明确的，过多的交叉和合并会把每个阶段的困难向后面的阶段推移，形成前轻后重、举步维艰的局面。8个阶段根据工作重心的不同又构成前、后两个时期。前期指的是稿件进入编辑部之前，包括前5个阶段。前期编辑工作的性质多属组织性工作、基本设计和体例指导与控制。编辑需要的是百科全书编纂知识（百科意识）、体例指导和组织能力。前期工作的目的是减轻后期工作量，为后期打下好的基础。后期工作包括后3个阶段，主要内容是修漏补缺、核对勘定、修饰完善、统一规范。在后期工作中，编辑需要的是综合的功夫，而笔头（键盘）上的实在功夫尤为重要。

分与合　百科全书编纂的全过程是一个从合到分、从分到合的过程。从分入手，从合着眼，从分到合，一切为了合，是百科全书编纂和编辑工作的重要规律。百科全书编纂过程要经历三次分合。第一次分合是框架设计的分合，即从分支框架设计和初选条目到总体框架合龙，完成条目总表的编制。这一分合过程中的要点，是解决条目交叉、平衡和条目化问题。第二次分合是从分头撰写到集中审稿。百科全书条目稿件应是从整体（分支或学科）的角度来审定，即把全部条目形成组群，合起来审定，而不是一条条孤立地审定。第三次分合是把分支、学科的文稿、图稿和各种附属成分最后合为一体。这最后的合是以前两次分合为其基础，它反映全过程分合处理的水平，并决定百科全书成书出版的质量。

百科全书的修订体制　一部百科全书编好出版，并不算完事大吉。人类的科学和文化在发展，人类的知识在不断增加和更新。百科全书所介绍的某些内容势必要随着时间的推移而过时或陈旧，因此百科全书还有一个不断修订的问题。用什么办法更新百科全书的内容，跟上时代的发展（up-to-date），这就是百科全书的修订体制，或者叫作百科全书的材料更新体制。以纸质百科全书来说，百科全书的修订有三种方法：再版制、连续修订制和补卷制。

再版制　这是传统的修订方法，为大多数百科全书所采取，即隔一定时期出一新版。新、旧版之间的间隔时间一般根据旧版内容陈旧的程度、编辑出版能力和市场需要来决定。现代百科全书一般再版周期是10年左右，且有逐渐缩短的趋势。世界上采取再版制的重要百科全书有第14版以前的《不列颠百科全书》、德国《布罗克豪斯百科全书》、英国《钱伯斯百科全书》、日本《世界大百科事典》。《中国大百科全书》也采取再版的修订体制。《中国大百科全书》第二版在第一版出齐之后16年再版，修订变化很大，已如第4章所述。再版修订变化大的还有我国地域性百科全书《北京百科全书》，由1991年的单卷本到2002年的第二版，竟扩大到20卷。北京市18个区县各编为1卷，加上总卷1卷和地图卷1卷。

连续修订制　连续修订制是20世纪30年代出现的一种新做法。连续修订制的思想来自百科全书的编辑实践。人们发现百科全书的各种条目的时间性并不相同，有的条目内容时间性较强，而有些条目内容则相当稳定，每次再版都可以保留前一版相当多的条目不动。根据这个情况，人们便想到可以每年修订少量时间性较强的条目，用修订和新增的条目换掉旧条目或插进新版内，而不必重编重排全书。连续修订制有三个好处：① 避免再版所需要的大量重复劳动，逐年修订的费用比再版的投入小得多。② 对新的发展、新的事实和新出现的知识反映更灵活，更及时。③ 便于保持一个连续性的、稳定的编辑班子。根据国外百科全书修订实践经验，平均说，一般条目需要 5 ～ 10 年重新改写一次，全书内容每年修订量为 5% ～ 10%。但是各种条目的时间性是不相同的，这就需要有一个长期的修订计划。《不列颠百科全书》第 14 版从 20 世纪 30 年代开始采取连续修订制，后为不少百科全书所效法。国外采取连续修订制的百科全书还有《美国百科全书》《科利尔百科全书》《康普顿百科全书》《世界图书百科全书》（我国习称《世界百科全书》）。

补卷制　补卷制往往是再版制的补充措施，例如《不列颠百科全书》在第 4、5、6 版之后曾集中出过 6 卷补卷。采取常规的补卷制的是西班牙《欧美插图大百科全书》，全书正编 70 卷于 1933 年出版，此后每一两年出一补卷，形成常规体制。其他各国百科全书常把出补卷作为再版之前的临时修订办法。

百科年鉴　百科全书出版社编纂百科年鉴是从 20 世纪 30 年代开始的。百科年鉴本身就是百科全书的一种修订手段，与补卷性质相近，但大多数百科全书出版社是用百科年鉴作为其他修订制的补充办法。百科全书内容中的许多修订和补充，多是先在年鉴中完成，然后再引入百科全书下一版或下次修订重印本中。因此，大多数百科年鉴是在百科全书框架基础上由同一个编辑部编纂的。百科年鉴对于采取连续修订制的百科全书来说，是修订的准备；而对于采取再版制的百科全书来说，则是百科全书内容在时间上的延伸和修订材料的积累。（详见本书第二十四章）

即时修订制　这是百科全书进入网络时代才得以实现的修订体制。本书在第二十七章将试加讨论。

第十章
百科意识：百科全书编纂的认识基础

参加百科全书编撰工作的人（可能多至上万人），对于百科全书可能各有各自的认识。没有对百科全书的统一认识，就是单凭一般的认识，也难以编出一部像样的百科全书。百科全书编纂及其体例，是建立在一种百科意识的基础之上的。所谓百科意识，就是对百科全书的性质从感性到理性的深化的认识，是对百科全书与非百科全书从形式到内容的明晰的辨识能力。简单地说，就是对百科全书的个性、百科条目、百科体裁、百科语言的敏感性。而对于以编百科全书为业的编辑来说，则应是一种习惯成自然的职业本能。百科全书编撰中的全部体例工作（包括体例宣传、体例指导、体例控制和体例把关），都是建筑在这个百科意识上面的。百科全书的编撰者，包括编辑、撰稿人、审稿人，离开百科意识，无论是选条、撰写、审稿，还是编辑加工直至成书，都会把握不定，心中无底。这是百科全书编撰实践已经证明了的。

这里试从百科全书编纂实践的角度探讨百科意识的几个方面。百科个性感是百科意识的基础，由此引发出百科条目感、百科体裁感和百科语言感。关于百科条目，本书第十一章有专门叙述。

百科个性感　用熟悉的东西想象陌生的东西，是人们认识新事物的一种习惯。百科全书编撰者自然熟习许多种出版物，如教科书、专著与论文、科普读物、词典、手册，以及行政文件（如工作报告、总结之类）和报刊社论文章，等等。因为他们既是这些出版物的读者（使用者），又往往是这些出版物的创造者（编著者）。在我国，编纂现代百科全书还是一件新鲜事，编撰者对百科全书的认识受到这些东西的影响是很自然的。何况，百科全书在某些方面本来就和它们有相通之处。例如，百科全书本来就起源于教科书，而且至今仍保有很大的自我教育的作用；百科全书与专著和论文同是科学的书；百科全书与词典和手册同属工具书，等等。于是，有人认为百科全书不过是低于专著、论文，高于科普读物，近似于教科书的书，是放大了的词典。这些认识并非全无道理。但是，“高于”“低于”“近似于”和“放大了的”，都是量的方面的区别，而对于百科全书的编撰者来说，重要的是性质上的差异。个性存在于共性之中，现试从比较中区分一下百科全书的个性。

与专著和论文比较　讲科学是它们的共性，但有四点重要区别：① 专著和论文是对未知知识领域的探索，是学术开拓性的研究成果；百科全书是对已有知识的整理和概要记述。② 专著和论文属于一家之言或一派（学派）之言；百科全书是荟萃众家之说，不以作者个人的学术观点代替全面的学术阐述。③ 专著和论文是供本专业，甚至是水平相当的专家阅读参考的，在专业论述上不迁就读者的水平；百科全书是供非专业读者（包括查阅非本专业问题的专家）查阅的，须考虑不同读者的接受水平。④ 专著和论文供研究人员（专家）系统研读；百科全书供各种读者寻检查阅。

与科普读物比较　普及科学知识是它们的共性，但有四点重要差别。① 科普读物供人们在浏览中增进知识；百科全书虽也可以浏览，但主要是供读者遇到问题随时查检用的。② 科普读物使人“开窍”，但不供作依据；百科全书则提供可以放心引以为据的知识和精确的资料。③ 科普读物重趣味性，讲活泼、生动，可以采用艺术手法；百科全书重规范性，讲严谨、确切、明白。④ 科普读物可以回避艰深的内容，或用形象化比喻解释艰深的问题；百科全书不能回避艰深的内容（因为那也是知识整体的一部分），要用科学语言说明问题。

与教科书比较　具有教育作用是它们的共性，但是有四点重要区别。① 教科书分章分节（分课）循序渐进讲述知识；百科全书以条目的形式按独立主题介绍知识。② 教科书讲解问题基本上采取同一深度，考虑学生已有的知识水平（年级程度）；百科全书则用条目内容的知识纵深来适应各种读者的不同需要。③ 教科书采取论证、推导和详述的知识讲解方式，可以反复举例以明之；百科全书采取浓缩、提炼和概述的知识解说方式。④ 教科书供系统讲授或系统自学；百科全书主要供读者查检知识和资料。

与手册比较　同属工具书是共性，但有四点重要区别。① 手册是资料书，它汇集资料（公式、规则、数表等）；百科全书是知识书，它荟萃知识并兼收基本资料。② 手册重实用性和指导性；百科全书重知识性，提供基本概念、基本事实和基本资料，一般说不是解决实用性问题（如烹调、医病等）的书。③ 手册不强调知识领域的全面性和系统性，有资料则收，无资料则略；百科全书概括全面的知识，强调系统性。④ 手册是供专业实践人员工作时用的；百科全书是供普通读者释疑解惑的。

与行政文件和报刊社论比较　在我国，作者经常接触和阅读行政文件和报刊社论，受其影响颇多，这里不妨也作一比较。重要的区别也可举出四点。① 行政文件、报刊社论重在宣传政策，论形势，讲任务，提措施；百科全书则是介绍扎实的知识和精确的资料。② 行政文件、报刊社论采取说服教育和做思想工作的方式；百科全书只介绍知识，提供事实资料，不做动员和说服工作。③ 行政文件、报刊社论配合形势和政策，有很大的时间性；百科全书强调知识的稳定性，其内容在较长的时间内不变。④ 行政文件、报刊社论是为做好当前工作而发；百科全书是为读者增进知识和释疑解惑而作。

百科条目感　见本书第十一章。

百科体裁感　讲话和写文章讲究“得体”。这个“得体”包含有分寸得当的意思。百科条目的体裁则不仅仅是个分寸得当的问题，更主要的是向匆忙的读者提供寻检查阅的方便，其次是保证众多条目的规范化。

百科全书是介绍基本知识的书，讲求严谨、确切、明白，需要的是一种朴素简练、平易明白的说明文体，可以说是“述而不作”。“述”是百科条目的基本体裁。百科全书有哪些“述”法呢？

阐述　就是把知识理清楚，讲明白。对于基本概念、学说、理论、思想，多是采取阐述的方式。试举一个阐述的例子：

> 角色理论是阐释社会关系对人的行为具有重要影响的社会心理学理论。它强调人的行为的社会影响方面，而不是心理方面。认为人既是社会的产物，又能对社会作出贡献。

叙述　就是叙事，即交代过程。对于事件经过、渊源沿革、人物生平、著作内容，多是采取叙述的方式。试举一叙述的例句：

> 唐才常出身于封建知识分子家庭，自小接受封建教育。中日甲午战争使中国人民蒙受耻辱，在此刺激下，他努力学习西学，力主变法维新，宣传爱国、民权、民主思想，成为资产阶级维新派激进分子。

陈述　就是选择经过核对的材料，平实客观地、直截了当地介绍出来。对于资料性内容，如事实、公式、数据等多采取陈述的方式。试举陈述的一例：

> 紫金山天文台的地理位置：东经118°49′，北纬32°04′，海拔267米。建台时主要观测仪器有……

描述　就是以文字表现形态。对于具体事物的性状、外观、动作和姿态多是采取描述的方式。不过，这种描述不是文学性质的描写。试举一描述的例子：

> 极光一般呈带状、弧状、幕状或放射状。这些形状有时稳定，有时发生连续性变化。

非百科体裁　什么不是百科体裁呢？下面试举几段。

1. 议论：滔滔宏论、侃侃评说、推断臆测和夹叙夹议，都不是百科条目释文的特色。试举一例：

> 这位科学家如果不是受到所处时代和社会条件的局限性，他的成就显然会大得多。

2. 反复推论和烦琐的考据是论文的体裁，不适用于百科条目的释文。试看下面的例句：

> 这种文学样式之所以取得这样高度的成就，是在封建经济和政治进一步发展、变革的历史条件下，在社会思想比较解放、艺术文化普遍高涨的影响与推动下，作者们继承和发扬了……以来的优秀传统，广泛地总结前人创作经验、百花齐放、推陈出新的结果。

3. 铺陈罗列、堆砌辞藻，是赋体遗风，常使人不得要领，不符合百科全书的概述要求。试举一例句：

> 他为文不事雕饰，贮兴造思，洗削凡近，秀润疏朗，极超妙自得之趣，而不流于寒俭枯瘠……，自然浑成，意境清回，韵致流溢……，空际点染，蕴藉深微，吞吐含茹，萦回荡漾……

顺便提及，例中用文言渲染铺陈，更不符合百科语言要求，下文将谈到。

4. 虚拟臆测，夸张手法和太多的“也许”“可能”“如果”，会使所写的东西浮而不实，失去可信度。请看下例：

> 也许最重要的分析是在星系间可能广泛存在着热气体……，如果进一步证实，这就意味……

5. “穿靴戴帽”是一种多余的累赘。百科条目讲开门见山，直截了当，从概念定性开始，知识介绍完了便戛然而止，不需要为了结构平衡而另加“帽子”和“尾巴”。下面例句 1 属于“戴帽”，例句 2 属于“穿靴”：

> **例 1** 1949 年，全国解放以后，在广大中国土地上成立了社会主义共和国。为建立以马克思主义为指导的 ×× 学（学科）提

供了优越的条件。

例 2　这个老学科自本世纪 50 年代之后又焕发了青春，随着测量技术不断提高和更新、电子计算机的飞速发展和新现象的不断出现，必然会给这个学科不断提出新的课题。今后除提出新课题外，对老问题和原有研究必然会加强研究，更好地为……发展服务。

6. 含蓄蕴藉，弦外之音，可能是一般写文章之体，而百科条目则要把知识痛痛快快地交给读者。让读者到字里行间去玩味揣摩知识是不相宜的。

7. 抒情感怀，一赞三叹，慷慨激昂，讽刺挖苦等就离百科体裁更远了。

百科语言感　我国现代百科全书应当用规范化的现代书面汉语撰写条目。语法上无错误、逻辑上讲得通、修辞上分寸得当，自是起码的要求。“意能称物，文能逮意”，属于表达上的要求，同样适用于百科语言。百科语言的风格，具有庄重而不卖弄辞藻，晓畅而不诘屈费解，平易而不取教训的口吻，简练而不冗长驳杂的特点。

哪些不是百科语言呢？一般说，下面一些情况都属于非百科语言。

1. 古人语言：即文言，除必要的引文外，用古籍原话讲述知识不如用作者自己的话直叙来得明白痛快，而今人写古文也实在不自然。文白夹杂则令人读起来别扭。下面是一个文白夹杂的例子：

文帝患病，他又与杨素密谋弑之。他为了控制江南，及满足自己的游乐……，广征民夫……，他也爱好文学。

2. 外国人语言：常见的是倒装句、连续无主语句和“大肚子”句，即套有多层子句的长句，一口气读不下来，读到后面已记不得前面说的是什么了。试看这样一个例句：

最终的目的是建立一套调整和控制人类与环境的、通过生产和消费活动进行的物质能量和信息交换过程的理论和方法，为解决“环境问题”提供方向性和战略性的科学依据。

3. 用大量语录和引言代替直接讲述，也不是百科语言方式。例如，在一个试写条目中语录和引言竟占了一半篇幅。

4. 方言口语：百科条目用现代语言撰写，指的是精练的现代书面语言，不是日常生活中的口语，当然更不是地方方言。试看下面的例句：

再说，这么一来，所有的机器就都得改装了。

5. 感情色彩强烈的语言和带有强烈感情色彩的非正式称谓。例句如：

同审判机关有过多次交往的被告人，常有一套对付审判的伎俩，注意观察审判人员掌握案情信息的数量。不到山穷水尽，不肯轻易放弃防御。

顺便提到，在未判决前先已认定被告有罪，在法理上恐怕也有问题。

6. 命令式和教诲口吻：百科全书应客观地讲述知识，而不宜居高临下、板起面孔用命令式口气或指示腔，也不宜用动员劝说的口气说话。下面的例子属于这种情况：

例 1 为了进一步发挥灌溉系统在农业增产中的作用，当前主要的任务是要：第一，……；第二，……；第三，……

例 2 今天的科学工作者应自觉地以马克思主义哲学为指导来研究……，应自觉地捍卫辩证唯物主义哲学。

7. 广告式的语言：夸张的和商品宣传式的语言，如“驰名中外”“誉满全国”之类，有损知识的准确性和百科全书的严肃性。

8. 空话套话：套话常常是众所周知、不言自明的大实话，处处可以套用而又没有任何知识含量。空话常被称为“水分”，即不给人实在知识的叙述。

第十一章
百科全书的框架设计和选条

百科全书是工具书，为了方便读者寻检查阅，它不采取一般书籍的篇、章、节的结构，而是由条目构成。它与一般图书相比，在形式上最大的特点就是用条目编成，用条目介绍知识，用条目供人查阅。条目，是百科全书的主体。条目与篇、章、节相比，有它特殊的性质和作用。百科全书还兼具教育作用，也就是说，它也可以作为增进人们科学文化知识的自学读物。它的条目无论单独来看还是合起来看，都在某种程度上反映知识的系统性和完整性。因此，百科全书的设计，特别是选条，就有一些特殊的问题。

框架设计 框架，是百科全书选条和编纂的工具。设计框架的主要目的是为了选条。

百科全书选条方法 百科全书从最早的形态算起，选条不外三种方法。

1. 教科书剪裁：把教科书的篇、章、节剪开，把篇目、章目、节目当作“条目”，按某种检索次序（如字母顺序）编排起来。这是百科全书脱胎于教科书向工具书发展初期的做法。中世纪出现的工具书性质的百科全书有的就是这样编成的。这种编法的原始性在于，教科书的篇、章、节往往并不是独立的知识主题，虽然列成“条目”，但并不便于人们查检。

2. 借用词典方法：用词典收词的方法选条，即在词典中和在大量的文献中选择百科词（名物词）列为条目。或者，以词典作为基础来选条，把语词排除，留下一切有知识内容的词作为条目，也就是从词到概念。换句话说，是从词目中选百科全书条目。这种方法往往忽略那些由数个词组成的复杂概念，特别是非概念性的主题。

3. 框架设计方法：利用科学分类方法，把人类知识组织成为一个便于抽选（分离）独立主题和概念的系统。这是现代百科全书编纂者采用的方法，并往往用前两种方法加以检查和补充。

什么是框架　什么是百科全书的选条框架？不妨先来下一个定义。框架是以科学的知识分类为基础，根据百科全书基本性质的要求把人类知识组织成便于读者快速寻检并表现知识内在联系的系统。自从中世纪英国哲学家培根创立科学分类法以来，就产生了在科学分类基础上设计百科全书框架的思想。这对于百科全书编纂技术的发展起了极大的推动作用。不过，科学分类法是框架设计的基础，但不是百科全书框架本身。百科全书框架设计是科学分类法在百科全书编纂方面的应用，如同图书分类是科学分类法在图书管理方面的应用一样。或者说，框架设计是以科学分类法为参考的百科全书组织知识的方式。科学分类法是科学家对客体及其关系的认识；百科全书框架则是百科全书编纂者基于上述认识，为了向普通读者介绍知识的方便，为了读者便捷查阅的需要而设计出来的。百科全书编纂者的工作就在于同科学家紧密合作，以科学家的科学分类为基础，根据百科全书作为完备的工具书所应起的作用，研究如何把整体（系统）知识分解成“碎块”，碎到什么程度。反过来，如何把“切碎”的知识组合成“块”，组成多大的“块”。总的目的就是便于寻检查阅。

框架设计与科学分类　在百科全书的编纂中，常常容易发生的误会和混乱，是把框架与科学分类等同起来，从而认为框架设计纯属学科专家的事情。这里不妨对学科专家与百科全书编者在百科全书编纂上的不同作用作一说明。古罗马百科全书家把百科全书比作桥梁，即从普通人的文化水平向专家学者过渡的桥梁。这个比喻很贴切。它说明，百科全书是知识的中介物，不是“彼岸”。建造桥梁的人和“彼岸”的人自有不同的任务，不能互相取代。学科专家是站在科学文化前沿阵地上的，他们探索和开辟未知知识世界的“资源”。为了认识对象、研究对象，他们的基本倾向是分，是区分，学科也越分越细。在学科专家眼里，任何科学分类都是未完成的，都是有争议的。百科全书编者相对学科专家来说，是“后方人员”或“桥梁”（当然，他们在研究百科全书编纂学方面也是学科专家），他们的任务是汇集、归纳和整理已有的知识。为了使读者易于接受和便于寻检，他们也像教师讲求教学法那样讲求百科全书的编纂法。汇集、归纳和整理的基本倾向是合，即把分散的知识合成一个比较稳定的类，再分解为可供查检的条目。

框架的作用　百科全书编纂者通过框架设计来选条是为了解决四个问题。

1. 求全：求知识覆盖之全。所谓“全”，当然是相对的，说的是能满足一定读者寻检查阅的全。百科全书贵在全，贵在让读者不必费力到大量的书籍和工具书海洋中去查检所需要的知识和资料。避免重要的遗漏是框架设计的首要目的。收容得全，包罗得广，就会遇到另一个难题——重复。避免遗漏和避免重复都是靠框架设计来解决的。

2. 处理交叉：百科全书把系统知识分解为条目，各个条目之间必然存在“剪不断”的联系。这种联系弄不好会表现为大量的重复和矛盾，条目互相打架，互不照应，结果就“理还乱”了。通过框架设计选条，就是先确定各个学科、分支和知识领域的疆界和关系，确定各个知识主题和概念的层次和位置，从而确定它们作为条目的“四至”，即上下左右的边界。通过框架设计还可以确定各种交叉的焦点、各有关分支的联系，即看出其他学科分支的哪些条目与本条有关（横的交叉焦点），从而构成相关的条目组群，确定各自侧重的方面。

3. 指导撰稿和建立参见系统：有了框架，便可以根据条目的交叉关系为每个条目制定出编写提纲，而撰稿人则能在框架的背景上撰写各自的条目，而不致越界出格，漫无边际。主编和编辑部则根据框架决定条目之间的参见关系。

4. 编制分类检索系统：按字母顺序编排的百科全书，可以把框架改编为条目分类目录（如《中国大百科全书》）或“学习指南”（如美国《科利尔百科全书》）之类的检索工具，借以帮助读者还原知识的系统性，增加百科全书的辅导自学的教育功用。

百科全书的条目　词典所收内容的单元是词目，是以“词”立目。百科全书的基本寻检单元则是条目。百科全书是以条目编成的，也以条目供人查检，供人阅读（学习）。基本寻检单元是相对于辅助寻检单元说的。百科全书为了给人最大的寻检方便，除基本寻检单元之外还有多种辅助寻检单元（或称辅助检索手段），如索引主题、条目释文内的层次标题和所附的参考书目，以及参见系统和分类目录等均是。

什么是百科条目　百科全书条目是便于读者快速寻检和容易阅读的一个完整知识主题的系统概述。百科全书条目成立有三个条件：① 它是独立的知识主题或是已经形成的固定概念，而不是一个主题或概念的一个侧面或一个层次，也不是一个语词；② 它能用准确而通用的词来标引，而不是非语言所能描述的内容或艺术思维形象；③ 便于快速参阅，即读者容易把它读完和容易找到需要的部分，获得所要知道的知识和资料。因此，百科全书条目有三个要素：知识性——有扎实的、可靠的知识；资料性——有基本的、精确的资料；检索性——能使读者查得到，查得快，读得容易。

除了单个的独立主题之外，有的并列主题（××和××）也可能成为百科条目，但有一个条件，即两个主题应是紧密的结合体，往往是不可分的一对概念。它们也常常是连在一起出现的，而且两者的内容也是大部分交织着的，讲到这个就不能不讲到那个，如哲学中的“本质与现象”，天文学中的“岁差与章动”。

有些问题的结论虽未最终稳定下来，或者说尚未“盖棺论定”，但已经成为人们熟知的话题，形成了“稳定”下来的问题，一般说也具有了成为条目的条件，如“不明飞行物”或“飞碟”（UFO）。

有些人、事、物虽然已被否定，但在历史上曾是客观存在，而且发生过重大影响，所以也是人类知识的一部分。例如，天文史上的“地心说”，历史人物“希特勒”“江青”等。

重要的名词术语可能成为词典式的条目。百科全书是完备的工具书，并不排斥词典式的条目。

什么不是百科条目　把不能成立为条目的文章题目或一般书籍的章目、节目列为“百科条目”，是百科全书编纂中的缺陷。这样做，或者因肢解了完整的知识主题，或者因不具备百科内容，而没有被人查阅的可能，成为“死条”或“盲条”。以下几种情况都不属于百科条目。

1. 一个完整主题或概念的一部分，如“市场经济”是一个完整的主题，而“市场经济的出现”“市场经济的特点”则是这个主题的一部分内容，因而不宜立为条目。

2. 两个或两个以上概念或主题之间的关系，一般不能立为条目。如“信息与社会”“民族问题与宗教”。两个主题（概念）之间的关系，一般应在两个主题条目中分别谈到，而不是在两个主题之间又设一个“过渡”条目。

3. 不能形成紧密结合体的两个主题，或者像精简机构那样，把两个独立的“单位”合并在一起。例如，舰船上的“锚”和“缆”，若硬合在一起，即便给它们一个新的标引“系留设备”，也仍不符合设条的原则，因为人们不大会想到这个“机构调整”后新命名的寻检单元。

4. 没有独立完整主题的文章题目或教科书的章目、节目。前者如“中华人民共和国成立前后”，后者如“当代某些新的学习理论”。

5. 论述题，如“论精神文明”，这里成立为条目的是被论述的主题，即“精神文明”，而不是“论”。

6. 无确切知识内容的概念和普通语词，如“爱情”。顺便提到，《不列颠百科全书》最初的几版就选过这个条目，而后来各版便撤掉了。再如，“病容”“事态”。

7. 非独立的组织机构，如“北京大学哲学系”“外交部非洲司”。

条目种类 百科全书条目按篇幅大小一般分为特大条目（大约20 000字以上）、大条目（2000～20 000字）、中条目（700～2000字）、小条目或称词典式条目（700字以下）和参见条目五类。参见条目即无释文的条目，习称“空条头”，仅设条目标题，而内容在所指引参见的条目内。例如，“柔性版印刷：见凸版印刷”。各家百科全书对条目篇幅范围（字数）的区分不尽相同，但大致相当于上述括弧内的数字范围。

百科全书条目按主题类型区分，种类繁多，如国家、民族、地区、城镇、时代（朝代）、社会形态、历史事件、战争（战役、会战）、学科（分支）、文学艺术样式和重要作品名、理论（学说）、思潮流派、范畴（概念）、经济部门、职业、军队（军、兵种）、器械、物种、人物、书刊、组织机构（学校）和名词术语等类条目。这些类型的条目按性质归纳，大体上有三大类：综述概述性条目、概念解说性条目和事实资料性条目。就篇幅来说，第一类多为中、大条目；第二类多为中、小条目；第三类多数是小条目。条目种类与撰写体例有直接关系。不同类型和不同性质的条目，各自应有不同的撰写规范要求，常称为“典型编写提纲”。

大条目主义和小条目主义 现代百科全书发展的初期出现了两种编纂观点，因而就有了两种编纂实践。这就是所谓的“大条目主义”编法（by broad subject）和“小条目主义”编法（by specific subject）。这是百科全书设计中的两种倾向。这两种观点，或者说两派的形成，与百科全书的历史发展和性质的演变有直接关系。大条目主义主张选大学科、大主题和上层次大概念，并写成系统的、包容广泛的大条目，而把下层次的小主题尽量包容到大主题之内。

大条目主义编纂倾向，实际上是对古代和中世纪百科全书编纂传统的继承，更多地着眼于百科全书的教育作用，较多地强调知识的系统性。《不列颠百科全书》主张大条目主义，它的第 9 版曾是大条目主义的代表作。到了现代，《不列颠百科全书》的大条目主义曾因工具书作用（即检索性）不强而受到非议。到 20 世纪 70 年代，新版（第 15 版）采取了一个新的办法来弥补这一缺陷。这就是大条目主义的“详编”（macropaedia）加上小条目主义的、百科词典型的“简编”（micropaedia）。

小条目主义派或称“社交词典”派，起源于德国的百科全书出版家布罗克豪斯，是百科全书受词典编纂方法影响的结果。小条目主义编法对大学科或上层次大主题、大概念尽量加以分解，把知识分割得“碎”一些。小条目主义把大主题留作概要性的条目，从而把其内容“抽空”，而把其中可以独立查阅的下层次主题都抽出来设成小条目，增加条目总数，使上、下层次条目在篇幅上差别缩小，从而更适应现代读者快速查阅的需要。布罗克豪斯社交词典派的编纂观点和实践，对现代百科全书的发展产生了巨大的影响。欧洲的许多百科全书，以至后起的日本现代百科全书无不具有小条目主义的倾向。

百科全书条目的大小并无通行的标准。大小条目主义之间也不存在明确的界限。但是，研究和鉴别百科全书的人，常常根据一部百科全书的总字数与总条目数之比（即条目平均篇幅）来判断其倾向。一般说来，条目平均篇幅在 500 词（相当于汉字 900 ～ 1000 字）以上者，可以认为是倾向于大条目主义的编法，反之则属于小条目主义的编法。

条目的结构　从形式上说，百科条目由条目标题（条头）、释文、插图和参考书目组成。大多数百科全书在条目之末还有撰稿人的姓名或姓名的缩写。有些条目根据主题和内容，也可以没有插图和参考书目。上层次的大条目还常常在释文之前列出释文内的层次标题目录。从实质内容来说，条目释文一般又分为三个层次，国外有人称之为百科条目的“三段式”，即：定性叙述（或定义）、基本内容和参阅资料。

条头标引　百科全书选条选的是知识主题或概念，不像词典那样是直接收词，所以还要用适当的词来加以标引。条头是百科全书的主要检索标志，犹如住户设置门牌，门牌设置不当就无法或不便找到住户。因此，百科全书条目的标引就有以下几条规则。

1. 标引用的一个词或几个词，要能概括（从内容上）或代表（约定俗成）所标引的主题或概念。

2. 标引词应是规范的，人们习惯的或通用的，而不是个人杜撰的，名词应是统一的。

3. 词序安排应考虑检索的方便，主要关键词可以移前，必要时可以适当颠倒词序。例如，外国人物条目以姓氏立目，而把名（本名、教名、父名等）放在姓氏之后，如“亨特，W.M.”。

4. 用词简洁，标引词越少越好。绝大多数条头应为 1 ～ 3 个词，少数条头也不宜超过 5 ～ 6 个词。

百科全书的条目化问题　条目化是百科全书区别于一般图书的一大特点，也是百科全书编纂的一个特殊问题。当然，条目化在形式上也非百科全书所独有。条约、合同、法律等也是以条款形式写就的，特别是有些工具书，如词典、手册等，也是以条目形式编成的。但条目化是百科全书编纂中的一个重要实践问题。所谓条目化，就是百科全书中收列和设置的都是真正有检索性的条目，而不是一些徒具条目形式而无检索意义的非独立的文题。

从理论上说，条目化的困难与条目概念的不确定性有关。百科全书条目，或者说独立的知识主题，在理论上有相当的不确定性。不确定性的根本原因就在那个“独立”上。从哲学的意义上说，绝对存在于相对之中，绝对的“独立”是不存在的，“独立”只是相对的概念。不过，在这里要讨论的并不是这个问题的理论层面，而是编纂实践问题。百科全书的条目化还与百科全书编纂的其他几个问题有关。

条目化与编排方式　百科全书依编纂意图对所收条目有三种编排方

法：分类编排、字母顺序编排和大类分卷编排。大类分卷编排是分类与字母顺序相结合的编排方式。我国出版的《中国医学百科全书》（分卷本93册，综合本8卷）、《中国企业管理百科全书》（3卷）和《中国邮电百科全书》（3卷）采取的是全分类的编排方式；《中国大百科全书》第二版、《中国水利百科全书》（4卷）、《中国大百科全书》简明版（12卷）和《不列颠百科全书》国际中文版（20卷）采取全字顺编排方式；《中国大百科全书》第一版（74卷）、《中国农业百科全书》（31卷）和《中国电力百科全书》（8卷）采取的是混合编排（即大类分卷）方式。采取哪种编排方式，属于总体设计的问题，是编纂者根据书的作用和读者性质考虑决定的。但是，不同的编排方法对条目化程度的要求是不相同的，因为不同的编排方法决定了不同的检索方式。就条目化程度来说，分类编排要求较低，大类分卷编排要求稍高，而字顺编排要求最高。试比较一下三种编排方法与检索方式的关系。

在分类编排的方式下，设想读者是以分类检索为主，即按知识体系的层次，从上向下寻检。因为条目是按知识体系层次编排的，上层知识主题直接“管束”下层主题。这种编排方法假定读者有知识体系的基本知识，他从上层主题开始按知识体系便可查到所需要的某一层次的主题。因此，下层次条目的“地位”就受到上层次条目的支配。例如，《中国企业管理百科全书》在“企业管理基础工作”条目下设有“原始记录”条目，后者如果离开上层次主题的“管束”便会失去“地位”，也就是说，不符合条目化的要求。

在大类分卷编排方式下，设想读者没有关于完全的知识体系的知识，但尚能分辨所查主题的学科或知识门类依属。他在大类的卷内按字母顺序检索需要的主题（条目）。这种编排法显然对条目化的要求比全分类编排法要高，因为一卷内的条目除卷名外就没有别的“管束”了。它们必须在大类之内有相当的“独立性”。但是，这种编排法仍然留下不小的非条目化余地。例如，《中国大百科全书·环境科学》卷中有“大气污染对健康的影响”和“石棉污染与癌”的条目。按条目化要求，“大气污染”和“石棉污染”可认为是环境科学中的独立主题，而“健康”和“癌”是医学卷中的独立主题。至于“对……的影响”则属于条头标引不当的问题。

在字顺编排情况下，设想读者完全没有关于知识体系的知识，他像查词典那样按字母顺序查检条目。因此，所有条目都要不受“管束”地独立存在，可以想见条目化对于这种检索方式之重要了，换句话说，对知识主题的“独立性”要求更高了。

条目化与知识分解　对于人类全部知识，无论是学习、查检，还是利用，都需要加以分解才行。常言道，饭必须一口一口地吃，取用知识的道理也是一样。而对于编百科全书，知识分解更是一个有决定意义的问题。它既是个理论问题，又是一个实践性很强的问题。对于知识有两种分解方法，即系统分解和主题分解。

教科书采取的就是系统分解法。系统分解是按照人们认识事物惯常的方式来分解知识。人们认识（或分析）事物，一般是先看一个方面，再看一个方面，先看一个层次，再看一个层次，最后达到全面的、完全的认识。这种认识事物的方式可以顾及，也可以分割独立的知识主题，还可能把几个主题合并起来，也可能把一个主题分割开来。如果认识事物X、Y，便可能有下列的分解形式：

Xa，Xb，Xc；Ya，Yb，Yc

如果X是“奴隶社会”，Y是“封建社会”，a是“生产力”，b是“生产关系”，c是“上层建筑”，则上面的式子便分别成为：“奴隶社会的生产力”“奴隶社会的生产关系”和“奴隶社会的上层建筑”；“封建社会的生产力”“封建社会的生产关系”和“封建社会的上层建筑”。当然，系统分解也常常可能与主题重合，还可能有更复杂的情况，上面只是最简单的例子。系统分解法便于人们循序渐进地认识事物，但对于快速查检的应急需要则不甚便利。

百科全书编纂对知识采取的是主题分解法。主题分解就是不管层次高低、内涵大小、包容关系如何，把凡是能够独立存在的主题都一律独立起来。如果把上述系统分解引用的例子改为主题分解，便得到如下的结果：

X，Y；a，b，c

即“奴隶社会”“封建社会”；“生产力”“生产关系”“上层建筑”。那么，人们可能会问“奴隶社会的生产关系”怎么办？答曰：不设为条目，因为它不是独立主题。这个内容只能在，也应该在“奴隶社会”条目中讲到。而a、b、c则是超越X、Y的共性的独立主题，当然应该独立设条。

如果借用化学的语言来譬喻，判断某些独立主题是否成立，可以看它们是“化合物”还是“混合物”。例如，机械工程方面的“热处理”“冷加工”，在字面上分别由“热”和“处理”、“冷”和“加工”组成，但这些概念一经结合就变成有另外含义的新概念，可以认为是“化合物”。如果照字面形式组合成“热馒头”和“冷天气”，那便是“混合物”了。因此，前者可以设为条目，而后者不能设为条目。

条目化与条头标引　百科全书与词典的一大区别就在于：词典选收的对象是语言中的词，而百科全书选收的是知识主题。多数的独立知识主题都可用相应的主题词来标引，但复杂的知识主题可能要用多个词来标引。例如，“中国哲学史”这个条头就是由“中国”“哲学”和“历史”三个词组成的。

百科全书条目的标题称为条头（heading of article），是基本检索标志，连同释文按一定次序编排起来就是百科全书的基本检索系统。因此，条头标引与条目化有直接关系。有些独立的知识主题由于标引不当而失去检索性，成为读者无法想到和无法查到的“死条”。例如，体育方面的“推铅球”和“掷铁饼”。人们不大会想到条目标引中的“推”和“掷”（汉语拼音分别排在T和Z部）去查这两个条目。照此标引法，那么就会有“打乒乓球”和“踢足球”的条目了。

另外，条目是独立的知识主题，条头标引应该是词的紧密组合，一般应能省去定语与中心词间的“的”字，如“污水（的）处理”“航天器（的）轨道控制”。

非条目化的原因　前面谈到百科全书条目这一概念的不确定性。在理论上，这种不确定性给百科全书设计带来某种程度的非条目化的因素。不过，这里主要讨论的是框架设计和选条实践中的原因，或者说是人为的原因。在框架设计过程中常见的非条目化的原因有：

1. 把不该合的合起来了：设计的意图可能是为了整齐，为了好写和好编，而忽略了读者好查这个主要目的。例如，前面提到的船用“锚”和“缆”这两个主题都不大，单独设条似觉太散，于是便把它们合起来，标引为“系留设备”。但“锚”和“缆”都是独立的主题，人们想要了解锚的起源、发展、种类和现代技术便无从查知，而那个陌生的“系留设备”则鲜为人知。

2. 把不该分的分开了：在框架设计中把一个完整的独立主题拆成一个个侧面、一个个层次、一个个角度，分别设成“条目”。例如，把“道路”主题拆成“道路的分类”“道路的结构”等。如果用主题分解法分解出来的只能是它的下层次独立主题，如“高速公路”“林荫道”等，而不是“道路的这个”和“道路的那个”，等等。

3. 选条的“平均主义”：把一个上层次主题设成条目后，它的下层次独立的平行（平辈）主题设条应依其“知名度”（检索率）而定，不一定一一设条。例如，把纺织原料中的“动物毛”设为条目，那么它的下层次主题便有驼毛、羊毛、牛毛、马毛、兔毛、猫毛、狗毛……如果用平均主义的原则选条而不考虑“知名度”，则会设置无穷个“毛”条。但是人们可能查的只是像“羊毛”“驼毛”“兔毛”之类的条目，而不会查“马毛”“狗毛”之类的条目。至于不愿冷落其他“毛”而另设“其他动物毛”条目，那就更不符合条目化的要求了，谁会想从“其他”来查检条目呢。

4. 分支肢解：百科全书框架设计首先是把知识（学科或门类）分解为分支。分支的构成具有“树形结构”，属于多维系统，即从不同的角度形成多维的分支，然后以网络将各分支联结起来，在网络分析中发现和处理分支间和主题间的交叉关系。在网络交叉中特别要发现那些被分支分割了的共性主题。例如，土木工程中的“梁”“板”“柱”“基础”和“结构”就属于各分支间的共性主题，如果把它们肢解为房屋建筑分支的“房屋的梁”“房屋的柱”和桥梁建筑分支的“桥梁的梁”“桥梁的柱”等，则上述共性主题便会从条目表中消失了。在选条实践中，人们还常常在一共性主题之前或之后加一范围限定词来构成半独立主题或准独立主题，如“施工管理中的定额”或“定额（施工管理）”，这仍属于分支肢解共性主题的性质，亦不可取。

条目化反映百科全书框架设计和选条的合理性，是百科全书检索性质量的表现。从百科全书编纂学的角度来说，条目化是一个值得深入研究的理论问题，而在编纂实践中则是一项难度颇大的设计技术。

第十二章
百科全书编纂体例和体例工作

“不以规矩，不能成方圆。”制做一件简单的器物，不能没有规矩，这是古人早已知道的道理。不难想象，编一部卷帙浩繁、复杂而完备的现代百科全书，除了需要一代学人贡献他们的丰富学识之外，还需要一套繁复的“规矩”和把学者提供的知识同这一套规矩紧密结合起来的努力。

体例的性质和作用　百科全书是由成千上万个相对独立的条目组成的。这些条目合起来构成人类知识的整体，分开来又可以单独查阅，条目之间互相联系，彼此照应，因而编纂体例和编纂过程中的体例工作就非常重要。从事著述的人都知道，即使写一部最松散的“札记”“随笔”性质的著作，也要有起码的统一性，编一部汇编性的丛书，也要有一定的整体性。编一部百科全书，体例要求之严，可能甚于其他任何出版物。所谓体例，就是关于体裁的规范。百科全书的编纂体例是指导全书选条、撰写、审稿和编辑加工，以至成书编辑的一整套规范要求。不习惯撰写百科条目的作者，往往会抱怨这些体例要求和规定是“作茧自缚”，是一种“八股”，而更乐意无拘束地、放手地写作。但是，如果放任去写，便会写出互不协调、不便查检，甚至无法汇成全书整体的五花八门的文章，而不是整齐规范的百科条目。因此，在组稿撰写之前，在试写和审稿之际，百科全书的编者向参加编撰工作的专家、学者充分说明百科体例的意义，实在是一件艰苦而又很有必要的事情。那么，百科体例究竟为什么这样重要呢？

权威性的要求　百科全书是一种高水平的知识工具书。它往往代表

一个国家的科学和文化发展水平，常常成为人们学习、写作和争论问题的参考依据。它提供的是人们信得过的知识，而不是片面的、偏颇的见解；是经过反复核对的事实，而不是信手拈来的资料。如果没有相应的体例约束，百科全书就可能编成一部庞杂的大文集。

检索性的要求　百科全书是工具书，首先是供人寻检查阅的书。检索性如何，当然是一部工具书编纂水平的指标。如果一部工具书不便于读者查检，它又与其他书籍（如教科书）何异？检索性的要求主要是靠严谨的体例来保证的。条目内容即便充实而且精确，但是人们查不到它，或者查到了而不可卒读，这样的百科全书仍是蹩脚之作。

完备性的要求　百科全书的完备性在于它能提供人们方便查检的知识和资料，又兼具辅助自学的教育作用。完备性还包括它有各种方便的检索渠道（条目编排次序、分类目录、索引、参见系统、图表和参考书目等）。而这些检索手段都与条目内容直接有关。兼顾两种作用，就要求百科条目有一定的系统写法，要求全书有一定的编法。

规范性的要求　百科全书以条目为基本寻检查阅的单元，也就是以独立的主题向读者提供知识和资料。这些条目合起来形成完整的知识体系，分开来又便于单独查阅。这样严密组织起来的成千上万个条目，自然不应五花八门，千格百调，而应有工具书查阅者所习惯的统一的规范和章法。人们评价一部百科全书，不仅要看它的内容是否充实、精确，还要看它的表现（表达）形式，而且后者往往是最先被人注意到的。一部内容丰富而编纂拙劣的百科全书不能被视为上品。

整体性的要求　百科全书不是大杂志，更不是“大杂烩”。它的每个条目都是与一系列其他条目紧密关联的有机部分。它的任何条目也不能像杂志文章那样独立存在，甚至可以抽掉和替换。百科条目确实是“一个萝卜一个坑”，是整部“机器”的一个个“零件”，组装起来应严丝合缝，而不能各说各话，矛盾重复。没有严格的体例约束，把众多作者分头撰写的条目合成完美的整体是办不到的。

百科条目撰写特点 对于惯写学术论文、专著、教材和报刊文章的专家、学者来说，为百科全书撰写条目有容易的方面，也有困难的方面。

四难点 百科全书是对人类已有知识的记述，并不是个人的创造发明，不是言人之所未言，而是向普通读者介绍基本知识，不需要写出什么高深玄妙的学问，也不需要发挥什么惊人的独创见解。不妨说，百科全书介绍的是对于专家来说最一般、最基本的知识。从这个角度来说，专家撰写百科条目并不困难。但是，对于作为专家的百科条目撰稿人，在另一些方面则不免有特殊的困难。有哪些困难呢?

1. 受到种种限制：为百科全书撰写条目要受到较多的限制，很不自由。首先，作者要受到框架（条目表）的限制。每个条目在框架设计中都有自己的位置，有比较严格的疆界，或者说，都有自己的“四至”，写起来不能任意挥洒，不能枝伸蔓延，否则就会与上下左右条目纠缠重复。上面一层条目如果写得过界，下面一层条目便无话可说。百科条目必须在框架的背景上写，而不能看题作文章，一泻千里。百科条目是互相衔接、互相关联和互相照应的。各个条目只能衔接（合理的重叠），而不能大量重复，也不能留下空隙。其次，百科条目的撰写要受到全书体例的约束。百科全书为了便于寻检查阅，条目有一定的规范化要求。什么是必须写的，什么是不该写的，甚至先写什么和后写什么，都有一套程式要求。不同专业的学者都要改变一下自己的写作习惯，按照百科全书的章法来写条目。最后，还要受到严格的篇幅限制。每个条目在框架设计中已规定了字数，不管撰稿人有怎样渊博丰富的学问，有多少说不完的话，都只能加以提炼，装进一个条目的有限篇幅里去。

2. 要克制个人的倾向性：百科全书在向读者介绍一个主题的知识时，必须公正客观地提供这个主题的基本内容、基本事实，以及在这个问题上的不同观点和不同学说，因此撰稿人不得不抑制个人的偏爱，而不能感情用事，对自己熟悉的、得意的东西放开写；对自己不熟悉的、不喜欢的东西避开写。让有个人学术观点的学者来当知识的客观转述者，并不是一件容易的事。

3. 要在资料上不厌其烦：为百科全书撰写条目要在资料搜集和核对上有最大的耐心。百科全书是人们最信得过的书，它提供的事实和数字必须是经过反复核对的，有根有据的。它对事物的陈述不是片面偏颇之见，而是博采众家成熟之说。因此，搜集荟萃和核对勘定的工作，往往比写作本身不知要多花多少倍的力气。

4. 要考虑不同读者的需要：百科全书是知识工具书，它的大多数读者是为了释疑解惑，带着问题匆匆忙忙来寻求答案或是查询某一方面基本资料的，不是来从容地欣赏文章的。百科全书的对象非常广泛，而且主要是非专业读者。因此，百科条目的撰写既要满足检索性的要求，又要保证知识的纵深，使各类读者都有所获。

八要点　英国百科全书家科利森说得好："为百科全书撰写条目本身就是一种艺术，在有限的篇幅里要挤进那么多的内容，而且重要的东西一点也不能遗漏，多余的东西一点也不能保留。"他所说的"重要的东西"和"多余的东西"，其实就是百科条目撰写体例的要求。百科全书的一个条目从撰写到定稿，由专家学者和编辑反复修改锤炼，就是为了把"重要的东西"，即百科条目不可缺少的内容补齐并核对准确；把百科条目所不应该有的内容删除去掉。这里不妨把百科条目所需要的东西概括为八项要点。

1. 定性叙述：百科条目的完整的定性叙述应包括定义、定义的展开说明和提示全条内容、说明本条目主题范围的一段文字。这有点像新闻导语。百科全书的一个条目是一个独立的概念，或者是一个完整的知识主题。绝大部分条目都应该有一个科学的、合乎逻辑的定义。百科全书是知识的书，同词典相比有较大的篇幅用来解释事物概念，所以在规范的定义之外有条件把定义加以展开说明，对事物概念的重要非本质属性也加以补充和解释。定性叙述是一个条目的知识性内容的主要部分，又是关于一个主题的知识纵深的起点，所以是百科条目不可缺少的部分，而且一定要放在条目释文的开端，可以说是“开宗明义”。例如，《中国大百科全书》天文学卷中的“射电天文学”条目的定性叙述就很简练，也很明了：

> 通过观测天体的无线电波来研究天文现象的一门学科。由于地球大气的阻拦，从天体来的无线电波只有波长约1毫米到30米左右的才能到达地面。迄今，绝大部分的射电天文研究都是在这个波段内进行的。

第一句话是定义，后两句是定义的展开说明。当然，有些见词明义的条目，也无须勉强凑个定义，但说明其意义和作用的定性叙述则是应该有的。

2. 词源解释：既然百科条目的条头（标题）是用语言中的词标引的，那么关于条头标引词的来源自然也属于这个主题的一种知识。例如，“宇宙”条目的词源只有一句话：“《淮南子·原道训》注：‘四方上下曰宇，古往今来曰宙，以喻天地。’”再如“雅各宾党”“形而上学”“美利奴羊毛”等条目，读者对条头标引词的来源肯定是想知道的。

3. 渊源沿革：事物、概念都有一个发生发展的过程，或者说是“来龙”。事物的起源和演化是与事物的性质和现状有关系的，是百科全书介绍知识的一个方面。大的条目用专节单设标题（如“简史”“起源”“演变”）介绍，小的条目则可一语带过。

4. 基本事实：条目所述主题涉及的重要人、事、物，以及基本状况、发展水平和各种有关的重要数据。这是百科条目的实质性内容所在，是条目释文的主要部分。

5. 参阅资料：上述基本事实以外的补充知识和资料，包括关于所述知识主题的不同见解、不同观点、学术争论情况、权威性评论和展望、预测等。这一类资料不一定是一切读者都需要的，但对于广泛搜集资料和深入钻研该项问题的读者则是很必要的。这是条目知识纵深得较深的部分。

6. 插图和图题、图注：对于综合性大百科全书来说，插图虽然重要，但只能是释文的附属成分（对于少年儿童百科全书则另当别论）。插图的选用有三个条件：① 能节省文字；② 有助于理解释文；③ 图本身具有知识性或文献性，如古文物，见图可以认识实物。当然，也不是每个条目都需要插图。

7. 层次标题：这里指的是一个条目内的下层次知识主题，而不是一般文章的论述层次。条目释文内的层次标题像是街名和门牌，是方便查阅者迅速找到"地址"的手段。一个数千乃至几万字的条目，洋洋洒洒，密密麻麻，一望无际，是不会给查阅者带来方便的。百科条目最忌让读者自己去分析段落大意。

8. 参考书目：这是向读者提供的进一步学习所述主题和开阔知识视野可资参考的图书线索，而不是作者据以撰写条目的参考文献。百科全书条目所附的参考书目是百科全书开向浩瀚书籍海洋的窗口。选择参考书目首先要考虑精、新的原则。

体例工作内容　百科全书编纂中的体例工作包括制定体例文件和贯彻体例两个方面。

体例文件　百科全书的体例文件是百科全书编辑、撰稿人、审稿人必须共同遵守的规章。体例文件一般分为编辑部内部文件和提供给编辑部以外参加全书撰写、审稿和编委会人员用的文件。前者规定详尽，细至百科编辑必须遵守的各项细节；后者则宜尽量简要，只规定撰稿人和审稿人所必须知悉的事项。凡属编辑部处理的细琐问题，一般不向撰稿人要求。因为细琐固然周到，但文件太繁会使撰稿人厌烦，反而引不起撰稿人重视，起不到指导作用。

体例文件的编制，是百科全书总体设计的一个重要部分。体例文件基本内容包括：①框架设计和选条的原则和程序。② 条目撰写要求。主要说明什么是百科条目所不可少的，什么是百科条目所不应该有的。③ 各类条目的典型编写提纲。例如，学科（分支）概述性条目、基本理论和学说条目、重要事件条目、重要事实条目、重要现象条目、团体和机构条目、著作和书刊条目、人物条目、地名条目等。④ 百科条目稿件的书写格式。例如，条头怎样写，外文怎样附，释文内标题怎样设，数字和符号怎样用，参考书目怎样列，等等。随同约稿信寄给撰稿人的百科体例文件可以采取“编写条例”的形式，也可以采取“撰稿人须知”的形式，首要之点是扼要和简明。百科体例文件应和条目表有关部分一并寄送撰稿人，使他知道上下层和左邻右舍条目。

编辑部内部的体例文件是全体编辑人员（包括专职编辑和特约编辑）的工作文件，各项规定应详尽而具体。其内容除对撰稿人的体例规定外，还应包括：框架设计原则和程序，条目分类和分等，地名条目和人物条目的选条原则（标准），条头标引规则，参见系统设置，名词（人名、地名、书刊名、官职名、组织机构名、国家名、民族名和学术名词等）统一，参考书目审定，插图和地图以及图文关系审定，资料（事实、引文、数据等）核对与统一，计量单位、符号、代号使用，外文写法，等等。

贯彻体例 体例文件只是书面约定的基本章法，并不能保证百科条目的撰写符合要求。实践证明，在百科全书编撰过程中，为了帮助撰稿人和审稿人了解百科全书的性质，把握百科体裁，增强百科意识，编辑部需要做大量的贯彻体例的工作。百科全书编撰中的体例工作，随编撰工作的进程大致分为体例宣传（宣讲）、体例指导、体例控制和体例把关四个环节。四个环节环环相接，逐步细化，但又各有具体的目的和重点内容，适应不同的工作阶段。

①体例宣传。在调研准备和组织编撰队伍阶段，编辑部进行广泛的体例宣传，主要是使即将参加这一工作的人员清楚了解百科全书的意义

性质及其编纂方案和编辑方针。这样做，一方面可以激发学术界参加编撰工作的专家的热情；另一方面可以为下一步施加百科体例影响和进行体例指导准备条件。体例宣传的基本内容包括：百科全书的历史发展，现代百科全书的意义、性质和种类，百科全书的编纂方法，以及所编纂的百科全书的方案和规划。

②体例指导。在框架设计和选条、组稿撰写这两个阶段，编辑部进行细致具体的体例指导是至关重要的事情。因为这两个阶段是关系全书设计水平和成书定稿质量基础的关键时期。在前一阶段中，应着重说明百科条目的性质、框架设计与选条的原则和方法，特别应说清百科全书框架与科学分类法和教科书的篇章结构的差异，百科条目与各种文章题目的区别；在后一阶段中，则应说明百科条目的撰写特点（百科条目的知识性、资料性和检索性要求，百科条目的层次结构要求，百科体裁和百科语言特点等）。百科全书编辑部开始组稿，一般应先组织少量典型条目的试写，从而在试写中进行示范性剖析，借以达到统一认识、明确撰写要求的目的。

③体例控制。组织学科专家（往往是组成编委会和编写组）审稿的阶段是编辑部实行体例控制的重要时机。审定学科内容的同时贯彻百科体例，是形成百科条目稿件编辑加工基础的重要措施。实行体例控制的主要方法是百科全书编辑直接参加专家审稿工作，向学科专家说明百科条目稿件具备编辑加工基础的条件，也就是编辑部接收稿件的标准，同时介绍审定百科条目稿件的方法。而编辑部在审稿过程中则从百科体例的角度判断稿件的成熟程度。否则，编辑部就会在后面的编辑加工过程中不断反复和返工，拖延时日，降低成书定稿质量，并增加与作者之间的矛盾。

④体例把关。如上所述，在审稿过程中，学科专家（主编）在百科全书编辑参与的情况下，除着重审定科学内容，同时也进行体例把关，但这里主要指的是编辑部明确加工和改稿的基本要求，即编辑加工

的范围。编辑部的体例把关对于统一全书的规范和成书定稿质量有直接影响，但这个最后把关是在前三个环节已有基础的条件下方能做到。忽略前三步工作，最后把关就会遇到困难甚或无法完成。

百科全书中大事记的编写 大事记或大事年表，虽然不是一切百科全书必备的项目，但是编附大事记确实能够大大增强百科全书的功用。百科全书最本质的特点是它的知识性、资料性和检索性。百科全书除了它的主体——条目具备这三性外，它编附的大事记也正是体现这三性的一种附属成分。大事记本身就是最基本、最精确的知识和资料，就形式来说，它还是一种时序的检索手段，再加上它与正文条目之间的参见系统，便能形成一门或多门学科的知识系统。此外，百科全书中的大事记若能在全部条目撰写之前就定稿，还会成为全书资料工作的基础和核对统一的标准，对条目的撰写和编辑具有指导性作用。

大事记的规范设计 一个学科或一个知识领域的大事记，提供的是学科或知识门类的发展脉络，是按时间串起来的、反映该学科或知识门类质的演变的重要事实。它并不是“目”（条目才是目），而是“纲”。因此，各学科或知识门类的大事记无论在选材标准上还是在规模篇幅上，都要求有一个整体的通盘设计。各学科或知识门类的大事记究竟以多大的规模为好？规模太大，首先会增加条目正文以外的篇幅；其次，还会选材失严，重要的和次要的事实并列，以致反映质的演变的事实不突出，成为史料的罗列堆积，失去清晰脉络之效。如前述，大事记是纲而不是目，不能指望单靠大事记提供详尽无遗的知识信息，而应该利用大事记与条目之间的参见渠道，达到知识和资料的系统性和完整性。就一般学科或知识领域来说（大约相当于 150 万～ 180 万字的标准卷），大事记的篇幅以版面 4 ～ 6 页为宜。在这样的篇幅中，大约可容纳 200 ～ 300 条事实。大事记主要以包容时间、事实主题和有限的提要为限，更多的资料还是通过参见系统由正文条目释文来提供。因此，大事记每条事实以 20 ～ 50 字为佳，要求是醒目清楚和一目了然，而不烦琐累赘和过多重复条目内容。这样计算，一个学科或知识门类的大事记的篇幅，以版面计大约在 1.5 万～ 2 万字。

选材标准　大事记的选题对于综合性百科全书和专业性百科全书应该有所不同。前者选题要求稍严，而后者因读者对象不同，对于学科史料的选择可比前者放宽一些。

大事记选材的时间上限，应起自学科或知识领域开辟（建立）之前的渊源追溯（当然应以经过考证的事实为限，而不是牵强附会地扯入虚无缥缈的传说）。时间的下限，应到成书时为止，以体现全书内容之新。

在大事记选材中，古代与现代史料的比例则因学科或知识门类而异。如古老的学科天文学的大事记始自公元前 14 世纪，古代、中世纪直至近现代史实的密度和分布比较均匀；像电子学与计算机、航空航天这样近现代的学科，即使追溯渊源和人类认识的起源，也只能到公元前几百年，而古代、中古的史实资料密度则很稀疏，远不及近现代。

编纂世界内容的百科全书，在处理本国与外国内容上有一个特殊的问题，这就是体现全书编辑方针中的充分反映（或者说突出）本国内容的原则，对于大事记的编写也是如此。在选题中，如对同一性质的事实（创造、发现等）除最早出现者外，在其他国家再发生亦不作为大事，而在本国首次出现虽时间迟些，仍可作为大事一记。这就是说，对本国史实选材的标准，比对其他国家为宽。

作为大事记，稳定性是绝对的。在正文条目中对于有争论的问题尚可客观介绍，但在大事记中提到的事实则必须是得到公认的，或有确凿历史依据的。

大事记主要是以事系人，而不是以人系事。但是对于本学科非常重要的人物，仍不妨以其诞生和成功业绩作为大事记的主题。究竟什么是大事？大到什么程度才算大事？这在编写大事记时常是令人困惑的问题。绝对的标准是没有的，但原则上可以认为，具有开创性的、里程碑意义的、划时代的和促进学科发展的关键性事实都是大事，具体如起始的渊源、奠基之举、对学科建立有重大影响的发现、发明和建树、划时代的创造、学科重要分支和理论学说的创立、重要学派和思潮观点的形成、经典性著作的发表、重要假定的提出和证明等，都可以算作学科的大事。

应该避免的情况　下列几种情况在编写大事记时应该避免。

1. 材料主次不分，不忍割舍，以致形成史料罗列，庞杂臃肿，欠缺眉目，把本应突出的具有划时代意义的事实淹没在大量的一般史料之中，使读者无从获得主线脉络。

2. 时代、史实考证和核对欠缺功夫，或仅依据一种资料来源，或仅是一家之说；与条目释文不协调、不相洽，时间上有出入，事实上有矛盾，或评价上不一致。最忌的是在大事记中列为大事，而在条目中竟没有反映。

3. 有严重争议的，或有倾向性判断的事实，应在权威学者中间组织反复讨论。时间上的出入无法断定的，不妨放宽时限，以一定的时间范围表示；事实上确无把握的，则宁缺毋滥。

4. 重大的遗漏，如在正文条目中特别是学科史条目中大书特书，给人以深刻印象，而在大事记中却只字不提。

大事记作为一种治学工具，一向为学人所重视，而百科全书中的大事记要求有更高的系统性和经典性，它还是一种面向广大求知读者的比较普及的读物。

第十三章
百科全书稿件审读

审稿，是百科全书编辑工作全过程中的一个关键环节，关系到后面编辑加工的顺利与否和成书的质量。主编和专家们审稿主要是把两关：科学内容和体例，同时兼顾文字表达。审科学内容，就是看条目释文对不对题，是否跨疆越界；知识覆盖是否全面，有无重大遗漏；核心内容是否充分，边缘内容是否适当；概念是否清楚，表达上有无歧义；资料（包括事实和数据）是否精确，有无根据；所有名词、符号是否统一，有无矛盾。审百科全书条目稿件，科学内容把关往往同体例把关是不可分的。即使文章写得漂亮，内容也正确无误，但如果写的不是百科条目，用的不是百科体裁和百科语言，而是一篇学术论文或科普文章，或是教科书的一章一节，仍然编不进百科全书。经验表明，为百科全书撰写的稿件不符合要求，多半是因为体例问题，或者说，因为写得不对路子。体例不符，体裁不对，往往比科学内容的问题还难处理。

百科条目审稿特点　一般说的编辑审稿，不外乎三件事。一是判断稿件可用与否，即加工基础如何；二是对具备加工基础（可用）的稿件进行必要的校订（小的修改和删节，包括资料核对）；三是对不符合要求的稿件指明问题所在，退作者修改、重写或另行组稿。但是，审百科全书条目稿件则另有一些特殊的问题，这是由百科全书的性质所决定的。

判断之难　看一个条目的稿件行不行，可用不可用，必须吃得准。怎么叫行？怎么叫可用？这常常是主编和编辑颇费踌躇的事情。所谓可用，就是稿件具备了加工和修改的基础，而且这种加工和修改

是主编或编辑对付得了的。如果判断可用，校订和修饰加工无疑也是件艰苦事，虽然修改量不应该很大，但资料勘定和文字加工也并不轻松。如果判断不可用，退改时则要能说得出问题所在，提得出切中要害且能服人的修改意见。一不能敷衍，为提意见而提意见。二不能没有准谱，一时这样说，一时那样说。例如，有一位编辑看稿，见到篇幅大一点的就说“再精练些”；见到篇幅小的就说“再充实些”。第一次审稿他按此“原则”说要精练。作者大加删节后，第二次再审时竟忘了原来提的意见，见篇幅小便要求再充实些。这只能叫作者啼笑皆非，不知如何是好。三不能提意见太笼统、太原则，如“简练点”“充实点”“主题集中点”“文字通顺点”“材料丰富点”之类。这种“点点”意见，叫人捉摸不定，难以动手修改。

全面照顾　审百科条目稿件要照顾到许多方面。首先要看百科体例，如果体裁不对，不是百科条目，稿子便没有修改基础，因而就谈不上审别的了；其次要看科学内容，包括观点（有无个人倾向性）、概念（定义）、资料（事实、数据、引文、外文等）和名词统一；第三要看政治观点和政策性问题；第四要看文字表达（语法、修辞、逻辑）；第五要看插图有无、多少和图的内容的准确性与表现形式、图文关系；第六要看参考书目，等等。审一篇稿子各个方面都要看到，而不能只看一面就作出判断。

要有准备　审百科条目稿件不能就一篇稿子论一篇稿子，或凭一眼印象即兴提点意见了事，而是要有事先准备，心中有底。要做哪些准备呢？要有什么底呢？首先要熟悉全书的编辑方针，从中了解编这部书的指导思想和宗旨，这部书的种类和读者对象，等等。其次要熟悉体例，了解这部书的编纂体例要求。最最重要的是熟悉框架条目表，看看所审的条目在框架中所占的位置及其上下左右相邻的条目，特别是注意其中的基本概念和内容范围。

要用普通读者的眼光　审百科全书条目稿件要站在读者的立场，要用读者的眼光，从读者的水平出发，而不能用本行专家的眼光。专家之间的共同语言，不一定是普通读者所能理解的语言。专家对专家可以不必把话说透，就可能彼此沟通。因此，用普通读者的眼光看稿，对于作为专家的主编来说未必是容易习惯的事情。

从粗读到细读　审百科全书条目稿件起码应该先读三遍，然后再提修改意见或动手修改。粗读，看稿子对不对路（体裁），对不对题，内容覆盖如何，基本观点站得住否，从而得出初步印象：可用不可用。细读，看科学内容、逻辑、概念、层次结构、文字表达，判断修改的难度如何。再读，才能考虑怎样下手修改。

从分到合　所谓分，就是先就一篇稿子看可用不可用；所谓合，就是把上下层互相关联的一串条目、交叉复杂的一组条目和同类型的一类条目，即所谓的条目组群摆在一起串审，以达到去除重复和消除矛盾、避免内容疏漏和释文规范化的目的，最后再就一个分支或全学科的稿件解决交叉重复的问题，以达到全分支或学科的平衡和协调一致。审百科全书条目稿件最忌一篇篇孤立地看，审这一条不顾那一条，结果是一个条目看来挺好，但摆在一起便互相打架，互相撞车。

怎样看编辑加工基础　就一卷书的全稿，至少是就一个分支的全稿来说，具备编辑加工基础的条件是：① 全部条目之间的交叉关系已基本处理妥当，过多的重复已经删除，字数大体上符合条目表的规定，可小有余裕；② 稿件的体裁基本上符合体例要求，较长的条目都设置了便于检索查阅的释文内层次标题；③ 稿件的科学内容和事实资料已经核对无误，所用数据和材料是比较新的；④ 文字基本上精练通顺，大体上是规范化的现代书面汉语；⑤ 插图的选用适当、适量，图题、图注正确清楚并与释文一致；⑥ 参考书目选用适宜。

百科全书稿件的编辑判断　判断，可能是编辑这个行当最要紧的本事，也是编辑业务中最实质性的工作。就编辑工作的基本过程而言，从选题、组稿、审稿到定稿，以至校读清样，没有哪一步能离开判断。审读稿件则是编辑判断思维高度集中的过程。编辑对稿件的鉴别、选择、校勘、加工整理或提出审读和修改意见，无一不基于编辑判断。

对于不同性质的稿件审稿的难度有很大的差别。百科全书稿件的审读，可能是难度较大、需要更多判断功夫的工作。百科全书稿件审读为什么要求更繁复的判断思维呢？首先，因为百科全书是权威性的知识工具书，它要求内容更为精确，处处有根有据，容不得半点含糊。其次，它是以条目的形式编写的，条目与一般文章和书稿的章节不同，它是一个独立的完整的知识主题，有自身的系统性。再次，现代百科全书的各种条目是由众多的专家作者分别撰写的，条目之间在内容上的交叉、在形式上的规范性，要经过相当严密的控制和匹配。最后，百科全书是概要记述知识、供广泛非专业读者查阅的工具书，既要有扎实的知识，又要有基本的资料，不容许空泛的议论和多余的“水分”。它要求庄重、晓畅、平易和简练的文体。

百科全书稿件审读判断是一个复杂的反复的思维过程。提出审读修改意见或进行编辑加工，都必须从编辑判断入手。根据百科全书对稿件的特殊要求和百科全书编辑实践，百科全书每个条目的稿件大致要经过 12 种编辑判断。

体裁判断　审读百科全书条目稿件首先要做体裁判断。因为体裁不对，即稿件不是百科条目，而是论文、教科书章节或其他文章，便谈不上进一步的编辑工作。体裁不对主要是因为作者对于百科全书的基本性质缺乏了解，或者说缺乏百科意识。这是因为百科全书编辑部的体例指导工作做得不透。体裁直接关系着观点表述、材料选择、结构规范和深浅程度等宏观质量。体裁不对的稿件一般很难补救，可能需要在充分的体例指导条件下重新写过或重新组稿。

政策性判断　政策性判断对于社会科学方面的条目尤为重要。各国的百科全书往往都标榜绝对的客观公正，反对政治宗教倾向性，如对“同性恋”和“安乐死”的态度等，但西方的百科全书编纂家也承认，迄今为止，世界上还没有不带某种“政治正确性偏见”的百科全书。我国的百科全书在编辑方针中明确提出以马克思主义为指导思想。具有我国特色并为我国社会主义现代化建设服务的百科全书，首先要坚持国家的基本政策和实事求是的方针。所谓政策性判断，除正确的政治观点外，还涉及许多对内对外的政策性问题。例如，关于国籍、领土疆界（特别是地图）等国际关系的问题，都属于政策敏感性问题。在百科全书编辑实践中，常常把涉及政策敏感性内容的条目称为敏感性条目，在条目表中明确标出，在审读中给予特殊的注意。人们都知道，在我国的出版物中出现政治性错误后果是严重的，而在作为国家重大出版工程——百科全书中出现政治错误，问题就更为严重。

科学内容判断　百科全书条目的科学内容包括学术观点的正确性，事实和数据资料的精确性，也包括观点和资料的新旧程度。百科全书条目的科学性是靠作者和主编保证的。百科全书编辑对科学性的判断，更多的是对释文表达的判断，即对概念（包括定义和释文中解释的各种概念）表述的清晰性和逻辑性的判断。百科全书解释概念最忌模糊含混和歧义异解，这种情况在百科全书稿件中恰恰是常见的。百科全书中许多内容相关的条目可能提到同一事实，编辑的判断能力还表现在能发现其间的矛盾叙述和资料的不一致。

倾向性判断　这里的倾向性主要指作者个人的学术观点、个人议论和褒贬臧否，以及局部性的经验和感情色彩。百科全书条目的作者作为专家，难免有个人（学派）的学术观点。这种倾向性表现在个人的论著中无可非议，但写进百科全书条目中则不相宜。百科全书是对人类已有知识的概要记述，条目作者自是知识的整理者和转述者，对于重要的不同观点应当客观介绍，而不能以个人的好恶为取舍标准，但对于持有个人学术观点的专家这往往是很不容易做到的。

平衡判断　百科全书中各学科、各个知识门类以及各种知识主题内容的均衡，是由框架（条目总表）设计决定的。框架设计和条目表的拟定，固然要经过周密的研究和反复讨论，但仍不可能一次设计周全。框架的适当调整和修订，在编撰过程中实难完全避免。但是，一个知识主题（条目）究竟需要多大篇幅，最终还决定于这个主题知识内容的多少，而不以这个主题在某种意义上的重要性为依据。例如，“以 × 为纲”在一个时期政策上可能是重要的，但其知识内容则未必那么多。另外，百科全书条目的撰稿人都是某一专业的专家，对于本专业或心爱的事业自有深厚的感情，自有说不尽的话，因而篇幅上的“膨胀”往往便成为百科全书条目撰写的自然趋势，有时甚至十分强烈。篇幅膨胀导致内容不均衡，常为各国百科全书家所诟病。平衡判断涉及的是各个条目的篇幅大小和繁简程度。控制“膨胀”和保持各种条目内容均衡，不是分散的撰稿人所能做到的事情，主要靠编辑的平衡判断，即以条目表为依据，通过比较同类型、同层次条目的知识量和繁简程度来判定。

主题判断　主题判断指的是看一个条目的知识内容覆盖情况，即看这个主题知识的全面性。一个主题内容的全，往往带来与相邻主题内容的重复。太多的重复一向是百科全书编纂水平低下，至少是粗疏的表现。任何一个主题（条目）都有自己的核心内容和边缘内容。核心内容应充分和完整，而边缘内容则应稀薄和简略。对于不同的条目，核心内容与边缘内容的关系并非千篇一律。例如，历史性条目的核心内容自然是“史”，而写到了现代便已接近了边缘；而对于现实主题的条目，历史渊源虽然也是系统知识的一部分，但并非核心内容，只能在条目释文中占有有限的篇幅。再如，科学技术条目不免涉及经济内容，这就到了条目主题的边缘。在百科全书条目撰写中，核心内容与边缘内容轻重不宜、本末倒置的情况是很常见的。

结构判断　百科全书条目与一般文章不同，它的释文应有规范的结构层次，以适应读者查阅工具书的习惯。也就是说，条目的释文也应具有一定的检索性，而不是洋洋洒洒，笔之所至，连绵不断，恣肆汪洋。例如，百科全书条目均以定义和定性叙述开章，作为一个主题知识纵深的起点，继之为条头词源知识的解释、该知识主题渊源沿革的介绍，然后是基本状况和基本事实，最后是参阅性资料，即关于该主题的权威评述、不同观点和争论情况等。重要的条目之后还附有供读者进一步钻研的参考书目。为了便于查检，较长的条目在释文内还应设置必要的层次标题。整个条目释文应有由浅入深的层次。内容组织和表述得好的条目，释文内一个标题之下有一个完整的下层主题内容，一段话有一段话的意思。为了突出重点，就要有所割舍；与其泛泛周到，不如突出主要事物。

可读性判断　也可以说是深浅程度判断。百科全书，特别是综合性百科全书，是以普通读者为对象的，而它的作者则是各方面的专家。百科全书的编辑正是普通读者与专家之间的桥梁。专家作者用何种方式，用怎样的深浅程度向非专业读者介绍知识，直接关系着稿件的可读性。百科全书的编辑应该成为这种可读性的仲裁者。百科全书力求用普通的、描述性的语言撰写条目释文。使用复杂的公式和大量的术语、行话，对于专家是方便的，但会降低条目释文的可读性，因此在百科全书稿件审读中就有一个“术语密度”的问题。在百科全书条目撰写中常有一种观点，认为知识表述浅近不足以表现百科全书的学术水平，当然也不足以显示作者学识的渊深，甚至有的条目深奥到连同行专家也看不懂，这实在是对百科全书性质的误解。百科全书的编辑应有明确的读者观念，应能估计读者的接受能力，判断稿件的深浅适宜程度。不过，百科全书除每个条目保有本身的知识纵深外，就整体来说还保有全书的知识纵深，即不同的条目也反映不同知识主题的深浅层次。但不论如何高深的知识主题，在百科全书条目中都应有一个为普通读者所能理解的浅近起点，以使读者能对这个主题获得个基本概念。一个条目如果写得令读者如读天书，如堕五里雾中，读后一无所得，那是很不成功的。

稳定性判断　百科全书作为权威的工具书，提供的知识的稳定性十分重要。百科全书内容的稳定性与资料的新是矛盾的。但时效很强的新闻性和情报性资料，一般来说不属于百科全书应收的内容。现代百科全书介绍的知识和提供的资料至少应有 10 年之内的稳定性，即在 10 年之内仍有查阅的价值。过眼云烟和明日黄花的时尚往往很有诱惑力，却会降低百科全书的严肃性和权威性。谈到百科全书内容的稳定性还有另一种误解，即百科全书只应写那些盖棺定论的人和事物，凡有争论和尚无结论的事情都属于不稳定的内容。其实，那些争论，那些尚无结论的重大问题，本身也是知识。稳定不一定表现为结论，争论和问题本身也有稳定与否的问题。例如，关于特异功能就有很大争论，在国内外都已存在数十年了，作为争论已有稳定性了。往往越是争论得厉害的问题，倒正是读者想从百科全书中得到说明的问题。

语言判断　语言判断包括对条目释文的语法、修辞、逻辑，以及“水分”和语气等的判断。百科全书的作者有各种专业的专家，但多数不是语文专家。文字的修饰加工往往是百科全书编辑花费大量劳动的工作，而文字加工又与内容的科学性紧密联系着。从理想的角度看，百科全书不仅应是知识的书，而且负有纯洁祖国语言和促进汉语规范化的责任。报刊和文件中存在的文风问题，如较多的空话、套话，对百科全书作者的影响在稿件中是颇为常见的。生硬的语气、教训的口吻、公文气、指示腔、党八股，在百科全书稿件中也屡见不鲜。对于这样的文字，除了删节，百科全书编辑还有句行话，叫作“软化处理”（如果确有知识性内容的话。）

图文关系判断　插图在百科全书中最容易出问题，外国一家非常权威的百科全书在我国领导人宋庆龄照片插图的图题中竟写上宋美龄的名字。一字之误，谬之千里，可不慎哉。图文关系判断包括对插图的必要性、数量多少、表现形式、图位、图题、图注的判断。图题图注、图中文字说明和符号与释文的相洽性，往往为作者所忽略，最容易出现纰漏。图文关系的判断和处理，要求学科编辑与图片编辑密切配合，在百科全书编辑实践中常常称为“图文并审”或“图文同步”。图幅的大小和制版的规格，也是颇费编辑精力的事情。

参考书目判断　百科全书重要条目之后所附的参考书目，是供有心的读者进一步查阅有关图书的线索。百科全书条目的作者常常把撰写条目所依据的文献开列为参考书目，其中许多并不适合百科全书的读者参考阅读。因此，百科全书编辑不得不仔细检查，有时甚至要找到原书一阅，所列书目的适宜性、新旧程度、数量多少、编排次序、著录项目是否齐全，都是编辑判断的事项，不容忽略。

百科全书稿件审读中的这 12 种编辑判断，不可能在一次阅读稿件中全部做到，往往需要反复阅读。在粗读中作出宏观判断，如体裁、政策性问题、篇幅、结构和深浅程度，而在反复细读中判断其余问题。百科全书条目稿件无论是退回作者修改，还是编辑与作者商改，或者稿件基本符合要求只需少量文字加工即可定稿，都需要有明确的、具体的，而不是含混的、笼统的审读意见。多项目的编辑判断正是提出这样的审读意见所必经的步骤。

百科全书编辑的编辑判断能力，首先来自于对百科全书基本性质和作用的深切了解，即所谓的百科意识。自不待言，百科全书编辑也像其他书刊编辑一样，更重要的是要有很高的政治理论修养、广博的科学文化知识、编辑业务知识、专业知识和语文（包括外语）修养。

第十四章
百科全书内容交叉与重复的处理

在百科全书编纂实践中，内容交叉和重复是一个颇难处理的麻烦问题。百科全书是以独立的知识主题设条，也就是把完整的知识体系分割为大大小小的可以独立的主题，设为条目；对于分类分卷编的百科全书，又是把存在紧密内在联系的知识整体分割为卷（学科或知识门类）。条目与条目之间、分支与分支之间和卷与卷之间的千丝万缕的联系，实际上是无法一刀切开的，何况现代学科和分支本身就是互相交叉和互相渗透的。因此，百科全书就不可能不存在一定限度的重复。编纂者要尽力控制重复，而又不得不忍受一定限度的重复。不加控制就是失控，容许大量的重复，还会相互矛盾，从而大大降低全书的编纂和编辑水平，影响百科全书的声誉。国外评论家说，大量的重复是百科全书的累赘，表现出编纂者的笨拙；而完全不容许重复，没有一个合理的、可以遵循的忍受限度，则是绝对理想化的想法，会使编纂工作无法进行。因此，在实践中解决内容交叉和重复的问题，实际上是在控制与忍受之间寻求一种折中方案，是在理想化与实际情况之间找到一个中间办法。交叉与重复的性质如何？形式怎样？控制和忍受有无一定原则？这就是本章要讨论的问题。本章较多地关注大类分卷编法的百科全书。不过，对于无论怎样编法的百科全书，在框架设计中都会存在同样的问题。

交叉与重复的性质　首先应该弄清交叉和重复的关系和性质。交叉，是重复的原因，但重复却不是交叉的必然结果。交叉是不可避免的，或者说，是自然的、正常的。因为人类知识或某一领域的知识，本来就是纵横交错的连续系统的总和。历史与现在是联系着的，基础与应用也是联系着的，即使看来平行的学科也是在不同程度上互相联系着的。交叉是内在联系的外部表现，即联系的形式。在百科全书编纂中，这种交叉自然地反映出来，而且往往很突出，就是因为百科全书是用独立主题（条目）来分割知识总体的。没有分割，交叉表现为内在联系；有了分割，内在联系就表现为交叉。因此，百科全书编纂者回避交叉是不可能的，但他能够组织交叉和处理交叉，避免过多的重复。应该说，太多的重复是对交叉组织和处理不善的结果。百科全书编纂者应该避免的不是交叉，而是重复。不过，在百科全书的编纂过程中，即使对交叉组织和处理得十分完善，重复仍然不能够绝对避免，因为百科全书各个卷（对于分类分卷编的百科全书来说）、各个条目具有相对的独立性，从而也就有相对的完整性，其间就包含了重复的因素。这种重复，有人称为“必要的重复”。

组织交叉和处理交叉　组织交叉和处理交叉是框架设计所应解决的问题。在百科全书编纂中，框架是一个最要紧的基础。框架设计之所以非常重要，就是因为不仅仅是单纯为了选条，而更重要的是组织好和处理好交叉关系。遗憾的是，在实践中这一点往往不容易做到。未处理好的交叉关系，在撰稿、审稿和编辑加工时反映出来，也就是说这时才发现有大量的重复。重新组织和处理交叉，势必要大动框架，其后果当然是很不愉快的，甚至是不现实的。前面谈到的控制和忍受限度的原则，就是针对这种情况说的。

卷际交叉和重复　卷际交叉是分类分卷编百科全书的一个特殊问题。分类分卷这种编法本身，就会增加全书的重复因素。这个问题既涉及原来分卷（总体设计）的合理性，也涉及各卷之内分支划分的交叉处理问题。就总体设计来说，理想的情况是各卷分支的划分经过通盘考虑和综合平衡，而不是各卷单独处理。当然，更理想的办法是全书总框架（直到每个条目）一次设计完成。在这种情况下，内容交叉可能处理得更好，重复也会减到最少。对于多学科分类分卷编的大型百科全书来说，全书的重复量可能达到10%，如果超出这一“极限”，那就越过了“必要的重复”的界限了。

重复的表现形式 百科全书内容的重复可能表现为多种形式。

分支重复 分支重复多数是卷际交叉的结果。全书分学科（知识门类）设卷，有些分支可能是几个学科（卷）都不能放弃的实质性内容的一部分。在各卷分头设计框架时，这些分支可能成为各卷都不肯相让的“必争之地”。于是，这些分支就会在各卷中同时出现，而且形成大面积重复。

条目重复 这里主要指的是各卷之间的条目重复。这种重复虽然面积不大，但有时可能是多点散布的。伴随着卷际间的条目重复，常常还会出现矛盾或观点与事实以及引用资料的不统一。条目的多点重复已是百科全书编纂的不善，而内容矛盾和不统一则是百科全书编纂之大忌，更不应容许。卷内各分支间的条目重复，则属于一卷框架设计和选条不周，最终只能合并，而不能各不相让，在一卷内共存。

名异实同的重复 这里主要指的是同一主题或概念采用了不同的标引词，即条头不重复而内容重复。在编纂实践中，有人常常为重复了的内容换个条头。其实，这是一种制造混乱的有害做法，有欺骗读者之嫌。

条目内容局部重复 这常常是两个相互交叉的条目核心内容与边缘内容处理不当的结果，于是你中有我，我中有你，只不过是你多我少或我多你少。

交叉与重复的处理原则 对于分类分卷编的百科全书来说，处理交叉重复问题有两个最基本的原则。

一个原则是：全书是一个整体，各卷只能在这个整体的基础上求相对的独立性和相对的完整性。因此，各卷（学科或知识门类）的完整性都不免要服从全书的完整性，受全书完整性的限制。

另一个原则与前一原则紧密相关，那就是各卷都要有明确的核心内容范围和比较清晰的疆界。这个问题比较复杂，因为各个学科（卷）的疆界并不在同一平面上。就以《中国农业百科全书》为例，它的各学科卷大体上有三种不同的平面：基础学科卷、单一学科卷和综合性学科卷。例如，“农业生物”“土壤”“农业化学”“农业水利”和“农业气象”等都属于基础学科卷，而“农史”“农业经济”和“农业工程”等则属于综合学科卷，其余如“水产”“蔬菜”“昆虫”等均属于单一学科卷。单一学科卷的疆界比较清楚，毋庸多说。对于基础学科卷来说，它的核心内容应是基础，而基础的应用则已伸至边缘。综合学科卷的疆界则更为复杂，如对于“农史”来说，守住“史”而不深入各学科内容，并且不跨入现代的内容，这就是它的核心领域。同理，对于“农业经济”卷则守住“经济”这个核心，对于“农业工程”卷则守住“工程”这个核心，而不深入到其他学科的内容才合理。关键问题是核心易守而边缘难舍，结果便互相跨入对方的疆界，甚至“入侵”其核心内容，从而增加重复成分。

在遵守以上基本原则的条件下，卷与卷间、分支与分支间、条目与条目间的交叉，还可以有以下一些处理原则。

核心内容与边缘内容　核心内容应该完整和充分，边缘内容应该收缩和稀薄。一卷、一分支或一个条目的边缘内容如果是邻卷、邻分支或邻条的核心内容，则应让给后者，或者点到为止，不予展开。例如，某一分支是邻卷的核心内容，而是本卷的边缘，则邻卷可按分支设层次条目，而本卷或放弃这一分支，或仅设一概述条目，而不作为分支处理。

核心内容与核心内容　有的条目可能对于某几卷来说都是核心内容（如《中国大百科全书》的“丝绸之路”条目对于“交通”“纺织”“中国历史”卷都是核心内容条目），因而在几卷中并见，但在内容上则应各有侧重。对于上例来说，“交通”卷侧重那条“路”，“纺织”卷侧重那条路上的古代纺织文物，“中国历史”卷则侧重于东西方文化交流的事实和意义。

历史与现在 历史性条目是历史卷的核心内容，对于其他学科（知识门类）卷则是边缘。学科条目、重要概念和资料性条目也多有历史内容（简史、沿革）部分，但这些并不是这类条目的核心内容，一般来说，不宜占用较多的篇幅；现实内容对于历史卷和历史性条目则是边缘，不宜深入和铺展。

上下层次和左邻右舍 上下层次和左邻右舍条目应该互相提到，以反映知识主题之间的联系，并便于参见，但不宜越界展开。特别是上层次条目最容易向下伸展，把下层次条目“吞没”，这应该靠条目编写提纲来控制。

此外，根据各卷相对完整性原则，有些条目（如人物条目、著作条目、概念条目）可能必须在有关卷中重复出现，但亦应根据上述核心与边缘关系原则和各有侧重原则，对内容和资料量作相应的控制，而不宜不顾本卷核心内容所在，全面铺陈。因此，各卷必不可少的同题条目，在释文多少和材料选取上应有所区别，而不雷同。

百科全书内容重复问题，不可能完全依靠分别撰写条目的撰稿人解决，也不可能完全依靠分支主编甚至学科编委会处理。全书内容平衡和避免大面积和多点重复，主要要靠编辑部起作用。因此，百科全书的撰稿人、分支主编和学科编委会在内容的取舍上，特别是在各学科或知识领域间内容重复的问题上，理应更多地尊重编辑部的处理意见。

作为实例，从《中国大百科全书》第一版的统计，可见大类分卷编法的条目重复情况如下：

两卷重复者：3927 条（其中人物 1014 条）

三卷重复者：492 条（其中人物 166 条）

四卷重复者：146 条（其中人物 66 条）

五卷重复者：70 条（其中人物 41 条）

六卷重复者：16 条（其中人物 13 条）

七卷重复者：14 条（全部为人物条）

八卷重复者：9 条（其中人物 8 条）

九卷重复 3 条：沈括、徐光启、章炳麟（太炎）

十卷重复 1 条：孔子（丘）

十二卷重复 1 条：亚里士多德

八卷重复的条目有：柏拉图、顾炎武、王安石、魏源、严复、李贽、梁启超、王夫之、《天工开物》。

七卷重复的条目有：黄宗羲、康有为、孟子（轲）、陶弘景、朱熹、陈亮、达•芬奇、富兰克林、郭沫若、孙中山、王国维、王守仁、荀子（况）、耶律楚材。

六卷重复的条目有：贾谊、李大钊、柳宗元、卢梭、洛克、马基雅维利、司马光、泰戈尔、董仲舒、葛洪、龚自珍、韩非、韩愈、金字塔、长城、熵。

五卷重复的条目有：布哈林、车尔尼雪夫斯基、戴震、狄德罗、恩格斯、伏尔泰、洪秀全、惠更斯、霍布斯、康德、诸葛亮、考茨基、李善兰、李斯、麦克斯韦、孟德斯鸠、爱因斯坦、阿基米德、管仲、托马斯•阿奎那、玄奘、颜元、叶适、伊本•西那（纳）、郑玄、埃拉斯穆斯、爱拉斯漠、别林斯基、牛顿、普列汉诺夫、瞿秋白、商鞅、斯宾塞、苏轼、王符、王充、张之洞、王韬、西塞罗、张衡、张骞、电子显微镜、都江堰、蒙特卡罗法、疲劳、婆罗浮屠、《齐民要术》、人工智能、嵩岳寺塔、卫星通信、信息、《荀子》《盐铁论》、颐和园、雍和宫、永乐宫、云冈石窟、蒸发、边界层、皇史宬、可行性研究、拉卜楞寺、《老子》、雷诺数、龙门石窟、《吕氏春秋》、麦积山石窟、泥石流、《共产党宣言》《管子》。

第十五章
百科全书编辑加工与资料工作

对稿件进行加工整理，是一切书稿编辑的重要工作内容。对于百科全书的编辑部来说，这个任务尤为复杂和繁重。这不仅是因为百科全书的加工量比一般书稿更大，而且需要照顾的方面也更多。百科全书往往代表一个国家的科学、文化和出版水平，所以编辑工作要求尤高。

百科条目稿件的编辑加工　谈到百科条目稿件的编辑加工，似乎应先消除一种误解。为百科全书撰写条目的有些作者会提到对自己撰写的条目文责自负，而不容编辑改动其稿件。这实在是出于对百科全书性质和编纂规律的不了解。要说文责自负，百科全书这样的权威大书的严肃性、规范性和内容的有机性之责，实非哪一位作者所能负的。试想，百科全书往往是成千上万位作者和编辑部的集体创造，而不像一本大杂志或是大文集。对于百科全书来说，每位作者所承担的是这个有机知识整体中的一个或几个条目，在全书中仅占极小的一部分，而且与其他有关条目间还存在着千丝万缕的联系（内容上的和形式上的），一位作者怎么可能保证自己承担的这个小部分与全书总体协调和统一呢?

组成一部机器的单元是零件。许多种零件组装成部件或组件，再装配成机器。组成百科全书的单元是规范的、互相匹配的、紧凑的条目，而不是随作者兴之所至挥洒写出的散文。条目不是文章。文章之责可以由作者自负，但条目与全书总体设计，即与这种完备工具书的整体性和检索性等基本性质有关，还与相关的、相邻的、相似（同类型）的其他条目有关，这个“责”，恐怕更多的要由编辑部来负。

条目撰稿人所负之责，主要在科学内容的精确无误，符合百科全书条目的体裁，知识主题覆盖全面而不越界。百科全书的条目像精确加工的零件一样，在总装配时还要作必要的修修配配，这就是百科全书编辑对百科条目稿件的编辑加工。

编辑加工的准备 进入编辑加工阶段的稿件首先应具备编辑加工的基础，这是在审稿阶段经过编辑判断确定的问题，已如前述。百科全书稿件的编辑加工，是一项艰苦的集体劳动。编辑加工班子由多种编辑人员（责任编辑、学科编辑或特约编辑、文字编辑、图片编辑和资料人员）组成。因此，在开始工作之前预先进行共同学习实属必要，借以统一认识、统一口径、统一方法、统一安排。对于不太熟悉百科全书的非专职编辑，还应补充百科全书编纂和编辑业务的知识。在准备过程中，重要的事情是熟悉百科全书的总体设计方案和编辑方针、体例文件，而更重要的一项工作是研究和分析框架（条目表）。在编辑加工的准备过程中，先选择各类有代表性的若干条目稿件进行试改和试改剖析，这对于统一编辑加工尺度和磨练编辑之笔（键），是一项很重要的措施。

条目组群分析 条目组群分析是编辑加工之前的一项重要准备工作。百科全书条目之间存在着多种（多维）交叉关系。条目稿件虽经过主编和专家（编写组）的反复审改，但仍不免存在互相重复（特别是分支间的重复）、矛盾和疏漏，而更重要的是同类型和相关条目的规范不一和缺乏衔接。按条目组群审稿和处理稿件，是百科全书编纂的一项重要原则。因此，在编辑加工之前必须再仔细研究框架（条目表），分析条目组群关系。条目组群关系大体上表现为四类。

1. 上下层次组群：即百科全书编辑常说的“母子条”。因为框架本身是按层次设计的，这种组群关系是显而易见的，不难确定。

2. 平行交叉组群：不同分支都有一些条目在内容上有紧密的关联，如《中国大百科全书·航空航天》卷在“飞行原理”分支有“返回轨道”条目，在“航天器”分支有“航天器返回技术”条目，在“控制与导航”分支有“航天器回收系统”条目，在“地面设施”分支有“再入测量”条目。这些条目就属于平行交叉组群。平行交叉组群是组群分析中的重点。在这类组群稿件中，最容易存在重复和矛盾的内容。因此，对于这一组群的条目必须集中审阅处理，审此及彼，而不能就一个条目单独进行编辑处理。

3. 同类型条目组群：这一组群中最典型的是人物条目。一般人物条目属于资料性内容条目，在材料取舍、叙述程序上都应有一致的规范。例如，人物条目的一般叙述程序是：条头、人物身份（包括国籍和从事的专业，这相当于定性叙述）、籍贯、生卒年月日、出生地、学历、职历、重要事迹和贡献、著作、活动、奖励等。其他同类型条目如太阳系的九大行星条目，在定义、提供资料的范围和次序方面，均应作规范性处理。同类型条目可能出自同一分支，也可能出自不同的分支，须在组群分析中确定。

4. 上层综述性条目：一般多是大条目，这是一个特殊的组群，在定性叙述、释文内标题设置和繁简程度上也应作相应的规范处理。

前文谈到，敏感性条目虽不成为一类条目组群，但在编辑加工之前亦应予以特殊的分析和注意。

体例细节约定　百科全书编纂虽有基本的体例文件，但在各学科和知识门类稿件的编辑加工过程中常常会遇到大量具体体例规范问题，而这些细节性的规范又多是不能预见的。例如，各学科都有一些繁复的术语，可以规定在一个条目中先用全称夹注简称，后面便径用简称。再如，约定型号代号中引号仅加在本身有含义的借用词上，如“宇宙”号火箭、“闪电”号卫星。有一些约定属于经常混用的名词的统一，如“噪音”与“噪声”、“启动”与“起动”等。这些约定有助于全书细节处理的统一，应由责任编辑随时收集，随时商定，随时备案，并以备忘录形式通知全体编辑，否则便会造成最后全书为某一细节返工，或者忍受这类不规范现象存在，从而反映出全书编辑工作欠缺功夫。

编辑加工的内容　概括地说，百科全书稿件的编辑加工在于：修漏补缺，核对勘定，修饰完善，统一规范，提高全稿质量，以达到百科全书应有的出版水平。因此，百科条目稿件的编辑加工不外乎删、改、核、统、编五个方面。

删什么　百科条目稿件中一切不应有、不需要的东西，即本书第十、十三、十四、十五章提到的，经编辑判断认定的那些非百科性质、非百科体裁、非百科语言，以及跨疆越界和离题、重复的文字，都应在编辑加工中删除或删减。

改什么　在编辑加工中对稿件的某些内容改或不改，常是很费踌躇的事情。在修改稿件方面常常存在两种倾向：一是见文必改，一定要改到尽合己意而后快；二是文责由作者自负，一切以不改不动省事是从。这是编辑加工中的两种极端的倾向。百科全书编辑部对出版的百科全书的质量负有重大的责任，改与不改首先是从提高成书质量出发。对于下列的各种情况，在编辑加工中修改是不可避免的：① 政治观点上的错误；② 科学内容上的错误和矛盾；③ 不准确、不规范的定性叙述（特别是定义）；④ 不合逻辑和含混不明的表述；⑤ 偏专偏深的叙述；⑥ 层次结构的不当（包括释文内标题的设置和分段）；⑦ 语法修辞的毛病（语病）、错别字、标点符号和数字、代号用法不对；⑧ 过于生硬的语气，如命令式、指示口气，应加以“软化处理”；⑨ 图文不符，图题、图注和图中文字、符号不对；⑩ 参考书目著录项目次序颠倒；等等。

核什么　重要的事实、数据、引文、外文、参考书目等，后文关于资料工作一节将详细谈到。

统什么　全书各种名词、事实和数字的统一，也是编辑加工中的一项重要资料工作。

编什么　除前文提到的条目释文内层次标题的设置外，还有索引选题与平衡、参见系统的设置（参阅本书第 17 章）。

编辑加工方法　百科条目稿件的编辑处理涉及许多方面，是一个复杂的、反复的思维过程。对于很熟练的编辑来说，一次照顾周全是不容易的事情，可能分项多次处理更为适宜。下面是较为合理的处理程序。

查对框架（条目表） 弄清上下层次和左右相邻条目的关系。这对于改定定义（明确属与种差）和去除条目释文内的重复内容十分重要。

检查条目标题系统 弄清原作稿件的结构布局，先不急于动手修改。

顺通原文 删繁并去除重复和“水分”后润饰文字。修改费解的释文，消除歧义，提高全文的可读性，同时统一名词和数字、符号等写法。

调整层次结构 必要时重新设置标题，重新分合段落。

检查插图 改定图题、图注、图中文字和符号。

标示参见 参阅本书第十七章。

索引选题 根据内容含量选定索引主题（所谓概念索引），并标示稿面位置（参阅本书第十七章）。

最后，检查和改定参考书目。检查条头和释文中的外文和符号，标注字体。检查撰稿人署名。

编辑加工中的资料工作 百科全书编辑加工过程中的资料工作主要目的有二：一是保证全书资料的精确性；二是保证全书的统一性。另外，为百科全书的修订再版积累资料（建立百科数据库）和在百科全书资料基础上编其他工具书（如人名录、地名词典之类），也是一个目的。现代百科全书的资料工作多已由手工处理转向计算机处理，建立百科数据库已成为资料工作的主要手段。

资料工作的性质 百科全书的资料工作，简单说不外乎核对和统一两个方面。核对，包括事实、事件、引文、数据、参考书目等项的核对勘定；统一，包括人名、地名、民族名、组织机构名、会议名、书刊名、学术名词，以及单位、符号等。对于一个有基础的百科全书编辑部来说，资料工作主要在于建立、更新和补充百科（基准）数据库，即建立核对和统一的标准。在此基础上比对基准数据发现稿件中的不准确和不统一的问题，并加以编辑改定。基准数据库是在百科全书编纂和修订再版的长期过程中建立起来的。大多数首次编百科全书的编辑部并不具备这样的条件。在这种情况下，资料工作是分三步进行的。第一步是在编撰工作中把稿件中需要核对和统一的项目制成卡片，归类比较，发现矛盾；第二步是与权威的资料来源（如权威工具书或其他可靠根据）核对和建立本书的统一标准；第三步是根据核定和统一的卡片（标准）检查全稿中的相应内容并加以改定。

实际工作程序　百科全书编辑中的资料工作是在编辑加工和成书过程中完成的，但这项工作早在这些阶段之前就已开始。在组稿撰写和审稿阶段，编辑部应向撰稿人和审稿人提出各项资料工作的要求。对于各种资料项目的基本要求是：

1. 人名：前面加国籍、身份，后面附注原文全名和生卒年代。例如，“法国数学家 R. 笛卡儿（Rene Descartes，1596 ～ 1650）”。

2. 地名：生僻地名注明所在国家或地区，后附原文。例如，“阿尔及利亚的贝贾亚（Bejaia）”。

3. 组织机构名：包括国际组织、各国政府机构、学术和群众团体、科研机构、高等院校，要求前加所属国家，后附原文全名和简称。例如，“美国斯普林菲尔德学院（Springfield College）”。

4. 书刊名：要求前加国家，后附原文。例如，“英国的《泰晤士报》（*The Times*）”。

5. 学术名词：不统一者附异名，如“工业革命（产业革命）”，或在行文中说明“又称……”。国外新出现的名词应附原文。

6. 符号、单位：应注明正体或斜体、大写或小写，有的还要注明文种（如希腊文或拉丁文）。

7. 事实：重要事实要求注明资料根据（来源）。

8. 引文：要求注明原始出处（包括出版单位、版次、卷、篇、章、页）。

9. 参考书目：要求著录项目齐全。作者、书名、出版单位和出版年代是关键项目，不可缺少。

百科数据库 数据库是百科全书编纂和编辑中资料工作的一种现代化利器。它与数据库管理系统（DBMS）和数据库管理员（DBA）组成数据库系统。数据库是长期储存于计算机内的有组织的、方便检索的数据集合。数据库最早出现于20世纪60年代。早期的数据库多是专门业务用途的，如人事管理、统计、工程部门使用的层次模型数据库、网状模型数据库。采用关系模型的数据库出现于70年代，从此数据库的应用范围大大扩大。

百科数据库是应用于百科全书编纂、编辑和修订工作的数据库。百科全书本身就是一座百科数据库。百科全书与百科数据库的区别并不在于载体的不同，否则编百科全书就无须建立百科数据库了。简单说来，百科全书确实包含着百科数据库因素，而百科数据库则不仅包含百科全书中的资料性部分，如人、地、事实、概念等，而且还积累各种百科全书，甚至相关工具书的信息。什么叫数据？就计算机技术而言，数据指事实、概念、事物的表示形式，包括字符、符号、字母、表格和图形等。数据经过解释并赋予一定的意义便成为信息，即百科全书提供的知识与资料信息。数据库除检索、存取功能外还具有数据修改、增删和整理等功能。

建立百科数据库是长期的、复杂的工程，需要充分的资料积累。多部翔实、精确的百科全书的主题（内容）分析索引，可能成为建立百科数据库的基础。如果书中的资料（数据）是经过反复核对勘定的而且名词术语是标准的，便可构成百科数据库的基准数据部分，成为百科全书编辑和修订时核对、统一的依据。在其外围还可建立参考数据部分（如取自各种其他工具书的数据，供编辑人员随时检索参考）和扩充数据部分（包括百科全书编纂和编辑工作过程中需要的各种数据，如关于百科全书设计、百科全书作者和编委会，以及全书进度计划等数据）。

第十六章
百科全书成书定稿和发稿后的编辑工作

百科全书编纂进入成书阶段几乎就到了最后关头。这个阶段一结束，书稿便已上路，虽然不能说是“驷马难追”，但大局（甚至中局）已定，能够更动的东西已经很有限了，因而称之为全书（卷）定稿。这是百科全书编纂全过程中最关键、最复杂，也是编辑工作最艰巨的阶段。成书定稿工作完成，似乎大功告成，但是事情并未最后完结。发稿之后还有许多琐碎却不可掉以轻心的工作，还要扯住百科全书的编辑不放，编辑也不能就此放下心来。其中主要是版式设计过程和排版校对过程牵扯到编辑的工作。

成书编辑工作　百科全书编辑工作的复杂性，在成书阶段表现得最为明显。这个阶段很像一个机器制造工厂组装车间的工作，各种各样的零部件经过逐件检验，到此时汇集一起，装配成整机。配合不好的需要修修补补；装好后还要进行整机调整和试运转。

成书阶段工作特点　百科全书成书可以说是一种收拢工作。在此阶段，编辑部（成书编辑班子）要把众多作者分头撰写、经专家们对科学内容审定和编辑部内部编辑加工（责任编辑的一审工作在那一阶段完成）的条目稿件集拢到一起，扫清大量遗留问题，转变为达到出版水平的发排稿，同时配以各种检索系统和附属成分（出版界称之为“辅文”）。成书编辑工作有五个重要特点：① 编辑部的实质性工作（与组织工作和体例指导等相对而言）成为主要方面，即各项工作全靠编辑部自己来完成；② 从分到合，“合”的因素和整体性的要求居统治地位；③ 工作项目纷繁，头绪大大增加，工作组织的严密性和协调性要求更高了；④ 在稿件上逐字逐句推敲，要求有高度的编辑业务水平和良好的编辑职业习惯，任何粗心和疏忽都已不再容许；⑤ 工作的连续性和紧迫性更强了，必须一气呵成，无间歇的余地，因而带有一定的突击性。

成书定稿工作的顺利进行有赖于前面各个阶段工作基本完善，不缺课，不少功。前期工作影响成书的几个关键问题是：框架设计不完善，成为“框架浮动”；体例指导不力（没有讲清楚或要求不严）；在审稿过程中对稿件的成熟程度判断失误。如果前几个阶段工作欠缺功夫，就会遗留大量问题，后期的编辑加工和成书定稿就不得不反复补课。

成书编辑工作内容　百科全书成书定稿阶段主要有五个方面的编辑工作。

1. 编辑加工的继续：百科全书全稿（包括文稿和图稿）经过编辑加工之后，一般还分送参加编审的专家（如主编和编委会主要成员）和其他有关人士征求意见。重要的条目还要送给更广泛的人士审阅，提出意见。在征求意见中可能会发现新的问题、重要的疏漏和编辑加工中的错误。编辑部根据这些意见进一步改善稿件质量。

2. 分项检查：条目条头（包括标引词、汉语拼音和所附外文）、定义、释文内标题层次、参见系统、图文关系、索引主题等，均须分项单独检查和审定。在这些项目中，条头审定是关键一环。因为条头稳定关系到条目分类目录、参见、索引等许多方面的工作。条头的变动必然会引致其他许多改动。

3. 编制全书的各种附属成分：如前言、凡例、各种名单、条目分类目录、各项索引等。

4. 全稿通读终审：百科全书的编辑工作与其他书稿一样，在编辑部（出版社）内部实行三级审稿制度。一审由责任编辑在编辑加工过程中完成；二审由编辑室主任完成；终审则由总编辑、副总编辑对全稿政治观点、科学内容直至文字加工水平最后检查和把关。终审中的任何修改，都要由责任编辑在其他相关方面（如相关条目和索引）作相应的修改。

5. 编排：字顺编排的百科全书须将全部条目稿件按条头标引词的字母顺序编排起来，将正文（全部条目）前、后的附属成分（如正文前的前言、凡例、目录、名单和正文后的附录、索引等）编在相应的部分。然后，全稿统编页码。

成书定稿工作的计划与组织 成书定稿工作的紧迫性和复杂性，要求工作有科学的计划和严密的组织。拖延发稿计划往往是因为这个阶段的工作组织和计划不周所致。为此，需要制订一个严密的成书进度表，即把成书定稿工作分解成具体项目，根据其衔接和交叉关系列成可以检查进度的计划表。为了完成这样的进度计划，成书编辑班子内部的组织和分工十分重要。成书定稿工作虽然是分工进行的，但主线流程应采取"串联"原则，即稿件应逐一流过学科编辑、责任编辑、二审、三审等几个"统"的口子，以实现"统稿"的作用。

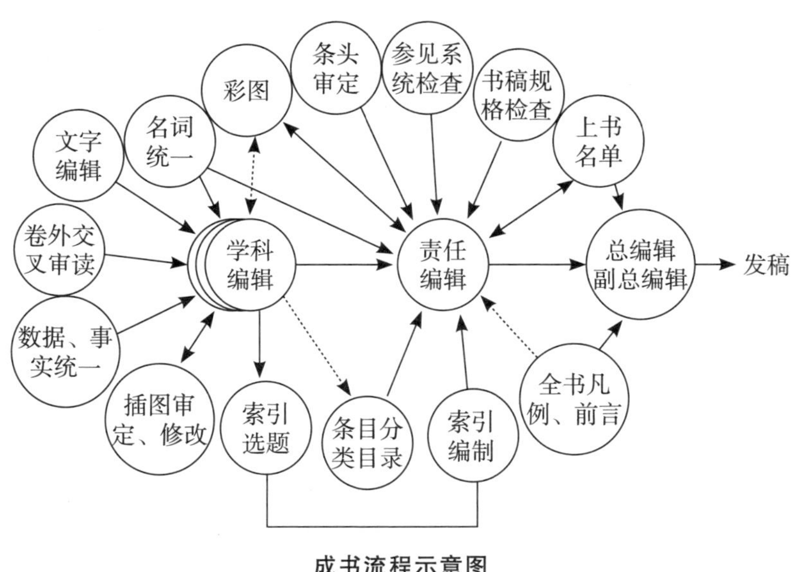

成书流程示意图

《中国大百科全书》某卷成书编辑进度表（示例）

序号	负责人和进度 工作项目	负责人	时　间				
			×月	×月	×月	×月	×月
1	分支稿件整理齐套						
2	成书工作准备会						
3	条目表（条头）审定						
4	稿件管理						
5	条目稿件编辑整理加工						
6	大事记编辑定稿						
7	资料（事实、引文）核对						
8	条头外文审定						
9	插图绘制加工审定						
10	彩图插页设计审定						
11	名词单位符号统一检查						
12	卷外交叉审阅						
13	概观文章编辑定稿						
14	清稿						
15	条头汉拼检查						
16	二审、三审						
17	条目分类目录定稿						
18	条目索引编制						
19	释文内标题标注及书稿格式检查						
20	参见系统检查						
21	参考书目检查						
22	图文关系检查						
23	全部条目字顺编排						
24	上书名单审定						
25	总目录、凡例和前言						
26	发稿报告						

近年来，编辑工作已开始广泛使用计算机。用计算机处理稿件虽然不影响百科全书稿件编辑加工和成书编辑的组织和流程，但在稿件档案保存和管理方面会带来一些新的问题，例如如何保留作者的原始稿件（可能是手稿、计算机打印稿或U盘）和编辑加工及各级审稿修改情况，还有稿件修改的责任和手续如何记录等。不过，这些问题不仅限于百科全书稿件的编辑处理，对于一切书刊编辑工作均无例外。

成书编辑班子 根据实际情况，成书编辑班子可能有三种类型：全部由出版社内人员组成；社内和社外人员参半；除责任编辑和二、三审人员外全由社外聘请。三种类型编辑班子当然以第一种最为理想。在后两种情况下，对于客座编辑可能要组织必要的学习。编辑班子成员的理想条件是：① 有较强的百科意识；② 有必要的编辑业务知识和技能；③ 有相当的文字修养（包括外文）；④ 有较为广博的专业知识；⑤ 有良好的编辑职业习惯，如耐心和细心。

发稿和发稿后的编辑工作 百科全书发稿的要求与其他书刊发稿的要求没有什么原则的区别，只不过复杂些罢了。但是，发稿后编辑并不能脱身，往往要跟到出版排校的最后阶段，还有许多扯不断的事情要做。

齐、清、定 编辑部向出版部门发稿的基本要求是齐、清、定。所谓“齐”，就是全部条目稿件齐全并已准确排序，正文一条不缺，图稿随附文稿；正文前后的各种附件（辅文）齐全，全稿已统编页码。所谓“清”，就是稿面清楚。稿件加工修改处勾画清楚；条目稿件内层次标题和段落排列整齐；字体字号、外文、公式、符号等标注明白（这些要求在使用计算机的情况下更容易做到）。所谓“定”，就是全稿已经过三审定稿，编辑加工和审稿过程中发现和提示的问题已全部解决，发稿后不必在校样上作较多的更动（微小的改动是不可避免的）。

版式设计 百科全书的版式设计解决全书印制形式问题，是编辑工作的继续和延伸，通常是在发稿之后由版式设计人员（我国通常称为技术编辑）完成的，是对全书（卷）文字、图片和表格等进行的编排组合和技术处理，目的是使全书体例和内容结构正确和充分地表达出来，并且具有清新悦目、易查易读的特点。百科全书的编排项目繁多，形式多样，版式设计尤为复杂，离开全面处理过书稿的编辑人员（主要是责任编辑和图片编辑），版式设计人员是无法独立完成的。现在，设计人员是在计算机上进行版式设计，但常常不能离开编辑人员的密切配合。百科全书编辑在版式设计过程中的责任，是协助版式设计人员解决下列一些问题：① 帮助确定版面各部分标题（层次、占行和不占行）、公式、符号、外文的准确排列；② 决定插图的图幅大小和图位，以及图中文字、符号的安排，特别是在图文配合中有时需要适当增删正文字数，这是必须由责任编辑亲自动手解决的；③ 决定表格（特别是多项大表）形式的设计处理；④ 决定插页的处理方式（单插、集中插、折页插）、伴文和位置。

排校过程　编辑看样是书刊出版过程中的正常工序。百科全书是高档次权威性大书，内容有机性和整体性强，编排项目多样复杂，牵一发而动全身，而且编辑出版质量要求极高，编辑人员在排校过程中自然有更多的牵扯和更大的责任。对于完成了全书编辑工作的编辑人员来说，排校过程也可以说是最后一关了。书稿编辑处理中的一切疏忽、缺陷、遗憾，在这个过程中还有某种程度补救的可能。因此，对于编辑人员，特别是责任编辑来说，进入排校过程绝非轻松的余兴，而应当有备而来。他应对编辑全过程中的一切犹豫和遗留的问题备有详细的记录，以便在这最后关头作出决断和补救。不过，齐、清、定后排校过程中的编辑处理条件终究有限，已经没有很大的回旋余地。到此时节，要求无尽无休的完美和绝对的理想化是不明智的。因此，排校过程中的编辑工作有一条最要紧的原则，那就是改动越少越好。非十分必要的改动，有时反而会弄巧成拙。

在排校过程中改与不改有三种情况。① 必改：明显错误，即编辑常说的“硬伤”，特别是政治性的，也有科学性的和体例上的；编辑中的疏忽，如错别字、错用标点符号的漏改。② 不改：可此可彼，见仁见智，可改可不改，改后不见明显改善的。③ 酌改：改比不改明显改善，且改动不大、牵涉较少的。

关于补充内容。编辑加工后送主编、编委会成员和其他有关部门、人士审阅，回来后必然带来不少的补充（个别条目稿件送原作者审阅更是如此）。这是作者、主编们追求完美的自然倾向。对于这些补充取与不取也有两种情况。① 不取：偏专过细、细枝末节、增加内容重复，以及非百科体裁的内容。② 酌取：重要的新发展、新资料，重大的缺漏或疏忽。

对于体例的不统一，小处牵涉无多的顺手改过；牵涉面大的（一处改动引致多处改动的）则只好忍受将就了。

在百科全书书稿排校过程中有一些问题看来琐细，容易忽略，但却是值得编辑特别注意的地方。例如，外文的大小写和转行，符号的正斜体，以及参考书目中的原文著录项目，最容易出现问题。标点符号的正确使用，也是在排校过程中应适当加以注意的。

第十七章
百科全书的检索系统

检索系统是百科全书为方便读者寻检查阅所设置的各种门径和渠道。检索功能，也就是查检的方便程度，是百科全书编纂水平的一项重要指标。百科全书这座庞大而丰富的知识库，必须有各种方便的入口，供人易于登堂入室，便捷地获取所需要的知识和资料。这种方便主要是靠完备的检索系统来提供的。百科全书的检索系统分为基本检索系统和辅助检索系统。前者可以说是百科全书的“正门”；后者则是为各种不同读者开辟的多种“侧门”，即旁侧的检索渠道。

基本检索系统　基本检索系统是读者不借助任何其他手段直接查检百科全书条目的途径。它表现为百科全书内容（条目）的编排次序。这是百科全书的正门。百科全书的基本检索系统，或者说，百科全书的编排方法主要有两种，这就是分类（体系）编排法和字顺编排法。还有一种是把二者结合起来的混合编排法，即先分大类，在大类之内条目按字母顺序编排。由于大类往往被编为卷（一卷或数卷），这种编排法又称为大类分卷字顺编排法。

分类编排　古代和中世纪的百科全书采取分类编排法。条目按照某种知识系统分类编排，基本上是承继教科书的编法。古代人类知识有限，分类编排无碍于人们查检。到了近代，随着科学和文化的发展，人类知识迅猛增加。现代社会已进入信息时代，学科越分越细，新学科和新领域层出不穷，交叉横断，渗透融合，呈现出极为复杂的情况。一个普通读者查检一个问题，已很难判断其门类体系。仿效词典的字顺编排方式，遂成为百科全书发展的自然趋势。现代除少数以教育作用为宗旨的通俗性和少年儿童百科全书外，采取分类编排法的百科全书在国外已不多见。

字顺编排 西方的百科全书从18世纪开始，从分类编排转向字顺编排。所谓字顺编排，就是条目按条头的字母顺序编排。这是词典编排方法对百科全书编纂的重大影响。因此，西方百科全书的字顺编排也依词典字顺编排法有两种形式：以词为单位（word-by-word）的字顺编排法和以字母为单位（letter-by-letter）的字顺编排法，但以前一种编排法更为普遍。

在我国，古代的类书绝大多数是分类编排的，少数是按韵律编排的，如《韵府群玉》《永乐大典》和《佩文韵府》等。声韵从字，按声韵编排实际上也属于字顺编排的性质。对于汉字来说，字顺不仅是指音序（拼音字母顺序），而且也包括字的形序（部首、笔画、笔顺以至四角号码）。我国古代辞书《说文解字》就是按部首编排的。我国词典的检字系统正处于一个过渡时期。部首笔画系统虽仍为许多词典所采用，但因受汉字简化的影响而渐感不便。用汉语拼音字母为汉字注音现已十分普遍，作为检索手段也已逐渐成为目前的主要方向，已为国内许多词典所采用。现代百科全书编纂在我国是一个新的事业，关于百科全书条目的编排方法，是一个值得讨论的问题。《中国大百科全书》和《中国农业百科全书》都采用大类分卷字顺编排法，而《中国大百科全书》第二版、《中国水利百科全书》则采用全字顺编排法。我国新出版的《不列颠百科全书》国际中文版则是按英文字顺编排的。人们对新的事物有一个适应过程。汉语拼音字顺编排方法虽然由于老年读者不尽熟悉汉语拼音，加上百科全书编纂技术上的缺陷（主要是条目化不够），尚不为人们普遍习惯，但从长远发展来看毕竟是一种可取的方案。弥补其不足的办法，是在辅助检索系统上多做文章。我国现代百科全书的基本检索系统除汉语拼音字母顺序编排这个主流之外，分类编排仍有很大的吸引力，但是这种脱胎于教科书的编排方式直接与百科全书的性质和作用有关。

辅助检索系统 百科全书的辅助检索系统用以补充基本检索系统，为使用习惯不同的读者提供多种便捷的检索渠道。辅助检索系统有助于扩大百科全书的用途，提高其功能。但是过多的辅助检索系统会使全书变得复杂，增加全书的篇幅，编得不好则画蛇添足，成为全书的累赘。百科全书的辅助检索系统形式很多，主要的有目录系统、参见系统、索引系统。参考书目实际上也是一种辅助检索系统，而各种学科大事记也可以说是一种时序的辅助检索系统。

目录系统 百科全书的目录系统基本上是框架设计的外部表现，也就是选条所依据的知识分类体系。国外百科全书大多数没有目录系统，有的出版社甚至把框架视为“业务秘密”。以编有目录系统的百科全书来看，目录系统主要有三种形式：篇章型目录系统、分类索引型目录系统和指南型目录系统。

篇章型目录系统 有 200 多年历史的《不列颠百科全书》到了 20 世纪 70 年代一反传统的编法，第 15 版改为所谓的“三合一”形式，即全书由“详编”（Macropaedia）、“简编”（Micropaedia）和“百科类目”（Propaedia）三个部分组成。那一卷“百科类目”就是篇章型目录系统的典型例子。不列颠百科全书公司与和法国合作编的《法国综合性百科全书》（*Encyclopaedia Universalis France*），与日本合作编的《不列颠国际百科全书》（ブリタニカ国际大百科事典）也都采取了这种类型的目录系统。美国《兰登百科全书》（*Random House Encyclopedia*）的分类目录基本上也属于这种形式，不同的只是正文内容也是按同样分类体系编排的。《不列颠百科全书》的“百科类目”实际上就是该书的选条框架。它把人类知识按发生学（即依客体发生的先后次序）的原则分为 10 大门类：物质和能、地球、地球上的生命、人类生命、人类社会、艺术、技术、宗教、历史和纯科学（指逻辑学、数学、哲学等）。每一门类之下细分深至 7 个层次的“篇”“章”“节”，每个“篇目”“章目”和“节目”都有相应（所选）的主要条目和参阅条目，并注以卷次页码。这种系统的目的有二：① 向读者展示知识的一种分类体系；② 供读者分类检索条目之用。

分类索引型目录系统　这种系统与篇章型目录系统的主要区别是它以条目标题（条头）本身构成分类体系和知识主题的层次，而不外加“篇目”“章目”和“节目”。《中国大百科全书》第一版的各学科卷的“条目分类目录”就属于这种系统。它在形式上比前者更简单，更直观，更容易为读者所掌握，而其功用则与前者相同。这种目录系统是框架的直接反映，但在编纂实践中，它又与框架有所不同。框架主要供选条用，设计时考虑到编撰中的许多因素（如编撰和审稿组织的方便和条目化的特点）。而“条目分类目录”则是在框架的基础上加以改造，更多地考虑检索系统的合理性。

指南型目录系统　指南型目录系统与前两者有相近的性质，但更多地考虑到百科全书作为自学读物的作用，因此多用在普及型和中学生百科全书中。指南型目录系统又分为“学习指南”和“浏览指南”。前者针对的是学生自学辅导的需要；后者则以普及知识为目的。美国的《科利尔百科全书》和日本的《讲谈社大百科事典》都编有学习指南型的目录系统。这种学习指南把百科全书的内容（条目）按学校课程设置和学生年级的差别分类组织起来，构成学生自学辅导参考的检索系统。美国《康普顿百科全书》编有两种浏览型的目录系统：一种叫“浏览目录”（here and there），从书中选出人们感兴趣的主题，列为目录并附以有关条头和页码；另一种叫“问答目录”（exploring Compton’s），即以提问题的形式编出查询答案的目录，借以增加读者浏览的兴趣。日本《讲谈社大百科事典》也编有浏览性质的目录，称为“百科漫步栏”。

除上述三种主要的目录系统形式外，有的百科全书还在各卷之前编附一种简单的“本卷重要条目目录”，借以提示读者注意。

释文内标题系统　释文内标题系统虽与全书或全卷的目录系统性质

有所不同，但也是一种辅助检索系统。百科全书中的最大条目（大主题、大学科）可能长达几万乃至几十万字，为使读者查检局部知识方便，在释文内设置有必要的层次标题。国内外百科全书条目释文内标题一般多至四层。中等的条目（1000 ～ 2000 字）一般也设有一层标题。特大的条目在释文之前还列有标题目录，使读者对全条内容一目了然，方便查检。为了醒目，条目释文内的标题一般采用不同的字号、字体排印和不同的标题处理（如占行标题和段首标题）。除这种层次标题系统之外，在书边辅以主题题引，是新版《不列颠百科全书》详编采取的一种独特的辅助检索系统，其作用颇值得注意。以“百科全书”这个约合中文 6 万字的大条目为例，除释文内的四层标题外，书边题引达 45 个之多，如“希腊和罗马的观点”“传记材料的处理”“社交词典的格局”“世界最大的百科全书”“三学四术的作用”等，读者查检格外方便。

百科全书的目录系统是百科全书的一种附属成分，一般编在正文（全部条目）的前面，但也有的百科全书附在正文之后。这在全书的“凡例”或“使用方法”中应有说明。

参见系统 参见系统（cross-reference system）是百科全书的一种重要辅助检索系统。一部百科全书的编纂水平如何，从其参见系统的运用可略窥端倪。参见系统在百科全书中不像目录和索引那样引人注目，它是一种“隐藏”在全书内部的检索系统。其实，参见系统不仅给读者许多方便，而且在某种程度上还反映着全书的框架结构。百科全书的参见系统原来是从图书目录学中移植过来的。这种方法在目录学中称为“相互参照”或“关系参照”，用以指引读者从图书目录的一种标目中看到另一标目，扩大读者觅书的视野，提高图书的利用率。有人寻根探源，认为 15 世纪意大利人班迪尼在他编著的百科全书性质的《宇宙大事源》中最早采用了参见方法。但在百科全书史上，人们公认最初创建完善参见系统的是英国百科全书编纂家 E. 钱伯斯。

参见系统的功用　百科全书作为工具书的一个特点，就是把完整的体系“打碎”，分解为几万个、十几万个大小不同的“碎块”——条目，再以便于寻检查阅的次序（如字顺）编排起来。“打碎”和分解不免割裂完整的知识体系，而参见系统则反过来在某种程度上把相关的“碎块”知识联系起来。从这个角度来说，参见系统能增强百科全书的教育作用。

查阅百科全书的读者多半是为了省时便捷，急于用最快的速度找到所需要的知识和资料。如果一个条目在向他提供这种知识和资料的同时，还告诉他几条与此有关的参阅条目，而不要他花费更多的精力通过索引或其他途径寻觅，这对于读者当然是一种方便。从这个角度来说，参见系统又能提高百科全书的检索性。百科全书的教育作用与检索性往往是矛盾的，而参见系统正是折中这种矛盾、结合这两方面作用的一种辅助手段。参见系统更大的作用是有助于减少条目之间在内容上的重复。如果说基本检索系统和目录、索引系统是百科全书的对外门户，那么参见系统则是百科全书条目之间穿墙越壁的途径，百科全书的参见系统包括参见条目和释文内参见两个方面。

参见条目　参见条目是参见系统的一种形式。它是没有释文的条目，也称“空条头”。参见条目用来指引读者查检因框架设计的合理性而未设专条的重要知识内容。

在两种情况下应考虑设置参见条目：

1. 同一概念或名词有重要的异名，或同一知识主题存在另一种表示方法。由于名词和叫法不统一，人们可能从异称或另一种标示查检。

2. 一个条目释文内的某一重要概念或重要的知识内容，由于框架设计的考虑而未设为条目者，根据检索率的判断可另行标引，设置参见条目。

在《中国大百科全书》中，这种参见条目的形式如：“引得　见索引”；“复活节起义　见爱尔兰历史”。前者属于第一种情况；后者属于第二种情况。国外有的百科全书还有一种带有简短解释的参见条目，如“阿伊马克 阿富汗民族，见 查阿尔—阿伊马克”。

参见条目可以从检索性方面弥补框架结构的缺陷，在框架设计和选条过程中就已决定，但在编撰过程中还可能因需要而适当增减。参见条目的数量不宜过多，一般以不超过条目总数的 10% 为宜。参见条目过多，说明原来的框架设计不合理，选条有重要遗漏。过多地依靠参见条目作为补救手段，不如重新调整框架，增设必要条目。

释文内参见 释文内参见的作用是把与所查条目主题有密切关系的其他条目指引给读者。这种参见关系可能是从局部见整体或从整体见局部，也可能是相邻学科的交叉内容。释文内参见有三种形式。

1. 条末参见：或称集中参见，被参见的条目内容与本条整个主题有关。这时在条目全部释文之后或另用栏框集中列出需要参见的条目的标题。

2. 段末参见：本条释文的某一段或一节与其他条目内容有关。这时在一段或一节之后用括号列出被参见的条目的标题。

3. 随文参见：对本条释文中某些概念和名词在其他条目中有解释或补充，或可参考对比，则在本条释文的相应处标示参见。这是多数百科全书最常用的参见方式。

本条释文需要参见他条，但在释文中又未出现被参见条目的条头（标题）时，可以在编辑加工中适当处理释文，使之出现，或在释文适当位置另加括号列出被参见条目的标题。

参见的标示方法 各家百科全书的参见标示方法互不相同。较多的是用文字表示，如在英文百科全书中“see”表示本条无此内容，由另条解释；“see also”表示本条解释内容不完全，由另条补充；“q.v.”（拉丁文“参照” quod vide 的缩写）表示名词、术语另有专条。19 世纪，德国百科全书家布罗克豪斯首创用符号（箭头→）标示参见，后来各国百科全书相继仿效，有的百科全书用符号“∧”或“>”，有的百科全书则直接用手指图形指引。《中国大百科全书》和国内其他一些百科全书多用与正文不同的字体（楷体字）表示参见。用符号或与正文不同的字体标示参见的好处是醒目并节省篇幅。

参见原则　各国各家百科全书对参见系统的运用大有参差，原则不一，因而繁简多寡差别很大（参阅本书第八章检索性指标中的“参见频率”一节）。参见使用太少，不足以提供系统和完整的知识；参见太繁，则会使读者离开中心主题，分散注意力。合理的参见原则应该是：

1. 为理解本条中心内容所必需，使读者阅读本条不离开主题，与本条主题无直接关系的内容不使用参见。

2. 为说明本条主题的来龙去脉所必需，使读者能够寻源逐流，获得更系统的知识，一般参见到框架（条目表）的上下层条目。

3. 为理解相关事物间的密切关系所必需，使读者能够把分散交叉的知识联系起来。

4. 妨碍读者阅读本条释文中的费解的概念和名词，而它们又在书中设有专条或在某条目中有所解释者。

索引系统　索引已是现代百科全书不可缺少的部分，大部头（多卷本）百科全书把索引编为专卷，成为全书这座知识库的总入门钥匙。百科全书是否一定要有索引，有无别的替代办法，百科全书编纂家曾做过各种尝试。《不列颠百科全书》在1974年进行了一次“百科革命”，推出面目全新的第15版，革掉了以前历版的索引，试图用“简编”代替索引。但经10年的考验，事实证明对索引的“革命”并不成功，结果不得不在1985年进行再次“革命”，新编了两卷索引。由此不难看出，索引对于百科全书是必不可少的项目。

索引与百科全书结合　古希腊哲学家亚里士多德被西方尊为“百科全书之父”，如果西方文化史也要推出一位“索引之父”，恐怕就要提到公元前3世纪的卡利马科斯（Callimachus，前305～前240）了。他曾主持过亚历山大图书馆，把其中几千卷纸草书内容摘录出来。这可能是索引的最远渊源了，但多数学者承认 13 世纪的《圣经》索引是最早的索引。其实，真正像样的索引是 16 ～ 17 世纪才出现的。

索引与百科全书的结合始于 17 世纪。1614 年意大利人扎拉编百科全书性质的《才智与科学的分析》一书时最早编附索引。1677 年希腊人霍夫曼为他所编《综合词典》（百科词典）也编了索引，但这些早期的百科全书索引不无偶然的性质，而且形式也很简陋。例如，一个字母下的索引款目散乱而不按字母顺序排列。真正具有现代形态的全字顺百科全书索引，是从狄德罗主编的法国《百科全书》开始的。《不列颠百科全书》则是在 1842 年出第 7 版时开始编附索引卷的。从此，大型百科全书编附索引卷遂成定例。索引与百科全书结合的重要意义，在于使百科全书从此进入了现代发展阶段，即百科全书的基本性质开始转向以工具书为主的方向。

单独的索引工具书和索引刊物，都与索引源（索引对象）相分离。作为书籍附属部分的索引，虽在基本性质上与百科全书索引相近，但其概念和形式则差异很大。一般学术性书籍所附索引，多为书的作者所自编，且常限于单项（如人名、篇名），形式亦甚简单，索引量亦不大。百科全书索引由百科全书编辑和专门的索引人员编制，实际上是对索引对象即百科全书内容的再整理，或者说是进一步的主题分解与综合。因此，索引与百科全书的结合跟其他图书编附索引相比，有某种程度上的质的差别，在编制技术和索引功用上是不能同日而语的。

百科全书索引的特点　索引和百科全书是现代工具书家族的两个成员，而且是两个很特别的成员。就工具书的知识性（包括可读性）与检索性的关系来说，百科全书和索引恰好是两个极端。前者是工具书中知识性或可读性最高者，后者则根本不具有可读性，而以检索性为其基本的，甚至是唯一的功能。百科全书解决检索性问题有许多手段，如前文谈到的内容条目化和释文内设置层次标题，以及参见系统、目录系统等，但它最主要也最有效的手段则是索引。索引对于百科全书，功在从

根本上增强了百科全书的工具书作用。

百科全书索引与其他书籍文献的索引比较，由于直接从属于百科全书而具有以下一些重要特点。

1. 百科性：或者说是综合性。百科全书索引的综合性不仅表现在“百科”（即涉及一切学科和知识门类），而且还表现在综合各种索引对象：人名、地名、组织机构名、书刊名、著作名（篇名）、事物、概念、名词术语等。

2. 主题分析：大多数大型百科全书采用主题分析索引形式，其难点在主题分析。百科全书索引不仅引导检索全书的条目（条头），而且还揭示（发掘）所有条目释文内的一切隐含主题。主题分析或概念分析一直是编制主题分析索引的关键。

3. 结构复杂：大多数外国大型百科全书采取复式索引形式。复式索引是一种索引主题系统化的索引，即以索引主题形成索引对象的系统性。简单地说，就是把与某一主题有关的主题集中于其下，构成索引内容的系统性和完整性。复式索引的编制，无疑比简式索引难度大得多。

4. 多重索引系统：有的百科全书为照顾读者的不同检索习惯，以一种索引为主，同时辅以其他形式的索引。《中国大百科全书》尤以多渠道索引而为人称道。它以按汉语拼音编排的内容分析索引为主，另还编有条目笔画索引和条目外文索引，而第一版书前的条目分类目录实际上也是条目分类索引。

简式索引与复式索引　百科全书索引有简式与复式之分。简式索引并列全部标引主题。百科全书的条目索引是把条目标题（条头）按某种次序编排成表，如按汉语拼音字母顺序、英文字母顺序、汉字笔画等。《中国大百科全书》第一版各卷所附条目笔画索引、条目外文索引和内容索引，都属于简式索引形式。内容索引是兼容条目索引的主题分析索引。条目主题与释文内隐含主题分别用不同字体表示，但均并列为一个层次，因而也是简式索引。这种设计主要是从全书正文按大类分卷编排的实际条件出发的。日本的几部百科全书（如《世界大百科事典》和《万有百科事典》）也采取简式索引形式。简式索引的好处是编制容易，使用简单，易为一般读者接受。

复式索引是多级索引形式，一般分为二、三级。在一级主题之下将与之有关的主题也按字顺排列为二、三级主题。这种索引可以认为是在索引中采用了参见系统，即上下级主题交互参见。下例是《美国百科全书》索引中的“潮汐”条的例子。

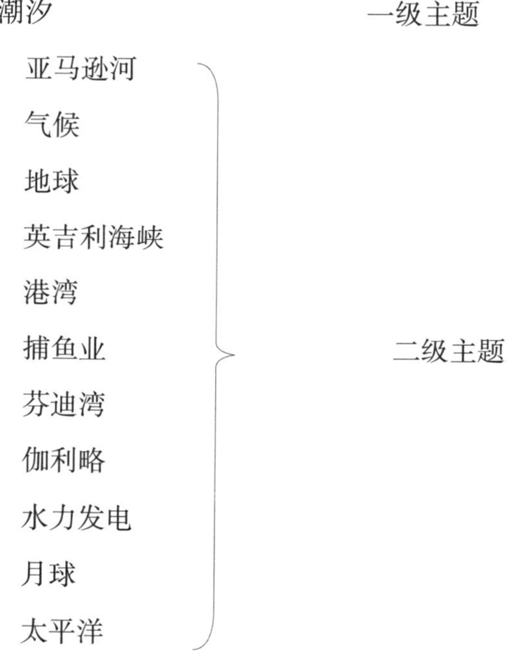

上例是二级主题复式索引。一级主题之下的各二级主题在各自的字顺位置上又成为一级主题，而原来的一级主题则可能又成为它的二级主题。

下例是1994年版《不列颠百科全书》的三级主题复式索引形式，卷次、页码略。

天文学　　一级主题

历法
天文学史　　二级主题

埃及天文学
印度天文学
伊斯兰文明
玛雅文明
美索不达米亚天文学
数学天文学
欧几里得
柏拉图　　　　　　　　　　　三级主题
毕达哥拉斯
占星术
日月食的意义
恒星辨认
天文技术问题
天文摄影机
时间测量

参见：天文地质学；天体力学；宇宙学；外空生物学

复式索引在编制上显然要比简式索引复杂得多，而且占用篇幅也大得多。它的功能已不仅限于增加百科全书的检索性，同时也增加了百科全书内容检索的系统性。读者查检一个知识主题，同时可获得在此主题下与之有关的知识线索，从而形成完整的系统的认识。因此，复式索引已不仅是单纯的检索工具，它对百科知识也起着一定的组织和整理作用。复式索引与百科全书主体最相契合，它的设计与编制也必然与全书的总体设计和编纂一体化。

索引信息化　索引本是纯检索工具，除了被索的主题标引和出处（卷、页、页面位置符号）外并不提供知识信息。给索引注入信息，让索引具有某种“自给自足”能力，诚然是一种革新，可以说是在某种程度上改变了索引的性质。美国《康普顿百科全书》创造的“事实索引”

（Fact-Index）就是这样一种信息化的索引。“事实索引”已不仅是主体的辅助检索系统，它本身已经成为百科词典与索引的混合体。《康普顿百科全书》的事实索引占全书总篇幅的四分之一，设有约 7 万多款目，其中有 2.9 万条是独立的百科词条，其余条目也都有百科式的简短定性解释，继之是指引被索的正文条目或其中的隐含主题。下面举两个例子看看这种索引的特点。

> **国际笔会** 国际作家组织。1921 年英国小说家 J. 高尔斯华绥创建于伦敦。“笔会”（PEN）之名取自英文词“诗人”（poets）、“剧作家”（playwrights）、“编辑”（editors）、“散文家”（essayits）和“小说家”（novelists）的第一个字母。国际笔会颁授文学奖，推动文学翻译工作，促进表达自由，援助和保护遭到政府干预和迫害的作家。国际笔会总部设在伦敦，大约在 60 个国家设有笔会中心。
>
> **《伊利亚特》** 荷马讲述阿喀琉斯的愤怒和特洛伊战争的史诗。（卷次、页码略，下同）
>
> 古代希腊
> 教育作用
> 荷马传说
> 神话
> 说书
> 特洛伊战争
> 　阿迦门农
> 　战车赛
> 　海伦

前例是事实索引中“自给自足”式的百科词条。它不指引也不依赖于正文条目。后例是带有简短定性解释的索引款目，为三级主题复式索引形式。其中有的是正文条目，如“古代希腊”“荷马传说”“阿迦门农”等；有的则是正文条目释文中的隐含主题，如一级主题“《伊利亚特》”就是“希腊文学”条的隐含主题，“教育作用”和“战车赛”则分别在“教育”和“赛马”条目内。

索引信息化是一个方向，但并不适用于一切索引，其优越性在于能大大减少正文主体（百科条目部分）的篇幅，同时又强化了百科全书的检索性。因此，“事实索引”这种新的索引形式，不能不引起百科全书编纂者和索引学者的兴趣。

索引编制方法　传统编制索引离不开卡片，索引编制基本上是在卡片上操作。现代运用计算机编制索引比卡片操作方便多了。不过，无论是卡片操作还是计算机操作，索引编制工作的基本程序是相同的。

百科全书的条目索引是最简单的索引，不过是把全部条目标题（条头）按某种次序（如汉语拼音字母、汉字笔画或外文字母）排列成表，待书版排定后加注卷次、页码便是。

百科全书的主题分析索引（《中国大百科全书》称为“内容索引”）是综合性（包括人、事、地、物、机构、书刊、概念、名词术语等）索引，是百科全书最重要的辅助检索系统，对于某些读者来说，其重要性甚至超过基本检索系统。它的编制过程开始于全稿编辑加工之初，而结束于全书版面排定之后。主题分析索引编制工作大体上可分为 8 道工序。

1. 选题：分析选题和主题标引主要是在条目稿件编辑加工过程中完成。宜选什么：①条目标题（条头）；② 条目释文内隐含的并有一定信息量的独立概念；③ 释文内有检索性的层次标题；④ 图表中的重要主题；⑤ 重要的异称、简称和缩写。

不宜选什么：① 随文没有解释的名词术语；② 没有检索性的层次标题（如“简史”“概况”等）；③ 含义广泛或不明的概念。选题后，应在稿面上以符号注明主题位置，以便向排印样上转移定位。

2. 标引：索引中的主题标引分为明标引（KWIC——keyword-in-

context）和暗标引（KWOC——keyword-out-of-context）。前者是用释文内出现的关键词标引，大多数索引主题属于这种情况；后者是在释文中不出现这种关键词，而需要另行标引。在后一种情况下，应在稿面上注出标引词，以便转移和填码时查验。对于含义广泛（即标引词不限于文内所指）的关键词，则应以括号加范围限定词表示，如“大分叉（银河）”。

3. 制卡（计算机录入）：卡片（录入）内容应包括标引词、条目（表）编号。对外国人名应加括号注原文全名和生卒年，对中国人名则仅注生卒年，如：“麦克米伦，E. M.（Edwin Mattison McMillan，1907 ～ 1991）”；“李四光（1889 ～ 1971）”。外国书刊、机构主题均应附注原文。

4. 排序：索引卡片依次按汉语拼音字母、声调、笔画、起笔笔形排序。手工排卡是一件繁琐和麻烦的工作，而且极易出错，必须细心操作。现在用计算机排序则十分简便，但对多音字仍需要人工辨别。

5. 筛选整理：筛选整理是一道复杂的工序，直接影响索引的质量，应由责任编辑与索引员共同完成。筛选整理的主要工作是对同主题分析合并，把未提供更多信息的卡片（款目）筛除，把提供有补充信息的索引主题按提供的信息量多少排列出处（条目编号和定位符），以便最后转换为卷次、页码和版面区域符。为了判断信息是否重复和信息量多少，必要时应翻查条目工作稿。

6. 定位转移：条目稿件上的标注是原始的定位符（locator），书稿排版后索引员应将稿面上的定位符仔细地转移到拼版样上去，以便最后在索引校样中填注卷次、页码。应用计算机编制索引，有可能省略定位转移的工序，而利用计算机的查找功能完成。

7. 填码：索引校样打出后，即可根据正文拼版样上的索引定位符逐一按字顺在索引清样中查到相应主题，并填入所在卷次、页码和版面区域。利用计算机编制索引，则根据在上机样上查找到的位置，经过判断填码。

8. 反查：按索引拼版样上的卷次、页码和版面区域符号逐个主题和出处反查正文拼版样是否正确，此项检查至少应进行两次，以确保准确。

本节所述索引编制工作方法，是就计算机用于百科全书编辑工作以前的情况。计算机用于百科全书编辑工作后，索引编制已大大改观。计算机的查找功能是编制索引的最方便手段，但对于所谓“内容分析索引”而言，仍难免需要人工介入，因为有个“分析”的问题。

第十八章
百科全书的装帧设计与插图

“人要衣裳马要鞍。”现代一切商品都越来越讲求“包装”，图书亦不例外。图书的“包装”，除去“炒作”的含义外就是装帧。装帧是书籍的造型艺术表现，是对书的形态、用料和印制的工艺设计，也可以说是“梳妆打扮”。人们梳妆打扮和穿着衣饰讲究得体，既要适合个人身份，突出个人的气质，又要适应环境氛围，而且有实际效用。书籍的装帧亦然，首先要体现书本身的特性和风格，要以科学的编排、合理的结构形式和精美的图表，提供完美的视觉形象，保证查阅、欣赏（浏览）和收藏的最佳条件。

百科全书装帧设计的基本原则与其他大型高档学术性书籍并无多大差别。这里仅讨论百科全书因本身性质和作用带来的一些装帧设计方面的特点，以及与百科全书编辑工作直接有关的一些特殊问题。

装帧设计　装帧设计是百科全书总体设计的一部分，有些设计内容直接纳入全书总体设计的基本方案之中，如开本、插图（图文比）以及基本版式等，都与全书体例直接有关。百科全书装帧设计还是全书编辑工作与印制出版工作的中间环节，前与全书总体设计直至编辑成书过程紧密相接，后与排校出版工作直接联系。

特点与风格　百科全书装帧的突出特色在于庄重、严肃、典雅和精致。这些特色体现的是百科全书的权威性、整体性、规范性和实用性。百科全书常被人们视为一个国家科学文化发展水平的标志。《中国大百科全书》的出版被誉为“中华文化的丰碑”“中国的文化长城”。《不列颠百科全书》一直保持在书前印出向美国在任总统和英国在位女王献

词的传统。有的国家的百科全书甚至印上本国国徽。装帧设计就是要表现百科全书的庄重性和权威性，花里胡哨和奇特怪异不应是百科全书装帧的特色。百科全书的条目与条目之间、卷与卷之间、图与文之间、正文与附属成分之间的有机联系，由框架网络，由参见沟通，形成完美的整体。装帧设计的版式就是要展现百科全书的整体性，松散游离和随意发挥不是百科全书装帧的特色。百科全书以条目为主体编成，上万的条目如同一支纪律严明的大军，队列整齐，配备（条头、层次标题、插图、参考书目）齐全。装帧设计就应体现出百科全书的这种规范性，散漫纷杂和参差多变不是百科全书装帧的特色。百科全书在图书阅览室里被人长期频繁翻阅，在个人书房里被人珍藏，自应有一种典籍学问的气魄，而且取用插架方便，展卷阅读舒适。百科全书的装帧设计理应保证这种实用性，玲珑乖巧和大而无当，都不是百科全书装帧设计的取向。

装帧设计内容　百科全书装帧设计既包括艺术设计（或称美术设计）的内容，又包括技术设计（或称工艺设计）的内容，涉及全书的形态、外观、版式和插图四个方面。书的开本、分卷和装订方式反映书的形态，关系着全书的使用性能，即其实用性。封面、包封、扉页设计赋予全书外观面貌，百科全书庄重、高雅的格调首先反映在这里。全书正文（条目）和各种附属成分的编排格式，字体字号使用体例，书眉、页码的安排，属于版式设计问题，是全书装帧设计中最实际最重要的内容，而且前与编辑工作、后与排版工作密不可分，可以说是编辑工作的延续和排版工作的前奏。

插图对于高档成年人百科全书来说虽然是条目释文的补充成分，但就其重要性、工作量和工作难度来说却是一个大项。按道理说，百科全书在框架设计中已经在条目总表中确定了哪些条目应当配有什么样的插图，但在组稿时多数作者提供不了图稿，甚至提不出对图稿的具体要求。经验证明，百科全书编辑工作进度往往为插图所拖延。编辑部常常不得不越俎代庖，在选条框架（条目表）基础上另行编制“配图框架”或配图计划，据以搜集图片和组织摄影、绘制。百科全书的插图应具有知识性或文献性，同时还有美化和活跃版面的作用，是最先进入读者视线并引发兴趣的内容，因而是百科全书装帧设计的一大重点方面。

开本设计　开本设计是百科全书装帧设计的首项，因为装帧设计的其他各项，如封面、分卷、版式和插图均与开本有关。开本未定，其余装帧设计工作便无从进行。开本是百科全书形态的最主要的表现。百科全书内容的博大恢宏和气魄的庄重高雅，首先由大的开本来表现。对于百科全书来说，大开本更具实用意义，可以使卷的厚薄适宜，便于分栏，能容纳大幅的图表。开本大，当然也有限度，大而无当不仅浪费材料，而且不便查阅和收藏。我国出版的多数百科全书主要有两种开本。一种是 787×1092 毫米的 16 开，其页幅为 188×260 毫米，如《中国大百科全书》《中国农业百科全书》《中国电力百科全书》；一种是 889×1194 毫米的 16 开，其页幅为 203×280 毫米，如《简明中华百科全书》《中国大百科全书》简明版和《不列颠百科全书》国际中文版。这样的开本对于百科全书的使用和收藏都很适中，但不符合国际和我国新的书刊开本标准。而按新标准（国际标准 ISO6716，我国国标 GB/T788—1999），只有 A4 规格适用于大型百科全书。A4 是 890×1240 毫米的 16 开，页幅尺寸为 210×297 毫米。不过，这样的开本在外国的百科全书中也颇罕见，如《不列颠百科全书》的页幅为 214×276 毫米，英国的《剑桥百科全书》新版的页幅为 216×273 毫米（1992 年版为 190×260 毫米）。我国友谊出版公司组织翻译出版的《剑桥百科全书》新版装帧颇为讲究，用 889×1194 毫米的 16 开本，页幅为 210×284 毫米，收藏在书柜里可与其他百科全书和讲究的精装图书齐肩而立，而我国台湾出版的繁体字版则采取了国际标准的 A4 开本，页幅为 210×297 毫米。遗憾的是，繁体字版书的高度为我国国内大多数书架（柜）所不容，只能平放，使用也不甚方便，实不能说是大而有当。A5 规格则是 890×1240 毫米的大 32 开，页幅为 148×210 毫米，B5 规格的页幅相当于小 16 开，都仅适用于小型的百科词典或少儿百科全书。

分卷　开本与分卷有直接的关系。百科全书多数为多卷本，分卷也是装帧设计考虑的问题之一。卷太厚，取用和翻阅都不方便；卷太薄则气魄不够，而且卷数增加。16 开本的百科全书一般以 600 ～ 700 页为标准卷，800 页以上的则称为“加强卷”。不过，卷的厚度又与纸张有关。《不列颠百科全书》为了扩大卷的容量而不增加厚度，使用专门研制的薄型纸张，使卷的页数达到 900 ～ 1200 页。字典纸很薄，但不适用于百科全书，主要是因为无法印照片图，而且不耐频繁翻阅。

分卷与编排方式有关。现代百科全书多为字顺编排，有两种分卷原则。一种是按字母分卷，条目和篇幅多的字母（如 A、C、M、S）各占 1 ～ 2 卷，条目和篇幅少的字母（如 W、X、Y、Z）一个或数个字母合为一卷。这种分卷法对于读者查检十分方便，但各卷厚薄不均，相差悬殊。另一种是按页数分卷，各卷厚薄均匀，摆在书架上整齐划一，但字母被分割（甚至分割到条头标引词的第三、第四个字母），需要读者在书脊上仔细分辨卷次，很不方便。分类分卷编的百科全书更是难以解决卷际均衡的问题，学科和知识门类大小差别很大。《中国大百科全书》在框架设计时就考虑到分卷的问题，将大学科（知识门类）编为二、三卷（如“经济学”“电子学与计算机”和“哲学”），将内容邻近的几个小学科（小知识门类）合为一卷（如“固体地球物理学”“测绘学”与“空间科学”）。即使如此，在编纂实践中仍难保持适度的卷际均衡。以第一版来说，例如，全书最“瘦”的卷为 421 页（“纺织”），而最“胖”的卷厚达 1040 页（“音乐舞蹈”），相差竟达 2.4 倍。全书摆上书架不免有燕瘦环肥之感，分卷情况仍不理想。

封面设计　封面是百科全书的第一门面，带给读者第一印象。综合性大百科全书和专业性百科全书的封面注重庄重、典雅和大方，最忌花哨和繁芜。通俗性和少儿百科全书的封面多取爽朗和活泼的风格。世界著名的大百科全书多不使用护封，以封面直面读者，封面除素雅色调和材料肌理本身外不着任何装饰，甚至不印书名，或者仅压印书徽（社徽），《不列颠百科全书》的封面就是如此。《中国大百科全书》第一版加有护封的特精装本，在质朴的罗底布封面上没有任何图案和文字，仅在护封上印有书徽的图案。不过，大多数百科全书的封面还是印有烫金书名、卷次、出版单位和书徽。百科全书大多为精装本图书，其硬面称为“书壳”，在工艺上是关键件，所用硬板纸不仅需要有很好的质地，而且要经过相应的工艺处理。我国有些百科全书的封面因环境温度变化而变形，向外弯翘，严重影响外观，而且妨碍插架。

封面设计的功夫常常更多地花在书脊和护封上。书脊比封面更易受到读者的注意，因为在插架状态下读者见到的只是书脊，而且查检百科全书也是从书脊开始。百科全书的书脊有圆脊和方脊两种。圆脊适用于较厚的卷册，翻阅时容易摊平书页，为多数百科全书所采用。方脊挺实秀气，但不适用于较厚的卷册，多为小型和少儿百科全书所采用。书脊与封面一体，上面一般印醒目的书名（多用烫金）、卷次（卷名）、起止字符（字顺编排的百科全书）和书徽或社徽。书徽或社徽是品牌标志，历史悠久的百科全书出版社尤其重视书徽或社徽，常印在最显著的位置。关于书脊，有一重要质量问题常为装帧设计人员所忽视，即书脊顶部的强度。书在插架状态，读者取用时多是从书脊顶部动手。书脊顶部强度不够时，往往损坏的是书脊顶部。

护封又称包封，起保护封面的作用。护封虽然是封面的附属品和装饰品，而且图书馆和图书收藏家多不保留，但护封在显示书的性质、特点和内容等方面比封面和书脊能提供更多的信息，具有更为重要的宣传作用。护封多被设计得绚丽多彩、精美诱人，除封面和书脊上的内容外有更多的图案装饰，特别是提供一些有关全书内容特点（如条目、插图数量）的信息，在前后勒口上还可以印上主编和出版社的介绍，借以提高书的权威性。

书名页又称扉页或内封面，通常分为主、副两页。副书名页在前，主书名页在后。书名页的设计无甚特殊之处，只是要与封面和书脊设计协调配合。

版式设计　版式设计主要解决的是印制形式问题，是在既定的开本基础上对书稿内容的文字、图表等各种信息进行编排组合，形成书页，达到清晰明朗、易查易读的目的。百科全书的版面力求严肃、紧凑，避免松散稀拉。版式设计也是最贴近编辑的工作，以至文字和插图编辑都要直接参与其中。百科全书版式因编排项目和正文前后的附属成分（辅文）种类繁多而具有一些特殊的复杂性，而版式设计的重点和特点则在正文（条目）版心、字体字号与标题，以及书眉、页码安排等方面。

版心　图书版式的核心是版心，即书页直接承载信息内容的部位。在版式设计中，对版心的处理不外是决定其大小和位置。力求尽量大的版心，是百科全书版式设计的特点，这是为了使书页承载更大的信息容量，减少总体页数（卷的厚度）。大版心的前提是大开本，获得大版心的有效的手段是缩小书页上下内外的白边（天头、地脚、订口、切口）。版心通常以文字行数、行字数、使用的字号和栏数等来表示。例如，《中国大百科全书》第一版的正文版心规定为：正文用新五号字，双栏排，每栏 24 字，49 行，行空六号对开（4p），栏空 2 个五号（18p），于是版心为 159 × 224 毫米。上下内外白边则分别为 20、15、10、15 毫米。每栏排字 1176 字，每页排字 2352 字。美国《不列颠百科全书》的开本大些，版心更大，书页白边更小。“简编”正文排三栏，版心尺寸为 180 × 255 毫米，而上下内外白边则分别为 8、12、15、14 毫米。

天头大于地脚，是我国书籍版式设计的传统。我国出版的百科全书也多遵从这一成例。从上述后一例中可以看出，外国百科全书并不拘于此例，或是天地相等，或是地大于天。上下内外白边的大小自然决定着版心的位置。国外有的百科全书加宽切口（外）白边，并赋予其特殊的用途。例如日本的一些百科全书利用切口书边附印小幅插图和各种资料。《不列颠百科全书》详编两栏排，加大宽切口白边，用以排印另成系统的书边题引。

字体字号与标题　文字是百科全书内容的最基础的单元，也是知识信息的主要载体。百科全书版式设计除更加吝啬篇幅，尽量减小字号，更加突出标题以利检索外，与其他图书的版式设计原则相同。在我国，小五号宋体为大多数百科全书正文（条目释文）所采用，少数百科全书正文使用五号宋体已显得阔绰。条目标题（条头）多是用五号黑体，以求醒目。《中国大百科全书》的条目标题上附汉语拼音，排 10p 等线体（灯芯体），后附外文排 10p 罗马体（书刊名排斜体）。特大条目允许设置四层释文内标题，这时第一层标题用五号宋体，第二层标题用五号仿宋体，皆占两行居中，第三、第四层均为段首标题，分别用与释文同字号的黑体和楷体。楷体还用于参见和撰稿人署名，仿宋体还用于全书前言、各种目录和索引，但字号有别。正文前的概观性文章（学科或知识门类总论）使用比条目释文大一号的宋体字。

外国百科全书正文多用 10p 罗马体。《不列颠百科全书》详编条目释文内上层标题用 8p 粗体，占两行；中层标题同释文字号，全大写，下加横线，占两行；最下层次为段首标题，用 8p 粗体。有的百科全书为了节省篇幅，条目与条目之间不留空行，而在条头前加特殊标志（如●○□等），以求突出。

书眉和页码　在百科全书中，书眉和页码属检索系统项目，为查检内容而设，亦不无装饰版面的作用，一般均排在版心之外。《中国大百科全书》的书眉印在上切口外角，为突显其作用而翻为阴文。每页书眉皆为该页第一个条目标题的首字。双数页汉语拼音在前，汉字在后，单数页相反。页码印在下切口外侧。

全分类编排的百科全书对书眉的处理有所不同，如《中国医学百科全书》双数页书眉为书名，单数页为类名；《中国邮电百科全书》的书眉全为大类类名。

外国百科全书常将书眉和页码合在一处，印在上切口外侧。双数页书眉为该页第一个条目的标题，单数页书眉为该页最后一个条目的标题，使两对开页合成一体。《不列颠百科全书》为了节省篇幅，更将书眉与页码合在一处，置于版心之内，下加短线与正文隔开，从而缩小了上下切口白边，扩大了版心面积。

百科全书的插图和表格　百科全书采用插图的历史可以追溯到公元7世纪圣伊西多尔编撰的《词源》。那是最早的有插图的百科全书。我国明代王圻父子编撰的《三才图会》是第一部绘有插图的类书。到了近代，插图、地图、表格已成为百科全书不可或缺的成分，而对于少儿百科全书则更成为主要的内容。插图具有形象性、直观性，在视觉上往往比文字表述更有吸引力，更易于为读者接受。现代百科全书更是以精美的彩色插图为特色。

插图配置是书籍装帧设计的一部分，但对于百科全书来说，还是全书编辑工作的一部分，而且是工作量和难度很大的一部分。配图工作与文稿编辑工作是并行的两条线，贯穿于全书编纂的全过程。

配图原则　百科全书条目配图是为了达到以下的目的：① 比文字更能表现知识内容，从而减少文字的篇幅；② 虽不能减少文字叙述，但有助于读者理解释文；③ 插图本身具有知识性，可以增进读者对难得见到的实物的认识，而文献性图片则可以使读者领略无法目睹的场面和事情；④ 重要艺术品（名画、雕塑、建筑等）的图片有助于提高读者艺术欣赏水平。

百科全书配图与所配的条目性质有关。社会科学性条目配图要求反映历史发展脉络，着重于真实性、典型性和文献性；科技性条目配图要表现规律和原理，着重于科学性和知识性；重要事件条目应配用历史照片、纪念地图片或遗址图片；重要著作条目可考虑配以书影照片；人物条目一般均应配人物头像或其遗物、手迹、诞生地照片。

图文比　本书第八章谈到，百科全书中插图数量与全书总字数的比例是百科全书总体设计的一项重要指标。《中国大百科全书》第一版配图体例要求全书各卷配图数量大致相近，以保证各学科（知识门类）卷形式与风格的统一，具体规定的图文比是：以条目字数计，平均2000字配1图；以装订页码计，平均1页配1图。标准卷（120万～150万字）配图650幅左右。

插图种类　现代百科全书配用的插图主要有两大类：照片图和绘制图。地图也是绘制的图，但性质又自不同。各种表格不同于上述两类插图，但在图书装帧设计和编辑工作中也作为插图处理。摄影图片给读者真实感和参与感，在百科全书的插图中所占的比例越来越大。照片图又分为实录照片（如人像、风光景色、建筑、机器设备、动植物和剧照）和翻拍照片（如名画、书影等不能直接拍摄的文物）。绘制图更是种类繁多，大致有表现科学原理、机器设备结构、生产工艺过程的工程图、示意图、透视图、解剖图、流程图、曲线图，以及表现经济活动、文化发展和反映历史事件、战争进程的态势图等。

地图　地图是百科全书中特殊的一类插图。其特殊性在于绘制和审查自有专门的测绘系统，而且要求高度的精确性和标准化，且常涉及政治敏感问题。百科全书编辑部一般专设地图编辑室负责。百科全书中的地图要求保持统一的风格。各类地图（普通地图、行政区划图、城市游览图、专题地图）应有各自统一的图式符号系统和科学的设色原则。百科全书的地图应采用最新和最权威的资料。

专题地图分为三大类。① 自然地理地图。包括地球物理现象图、地质图、海洋图、气候图、土壤图、植被图等。② 社会经济地图。包括政区图、历史地图、军史地图、人口地图、民族和语言地图、考古地图、经济（资源）地图等。③ 文化教育地图。包括艺术和体育设施平面图、游览区图等。专题地图应在统一的地理底图基础上编制，而历史地图的要素应与历史断代年限相符合。

插页　插页是单独印在不同于正文纸张（如铜版纸）上的插图，用于重要的套色、彩色插图和精细的摄影图片。现代百科全书多已改为全书彩印，即将彩色插图全部印在正文中间，插页的方式已逐渐被淘汰，只有少数大幅复杂插图（如人体解剖图、航天飞机构造图等）尚采取插页（或折叠插页）的形式。

百科全书多是采用集合插页的方式，即将插页分为若干单元集中插入书中。《中国大百科全书》第一版各卷的彩图插页形成各学科（知识领域）的“橱窗”，经过主题设计（即所谓的“配图框架”），每个插页单元构成一大主题。全部插页彩图则应能覆盖整个学科（知识领域）的内容。标准卷的插图一般为 4 个单元（32 页，2 印张），最少的不少于 8 页（0.5 印张）。

表格　表格的作用是能把复杂的内容条理化和系统化，便于读者分析比较，一目了然，是百科全书常常采用的表现形式。表格虽常与图并提（图表），但并不属于插图的性质，因为它不需要绘制或拍摄，而是直接排版印出。内容丰富的大型表格在版面上是颇难处理的项目，需要经过版式设计人员与编辑精心编排设计，方能妥善排版。图书中常用的表格形式分为五类：无线表（不用线条分割项目）、全线表（框线、栏与行线齐全）、卡线表（横竖都有线分割）、省线表（省去框线、边线、行线或栏线）、挂线表（系统表）和框线表（流程表、方框图）。百科全书多采用省略墙线、行线的省线表形式。系统表和流程表也是百科全书中常用的表格形式。

第十九章
百科全书编纂的矛盾论

前面各章分别讨论了百科全书编纂的具体问题，本章以《中国大百科全书》第一版编纂经验和得失，以概括形式对百科全书编纂之难点和诸多矛盾作一宏观研究。

编百科全书的人都会有一种深切的感觉：面对的是浩瀚无边的知识“海洋”，而行船则在千百种矛盾“峡谷”之中。百科全书的编纂者时时要在无尽的矛盾中间作出判断、选择、折中，有时还不免带着遗憾，作出忍让和忍受。不存在一条绝对理想化的道路，不存在尽善尽美的成品，这可能也是编百科全书的一条规律吧。编百科全书究竟会遇到哪些矛盾呢？理一理，试归纳为 10 对。其中有的属于总体设计，有的属于编撰体例，有的属于两者兼而有之。百科全书编纂中这 10 对矛盾，或许也是编一切大型辞书所共有的规律吧。

大与精　大，是一种气魄。编经典性大书求大，自古而然。明《永乐大典》两万多卷，约 3.7 亿字，外国百科全书称其为“世界最大的百科全书”。现代世界各国百科全书，论规模之大，应推西班牙的《欧美插图大百科全书》，因采取补卷修订制，现在已逾百卷。《中国大百科全书》第一版 74 卷，约 1.3 亿字，无论在中国百科全书史上，还是在现代世界百科全书之林中，均属亚军。

百科全书的基本性质之一是“精要”，尤其是到了现代，更是要以精要取胜，否则有图书馆就够了。以纸质百科全书而论，瘦身和小型化已是现代世界百科全书的一个趋势。19 世纪德国那部大得非凡，也大得编不下去的《科学与艺术大百科全书》（仅半部就有 170 多卷），在当时就不是成功之作。我国《中国大百科全书》第一版之大，既有历史原因，也有编纂之失。《中国大百科全书》最初设计为 50 卷，其根据是现代百科全书标准部头为 30 卷和我国悠久历史与辉煌文化之需。总编辑姜椿芳在一篇文章中谈到从 50 卷到 74 卷的过程："《中国大百科全书》原来设计为 50 卷，但是具体编纂工作展开之后，发现应该包括的内容容纳不下，不得不增加到 70 多卷。"他同时也指出我们初次编百科全书还缺乏经验。（姜椿芳《从类书到百科全书》51 页，中国书籍出版社，1990）这正是初次编百科全书对于篇幅控制的经验教训之谈。得中有失，失中有得。第一版这个"大"的基础，后来为编第二版和编其他百科全书所受益。去粗取精，填平补齐，比平地另盖大楼容易得多。《中国大百科全书》第二版从设计之初就把贪大之心代之以求精之功，自是明智的抉择。

全与专　顾名思义，百科全书贵在全。但这个"全"在百科全书编纂中最易引起误解。参加百科全书编撰的人都是专家，一说求全，便自然地与"专"和"细"挂起钩来。专业学问有素的专家，都能写出穷究底蕴、广征博引的宏文，不厌其详，唯恐不"全"，甚至把一个千把字的条目写成上万字的洋洋巨篇，也是常有的事。殊不知百科全书之"全"，指的是知识覆盖之全，而不是层次专深之"全"。其实，一部有限篇幅的百科全书，越是专而深，知识面就越难以覆盖得全。何况，深化、细化和专业化，是无尽无休的。我国古代已略具"百科"性质的《吕氏春秋》就讲过这个道理："全则必缺，盈则必亏。"

全与专这对矛盾，对于综合性百科全书和专业百科全书又各自不同。专业性百科全书的"专"与"全"是相对统一的，那里的"全"是一个专业领域之全。不妨说，综合性百科全书追求"专"是毛病，专业性百科全书追求"全"也是毛病。专业性百科全书忌无边无际，从基础学科到应用学科，从本学科到邻学科，而应该有边有际。无论综合性百科全书的各学科领域还是专业性百科全书，以至地域性百科全书，都应该在设计之初先明确自己的核心内容和边缘内容，而且在编撰过程中把握住核心内容并严守边界，越了界就要作向心（核心内容）收缩。边缘内容只能概略和稀薄。经验和教训证明，这对于编辑和主编来说，是一种很要紧的功夫。

分与合　对于百科全书来说，分与合指的是全书知识内容的分解和综合。分与合解决的是百科全书内容的检索性与系统性的问题，也就是百科全书的工具书作用与教育作用（即作为“没有围墙的大学”的作用）的关系问题。《中国大百科全书》第一版在宏观结构上以“条目分类目录”、概观性文章、上层次综述性条目表现知识的综合，即提供知识的系统和系统的知识；在微观结构上则以条目（知识主题）的完整性（包括古今中外的情况）保证知识的系统性。

现代百科全书是一种完备的知识工具书。检索性为其主要性能之一（否则便与教科书无别了）。因此，“分”，即知识分解，也就是选条立目，是一门很大的学问。我国编现代百科全书还处于“初级阶段”，人们（包括编纂者）往往更注意百科全书的“没有围墙的大学”的功用，而忽略其检索性，以至编出的百科全书可读而不便查。究其原因，用行话说就是条目化不够。中外百科全书编纂实践都表明，“分”比“合”难。《庄子•养生主》讲了一个庖丁解牛的故事，最能说明这个道理。庖丁解牛的技艺达到炉火纯青的境界，以至“目无全牛”。一把牛刀用了 19 年，解了几千头牛，仍如新磨的一般。所谓“彼节者有间”，即熟悉大小部位的间隙，知道在哪里下刀。我国百科全书编纂者“解”条目的功夫，还远未达到庖丁的水平。百科全书选条立目的学问，在于对条目性质的理解和把握，在编纂实践中常见的是把一般文题、篇目、章目、节目当作条目，而撰稿人再当作一般文章、教科书的一篇或专著的一章来写，那就离工具书和检索性越来越远了。这可能是我国现阶段百科全书最突出的弱点，借用计算机的术语，可以说“硬件”（知识内容）充分，而“软件”（检索性）不足。《中国大百科全书》收有近 8 万条目，就量来说不逊于外国最大的百科全书，只是部分条目尚达不到条目化的要求。百科全书编纂中的条目化，无论在理论层次上（如大、小条目主义之争）还是在选条实践上（知识的主题分解），可能是很值得花费一些力气研究的课题。由此而论，分与合的矛盾的主要方面还在“分”。

述与作　百科全书有一传统性质，叫作“汇编性”，与孔子的“述而不作”的意思相近。百科全书是记述（或曰转述）已有知识的工具书，对于编撰者来说是长期的知识和资料的积累、整理和提炼。百科全书的“述”表现为整理和转述已有知识（经过一定程度公认和有相当著作文献根据的知识），还表现在博采众家之说。百科全书的编撰者称之为“客观叙述”。百科全书内容基本上不是撰稿人个人的创见和一家之言。在百科全书编撰实践中，曾有人提出撰写百科全书条目本身有无创造性的问题。问题提得有点含混。撰写百科全书条目，不像科学家开拓科学前沿那样，必须拿出自己的发明创见。正如英国百科全书家科里森所说：“为百科全书撰写条目本身是一种艺术，在有限的篇幅里要挤进那么多丰富的内容，而且重要的东西一点也不能遗漏，多余的东西一点也不能保留。”为《中国大百科全书》写过条目的许多专家一致认为，写百科全书条目比写一篇论文要难得多。让本来有个人学术见解的专家抛开个人的学术倾向性，把自己广博的学识浓缩为一个条目，而且要不厌其烦地反复核对事实资料，以求达到经典等级的精确性和科普等级的可读性，这才是编写百科全书条目的创造性。不妨看一下《中国大百科全书·航空航天》卷中“不明飞行物”条目。这是一个最容易反映出作者观点的题目。对于不明飞行物，肯定者说其有，言之凿凿；否定者说其无，斥之为虚妄、伪科学。而这一条目的撰稿人表现了可贵的客观叙述的态度：“未经查明来历的空中飞行物，国际上通称 UFO，俗称飞碟”，清楚，明白，简练。释文中处处保持着客观叙述的口气：“据目击者报告……”“迄今在世界上尚未形成一种绝对权威的看法”。在释文中还设有“关于不明飞行物的争论”“目击事件分类”“对不明飞行物的解释”等小标题。

稳与新　这是百科全书史上的一对老矛盾。百科全书要求介绍稳定的知识，而不是过眼云烟或明日黄花，同时又要求反映新的发展和提供新的信息。英国《钱伯斯百科全书》是稳派的代表，它对在世人物不收且不说，就是理论、概念、事件也非某年代以前的不取，在百科全书评论界不免有“保守”之讥。中国有句俗语曰“盖棺论定”，这对百科全书编撰者不无影响，对于尚无法论定的人、事抱敬而远之的态度。其实，百科全书自有容纳新事物的办法，那就是前文提到的客观叙述。何况，知识不稳定不等于主题也不稳定。前文谈到的“不明飞行物”以及“特异功能”之类，就是稳定的主题，诚然其内容尚不可论定，但其主题则是稳定的，即具备了设条的资格。处理稳与新这对矛盾的原则，应是在稳定的基础上求新，加上百科全书通常采取的客观叙述体裁。在稳与新关系上常常出现的问题倒是新闻性和情报性信息，甚至广告性信息对百科全书编撰者的影响。例如，有一个介绍一种仪器的条目，撰写者竟将生产厂商所采用的某公司生产的元器件型号一股脑写进了条目。谁能担保这家公司不在某时倒闭，至于元器件更新换代就更是几周几个月内的事了。像这样的资料信息只能收入该公司的产品目录。

深与浅　百科知识表述的深浅程度，反映出编撰者心目中想到的是什么样的读者。少儿百科全书的读者比较明确，但少儿百科全书条目未必好写。专业性百科全书的读者也比综合性百科全书明确，最难确定的是如《中国大百科全书》这样的综合性百科全书的读者。中外综合性百科全书无不以尽可能覆盖最广泛读者层次为追求目标。外国百科全书往往把读者范围规定为从 9 岁直到专家读者。《中国大百科全书》第一版编辑方针定的读者对象为“高中以上，相当于大学文化程度”。第二版把读者对象的文化程度稍微降低一些。

仔细分析，深与浅有两种情况：一是知识本身深奥，尤其是理论内容，如高能天体物理。不过，即使是这样内容的条目，至少也应有一个浅近的开端，有普通读者能够摸着头脑、知其所云的知识部分。另一方面是知识表述的“深”，如术语密度太大，数学语言太浓。百科全书的使命之一就是把高深的知识浅近化，使人从不懂到懂。百科全书史上解释这一使命的有“桥梁说”“阶梯说”（知识阶梯）和“没有围墙的大学”说。遗憾的是在撰稿过程中常常出现相反的倾向，把浅近的知识深奥化。有人认为谁都看得懂是缺乏水平，以至故弄玄虚，卖弄学问。如果百科全书编辑也染上这一倾向，那就苦了读者也苦了书。在深与浅的矛盾上，百科全书编辑有更多的责任，他在把条目主题交给撰稿人时，也该把百科全书的性质、读者对象以及条目撰写体例和要求向撰稿人反复讲透。这就是百科全书编纂中最不可忽略，而且要不厌其烦进行的体例工作，或曰体例指导，也就是百科全书编纂的方法论。

古与今　历史本身是一切综合性百科全书都视为核心内容的知识，而且不仅如此，百科全书的大部分非历史性条目，也要提供相应主题的渊源沿革、历史背景和发展脉络。条目虽然是对知识整体的分解，但不能割断历史。反映知识的继承性正是百科全书知识系统性的需要。不过，我国的现代百科全书毕竟已不是古代类书，要以近现代科学文化知识为主体，外国百科全书亦然。但“厚今薄古”的程度，即今古内容的比例以及与此有关的今古时界，则是百科全书编纂者见仁见智的事情。对于分类分卷编的《中国大百科全书》第一版各卷和各种专业百科全书来说，古今内容的比例显然是不可相提并论的。一部综合性百科全书除“厚今薄古”原则之类的编辑方针外，今古之界以及分量比例是总体设计考虑的问题。英国有一部《伦敦百科全书》，苏联有一部《莫斯科百科全书》，两部书性质相同，但前者古意盎然，讲伦敦的街道、建筑、桥梁等无不以历史为主，甚至连插图也不用照片，而用线条图；后者则现代气息十足，编纂者以显示莫斯科的现代风貌为己任。《中国大百科全书》有些卷（不算历史、考古等卷）的编辑常常把1911年或1949年作为古今时界，以此估算古今内容，大体平均1∶1之比，可惜到目前为止还缺乏这方面的统计数据。

中与外　现代综合性与专业性百科全书均属世界内容（亦称国际性）的百科全书，只有地域性百科全书不存在本国与外国内容关系的问题。各国出版的综合性百科全书无不以本国内容为重，但同时又以“国际性”相标榜。这种推销性宣传本身就不无矛盾。我国百科全书中的本国内容与外国内容，在文化建设和交流上还有继承与引进、总结与吸纳的意义。中外内容虽然不可能有截然的比例，因为许多知识内容是属于全人类的，没有国界，但也有不少知识内容是有国家或民族区别的。我国编纂出版的《中国古代小说百科全书》和《长城百科全书》显然就纯属中国内容，而《奥林匹克百科全书》的内容则以外国的内容居多。《中国大百科全书》分类分卷编纂，除“中国历史”“中国地理”“中国文学”“戏曲曲艺”“中国传统医学”等8卷外，其余各卷均存在中外内容关系问题。就各学科门类来说，中外内容比例自然差异很大，但就全书总框架来说，对中外内容比例自应有所考虑。仅以《中国大百科全书》天文学卷中外人物条目为例，原设想为1∶2，而实际选定的条目比为88∶42。在编纂中，如中国人物以及“中国古代历法”“干支”“璇玑玉衡”之类条目，被称为“纯中国内容条目”。不过，非纯中国内容条目也并非全是“纯外国内容条目”，如“分至点”、语言文字卷中的“语言”“词汇学”“方言”等条目，均属内容不分中外者。就百科全书体例来说，除纯中国或纯外国内容条目外，大多数内容不分中外条目的撰写，仍以不划“楚河”“汉界”为宜。《中国大百科全书》对这类条目规定的体例原则是：在全人类知识的背景上充分介绍本国内容。

知识性与资料性　百科全书的知识性内容指基本知识，如学科、理论、方法、概念等的解说；资料性内容指的是对人、事、地、机构等的介绍，即事实数据资料。知识性内容与资料性内容并不完全反映在两类条目中，还反映在知识性条目的资料性内容上，这又与全书的规模有直接关系。例如，大型百科全书的资料自然更为丰富，而单卷本百科全书（或百科词典）除资料性条目外，在知识性条目中几乎不提供什么资料。国外的这类百科全书，如20世纪90年代英国新编的《剑桥百科全书》，是以“百科便览”的形式把资料性内容集中编于书后，再以参见系统与正文条目沟通，未尝不是解决小型百科全书知识性与资料性关系的好办法。不过，资料性内容分量太大，无疑会使百科全书趋近于另一种工具书——手册，于是国外又出现一种介乎百科全书与手册之间的“百科手册”。

编辑与撰稿人　编辑与作者的关系已不属于书本身的问题，但却是直接关系全书编纂顺利与否和成书质量水平的问题。对于百科全书编辑来说，这方面最需要编辑有修养，有主动性。

编百科全书要有两个结合：各学科知识与百科全书编纂学相结合；各个学科的专家与百科全书的编辑相结合。两个结合不可少，那么就要有两个尊重：百科全书编辑对学科专家的学问充分尊重，而不强不知为已知，在学科内容上逞强，胡乱修改稿件，轻率地对待作者的劳动成果；学科专家则要对百科全书的编辑方针、编纂体例和全书的整体性与规范性充分尊重，无论对编辑的意见还是对自己撰写的稿件，都要有商量的精神，对非百科全书体裁、非百科全书语言和非百科全书应收的内容肯于割爱，相信百科全书编辑对此有更多的分寸感和判断力。这两个结合和这两种尊重做不到，百科全书是编不好的。《中国大百科全书》编辑部有幸与我国两万多名学者专家合作，这种合作不仅卓有成效，而且还留下许多值得回味的友谊故事。可喜的是这种合作已形成传统，成功地延续到第二版的编纂工作中。

上面讲了百科全书编纂中这许多矛盾，但是对于一部大百科全书来说，还有一对更重要的矛盾：是不断升级换代，一版一版地修订再版，绵延永久，传之后世，还是一版而终，如流星过目，昙花一现?如果说质量是百科全书的生命，那么，修订再版便是一部百科全书的长寿之途和获取权威性之路。《中国大百科全书》走的正是这样一条路。

第二十章
百科词典的性质与编纂

本书在讨论现代百科全书的基本性质时已谈到辞书与百科全书的关系。百科词典既是“百科”，又是“词典”，它与词典和百科全书在性质和编纂方法上有什么差别呢？研究百科词典的性质和编纂，不能不仍从词典和百科全书这两方面入手。而百科词典与百科全书的界限尤为模糊不清。现代，有些名副其实的百科全书却谦称是百科词典，如德国的《迈耶百科词典》，而有些真正的百科词典又夸称是百科全书。使用者，甚至编纂者常常也并不加以严格区分。百科词典与百科全书的区别究竟在哪里，它们的渊源关系如何，它们在编纂方法上有什么相通和相异之处，这就是本章要讨论的问题。

百科词典的渊源　现代词典与百科全书的关系十分密切，因而人们常常以为词典和百科全书有共同的渊源，认为百科全书渊源于词典，或者是相反。其实，词典与百科全书的相互接近，或者说靠拢，乃是19世纪的事情。越是向古代追溯，则会发现它们的距离也越远。

词典是以语言中的词为对象的。最原始的词典就是难词表。在美索不达米亚中部发现的公元前7世纪的亚述文词表，可能是目前所知道的最原始的词典。但具有语言工具书性质的原始词典，则起源于公元前后：在东方是中国的《尔雅》；在西方是亚历山大的潘菲勒斯（Pamphilus）的《词汇》。为了考察词典与百科全书的渊源和发展，不妨先粗略地看一下西方词典发展史的一些重要事实。

古代西方的词典，长期处于难词表的初级发展阶段。在中国具有很高水平的词典《说文解字》出现之后1000年，西方词典才突破了难词表的壁障。拉丁语流行最广，延续时间很长，拉丁语词典在古代西方占有重要地位，对后来其他语言词典的编纂影响很大。最早正式用“词典”（dictionarius）一词作为书名的是加兰德的约翰（John of Garland），那是13世纪的事情。中世纪西方词典中比较重要的是1502年卡莱皮诺（Ambrigio Calepino）在勒佐（今意大利的勒佐内尔艾米利亚）出版的大词典，它除拉丁词外还收了一些其他语言的词汇。此书当时十分流行，以至“卡莱皮诺”一词竟成为“词典”的同义词。第一部英语词典是考德莱（R.Cawdrey）为妇女编的《字顺英语难词表》。它对2500个英语难词作了释义。意大利语词典中较早的是《科鲁斯卡学院词典》（*Vocabolario degli Accademici della Crusca*），初版于1612年，曾一直再版到1863～1922年。法语词典早期最重要的是《法兰西学院词典》（*Dictionnaire de l'Académie Française*），初版于1694年，后来屡屡再版。西方突破难词表传统的第一部词典是J.K.（可能是约翰·克西）编的《新英语词典》（1702），收词3.8万。18世纪英国著名的词典编纂家布瓦利（N. Boiley）于1721～1736年间编了三部大型英语词典，其中以《英语通用词源词典》和《不列颠词典》最为有名。布瓦利改进了收词和编纂方法，重视考证词源、标注重音和音节划分等。约翰逊（Samuel Johnson）历时8年编成的《英语词典》2卷于1755年出版，收5万个词，是西方词典史上影响最大的一部，是规范词典的代表作。这部词典最早在释文中采用引文例证（近12万条），后为欧洲词典所广泛仿效。18世纪英语词典的另一发展是正音词典。1773年，肯里克（William Kenrick）首先区分词的音节，开始用符号标注发音。

上面列举词典史的这些主要事实是为了说明，词典起源于语言方面的需要，针对的是语言现象，性质是纯语言工具书，或称语文词典。到这个时候为止，词典尚未同以知识为对象的百科全书发生什么瓜葛。

百科全书就其原始形态来说，几乎与词典有同样古老的渊源。但是，它的源头却不在语言方面。如果说词典起源于难词表，西方百科全书则起源于原始的教科书，其源头是人类对客体的认识，即知识。这里探索词典与百科全书的非渊源关系，主要是为了下文说明两者的相互靠拢，从而产生一种介乎其间的新形态——百科词典。

词典与百科全书的相互影响 19 世纪语言学的发展，为语言词典的完善和现代化提供了理论上的基础。但是，欧洲的产业革命却为语言词典的发展带来另一个重要影响。19 世纪欧洲产业革命的完成，以及随之在人们语言中新的词汇，特别是科学和技术词汇的大量涌现，对词典编纂是一个很大的冲击。

语言词典的路向 对待这种冲击曾有两种态度，或者说两种倾向。这就是以英国《牛津英语词典》（*Oxford English Dictionary*）为代表的一派和以美国韦伯斯特（Noah Webster，1758 ～ 1843）《美国英语词典》（*American Dictionary of the English Language*）为代表的另一派。不过，人们并不能简单地说，前者是代表保守倾向的，而后者是代表进步倾向的。这是因为这两种倾向是从不同角度来看待语文词典的。语文词典应不应该保持它的纯语文工具书的性质？是仅为研究语言中词的历史演变、考求例证、辨析词义提供丰富的语言知识呢，还是更重视实用性，为广泛的现代社会的使用者解释社会生活中已经出现的，但超出了词的解释的概念知识呢？简单说，就是语文词典应不应该广收百科词目并提供百科知识的释义。这曾经是 19 世纪词典编纂理论上的一个有争议的问题。

1857 年，特伦奇（R. C. Trench）发表《论英语词典之不足》（*On Some Deficiencies in English Dictionaries*）一文，成为《牛津英语词典》编纂的肇端。《牛津英语词典》共 12 卷，出版于 1884 ～ 1928 年，在资料收集和准备上下了极大的功夫，对 25 万个英语词按历史的原则解释词义，即所谓的历史词典。按历史原则编纂词典是词典编纂学上的一大学术成就，但这部著名的词典的另一特色是坚守了纯语言词典的阵地。

韦伯斯特的方向　现在我们要谈到与《牛津英语词典》方向不同的韦伯斯特的《美国英语词典》。由这部词典开始的美国英语词典编纂倾向，把语文词典推向与百科全书靠近的道路，促进了百科词典的诞生。韦伯斯特认为18世纪的英语词典已经过时，特别是在科学、技术和政治经济学方面，不能适应社会的需要。他从1807年开始编《美国英语词典》，1828年出版。第一版收7.5万个词。在韦氏词典之后，武斯特（J. Worcester）于1860年编纂出版的词典，继续沿着韦伯斯特的方向向前发展。到了1882年，安娜代尔（Charles Annadale）改编奥格尔维（John Ogilvie）的词典（1851）时，明确地把自己的词典称为“百科性”的词典。“百科性”表示这种词典不仅解释语词，而且还解释事物概念。更典型一点的“百科性”词典则是著名的芬克与瓦格纳公司于1894年出版的《标准词典》（*Standard Dictionary*）。但是，这些都还没有离开语文词典的家族，因为语词词目仍然是它的主体。1866～1876年法国著名的出版家拉鲁斯（Pierre Larousse）编纂出版的《大百科词典》（*Grand Dictionnaire Universal*）和1899年出全的美国《世纪百科词典》（*Century Dictionary and Cyclopedia*）则完全以真正的百科词典面目出现了。后者收了20万个词条和25万个人物和地名条目。

百科全书的迎合　现在，再从百科全书方面看看这种靠拢的过程。法国狄德罗虽然把他主编的《百科全书》说成是“用来改变人们思想方法的词典”，但那不过是对这部百科全书启蒙作用的比喻说法，并不改变这部百科全书的性质。稍晚些时候，德国布罗克豪斯的“社交词典”就真的是名副其实的百科词之典了。这就是百科词典应运而生的过程。这种“运”可以归结为：① 人类的科学文化知识急剧增加；② 人们产生了应急查检知识的需要；③ 词典的编纂法，主要是词目按字母顺序编排的方法有可能运用到百科全书上，就是说百科全书有了“小条目主义”组织知识的方式。布罗克豪斯的社交词典后来发展为著名的大百科全书，但是百科词典这个介于百科全书与词典之间的新的工具书形式却巩固下来，为人们所接受。

百科全书与词典的交叉　词典和百科全书各自起着不同的作用，各有不同的功能。简单地说，百科全书是知识工具书（这里不排斥某些语言知识，如“语法”“发音”等条目）；词典是语文工具书（这里不排斥百科词条对所表示的知识内容的解释）。但是两者之间有一个很大的交叉区，或者说是互相包容的部分。认识两类工具书的这种共性成分，对于两类书的编纂实践和编纂方法的互相借鉴是有益的。国外词典和百科全书出版家往往是同一的，在编词典的基础上编百科全书，或是在编百科全书的基础上编词典，是颇为常见的情况。

下图表示百科全书与词典相互交叉和互相包容的关系。

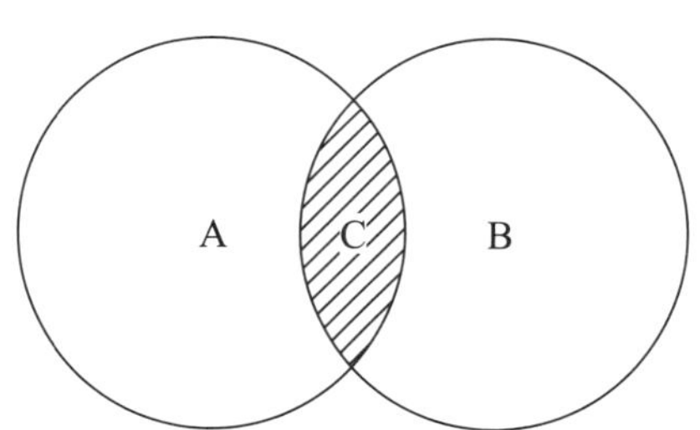

词典与百科全书交叉和互相包容的成分

相互区别的成分　上图中，A 表示百科全书区别于词典的成分。这方面的内容包括：国家、城市、山川湖海之地理描述（并附地图）；学科和分支的对象、发展和现状介绍；理论、学说、思想和方法之建立和内容；学派和流派的形成和观点，以及涉及之人物和时代背景；历史事件的记述；科学事实、现象的介绍；书刊、名著的扼要评述；重要人物（包括在世人物）的生平、成就、影响。在检索手段方面有各种分类目录和索引、释文内标题系统、参考书目，以及大量的插图等。此外还有条目的作者署名。

图中 B 表示词典区别于百科全书的成分。这方面的内容包括：构成词典主体的语词词目（包括词素、词组和成语）；词的释义和义项；词的拼法或字的写法；标注发音和重音（语音规范）以及音节划分；同义词、惯用语、派生词；词的用法和大量例证（书证）；词的语法说明（词性和形态变化）等。

互相包容的成分　图中 C 表示百科全书与词典互相交叉的成分，即互相包容的部分。百科词典正是建立在两者互相覆盖的领地上。下面对两者交叉的部分略作分析。

1. 检索系统。19 世纪，西方百科全书的一个重要发展是接受词典的编排方式，即条目从分类编排转向字母顺序编排。这表明西方百科全书从教科书与工具书作用此消彼长的状况过渡到以工具书作用为主的功能转变。那个时期的百科全书在书名上常常带有“或，……词典”的副题的现象，并非事出无因。西方百科全书和词典主要采取字母顺序的编排法，日本多按五十音顺编排。我国的词典和百科全书有多种不同的检索系统，如部首、笔画、四角号码（都属于字的形序），汉语拼音字母顺序（音序）。

2. 词目和条目（条目标题，或称条头）均表现为词。词典不消说是直接以词立目，百科全书虽然选收的是知识主题，但条目也用词或词组来标引。不同的是，百科全书中的一些上层次概述性条目（多为综合性的知识主题）因其标引已超出“词”的范围，而不为词典所收容。

3. 百科全书条目的基本释义。包括定义和知识主题的提要说明，称为条目的定性叙述。这种定性叙述往往与词条释义在性质上相同。不同之处是词条内容一般仅限于此，而百科全书条目则需要提供更多的知识信息（基本资料，如事实、数据），要回答更多的问题。以“羊毛”条目为例，语文词典就没有多少话说，《现代汉语词典》修订版，定性解释真简单，就是“羊的毛”。而《中国大百科全书》的“羊毛”条目却用了 2000 多字，要讲羊毛的类型、化学性质和加工工序等知识。

4. 关于词源的知识。词源是词条释义的重要组成部分。对于百科全书条目来说也是解释知识主题标引词所应该有的，因为词的来源与知识本身有关，也是知识介绍的一个方面。差别只在于词源解释虽属必要，但并不构成百科全书条目的核心内容。

5. 规范性。词典的词条和百科全书条目释文，都有严格的规范化要求，可以说是辞书所共有的体例要求。词条和条目释文都采取浓集的、严谨的辞书文体，只不过在程度上有所差别。

6. 知识的稳定性。无论是语文知识还是百科知识，都要求相当的稳定性和经典性。在这一点上与另一种工具书年鉴相比较，便可看出词典与百科全书的又一共性。

此外，有的百科全书对条头标引词还附有其他语言的对译词或词组。例如，西班牙《欧美插图大百科全书》条目用西班牙文标引，但却附有法、意、英、德、葡等 7 种对应外文；《中国大百科全书》条目附有一种对应的外文（主要是英文），颇有点双语或多语词典的意味。百科全书的许多条目在释文中使用较多的图片资料，以达到形象化的目的，这也同大型词典的做法相近。

交叉带的扩展　百科词典正是以百科全书与词典交叉的结合带为基础建立起来的，但又不仅限于这个结合带。在内容上它更多地向百科全书方向延伸，主要表现在词的概念性解释（定义）和提供必要的、但又有限的事实资料；同时它又向词典方向扩展，这主要表现在收选某些带有语词性质的词目。例如，新版《俄罗斯大百科词典》就收有一些没有严格知识内容的语词性词目（如 Контроль“检查”、Контекст“上下文”等）。在形式上，它更多地采取词典的编纂方法，如以词立目和标注发音，有时也给多义词设置几个义项。它不像百科全书那样追求知识的完整性和系统性。它在释文内不设层次标题，不附参考书目，由于词目繁多细琐，也无须编附索引。在作用上，百科词典也不具有辅助自学的教育功能。综上所述，不妨为百科词典下这样的定义：百科词典是采取词典编纂形式的案头型百科知识工具书。我国的《辞海》，基本上就符合这个定义，在它的“海”里就收入了大量百科词和概念内容的解释。

百科全书与词典编纂方法之异同　既然百科词典生长在百科全书与词典的交叉带上，那么比较一下百科全书与词典编纂方法之异同，对于了解百科词典的编纂当有参考意义。两者编纂方法之异同主要反映在选条（词）和释义两个方面。

选条与收词　相同之处是：首先，两者都要在搜集资料的基础上编制条（词）目表；在确定词目和条目上，在词与非词和条目（知识主题）与非条目之间都存在一定的不确定性。其次，无论是条目表还是词目表的确定都与所编对象的种类（词典有大、中、小，单语和多语，综合与专用之分；百科全书有大、小，国际性和地域性，综合性与专业性，不同年龄档次之别）直接有关。两者相异之处是：词典搜集的是已有文献和口头语言中的词语和语言材料，经分析选择后编成词目表；百科全书是在知识分类的基础上通过框架设计编制条目表。框架设计的选条方法是百科全书与词典收词方法的根本区别。

条目表与词目表的主要区别是：① 条目是概念或主题，选定后用适当的词（一个词或几个词组配）标引条头，因此可以说选条的过程是从概念到词；而词目、词素、词组和成语，也可能代表一定的概念（如果是百科词），因此可以说是从词到概念。② 条目表中的条目是有层次的，或者说是“不平等”的，大多数都有“隶属”关系，有“母条”“子条”和条目组群的关系；词目作为语言中的词来说没有层次关系，都是“平等”的。试比较《辞海》与《中国大百科全书》的部分天文学条（词）目表：

《辞海》	《中国大百科全书》
太阳	太阳
光球	太阳物理学
色球	光球

日珥	米粒组织
日冕	光斑
米粒组织	色球
太阳黑子	谱斑
光斑	闪光谱
谱斑	日冕
耀斑	黑子
太阳常数	黑子相对数
太阳物理学	日珥
黑子相对数	耀斑
闪光光谱	太阳常数

释义（定义）　释义或定性叙述（定义）对于百科全书和词典都是条目（词条）的重要组成部分。词典的释义与百科全书所下的定义有可能相似，甚至相同（如果词典解释的是概念内涵的话），但有些释义和定义则可能大相径庭。词典对词所表示的概念的解释主要限于语言交际中所必需的因素，即限于它在标准语中的含义，往往使用“指称”（指……而言）和“类称”（为……的一种），也就是有了“属”的释义就够了。人们在语言交际（标准语）中对它的内涵即本质属性要求不一定那么严格。百科全书对事、物、概念要下科学的定义，准确地指出概念的内涵。试比较词典、百科词典和百科全书对“千分尺”所作的释义：

千分尺是靠调节螺杆测量金属丝、薄板等尺寸用的测量器具。

《韦氏二十世纪新词典》

千分尺是利用测微螺杆通过接触法测量直径（内径、外径）尺寸的量具。刻度值从 0.001 至 0.01 毫米，测量范围可达 2000 毫米。（附有千分尺的外形图并注明各部分的名称）

《俄罗斯大百科词典》

千分尺是精密的测量微小尺寸的量具（见图）。旋转棘轮转柄或套筒，当被测物刚好被夹在测杆与砧座之间时，即可测出其尺寸。（以下关于千分尺结构和刻度方式从略）

《美国百科全书》

知识性和资料性　词典和百科全书都提供知识和资料，但两者介绍的知识和资料内容则不相同。词典多限于语言方面的知识，如词的形态、读音、词义、用法、例证（出自何书何典），等等。百科全书的知识性指的是基本概念及其起源、演变、作用、现状等，它的资料性指的是数据资料。就以“词典”一条为例，比较一下词典和百科全书所提供的知识和资料。

《韦氏二十世纪新词典》中“词典”词条约合中文 100 余字，先介绍拉丁词的原形和演变。下分三个义项说明“词典”一词的三个含义，即语文词典、对译词典（即双语词典）和百科词典。

《新哥伦比亚百科全书》中“词典”一条相当于中文约 2000 字，除对词典下定义外，还介绍了现代词典的特点、语言学有关理论、词典学史，提到中国、希腊和伊斯兰世界的词典，简要介绍了布瓦利、约翰逊、肯里克、谢里登、沃克、韦伯斯特、武斯特以及芬克和瓦格纳的词典以及几种百科词典。

知识、资料选择与分量的不同，还表现在词条和条目的篇幅悬殊上。

附属成分　词典除编有与正文无直接关系的附录（如简单的历史年表、各种单位换算表等）外，一般不附有其他辅助检索手段，而百科全书则必须编有与正文（条目）紧密相关的各种辅助检索工具（如条目分类目录、索引、参考书目等）。插图是百科全书的重要组成部分，现代词典也常常使用插图，但数量毕竟有限。

百科词典的编纂方法　讨论过词典和百科全书的性质及其相互影响之后便可知道，百科词典并没有什么独特的编纂方法。有词典编纂传统的出版家多是按词典的编纂方法编百科词典，这样的百科词典往往更具有词典的形态，或者说是一种语文词典与百科词典的混合体，常常称为综合词典，我国的《辞海》就属于此类。有百科全书编纂传统的出版家则是利用百科全书的基础编百科词典，这样的百科词典实际上是小型化的（案头型的）百科全书。《拉鲁斯小百科》《新哥伦比亚百科全书》和《俄罗斯大百科词典》都属于这种性质。

在百科全书基础上编百科词典 百科全书系列化本来就是百科全书出版家追求的目标。综合性大百科全书是繁衍各种百科全书的理想基础，是极好的开发资源，如果已建立百科数据库就有了更好的条件。在百科全书基础上编百科词典的主要工作是改造框架、选择和适当增删释文内容（主要是删减）。

1. 改造框架。百科全书的条目表和主题分析（内容）索引是编制百科词典词目表的主要基础。综合性百科全书的索引量一般为条目数的4～10倍，完全能满足百科词典选词的需要。下表是几家重要百科全书的索引量资料。

书　　名	条目总数（万）	索引主题数（万）	条目数与索引主题数比
《美国百科全书》	6	35	1∶5.8
《世界大百科事典》	8	30	1∶3.8
《科利尔百科全书》	2.5	40	1∶16
《美国学院百科全书》	3.2	25	1∶7.8

改造框架的工作内容是：先把索引主题按框架的体系分别并入其中，结果便会得到一个比原来多数倍乃至十几倍条目和细至七八层的新框架。然后根据以词立目的原则去掉综合性的大主题条目（如“法国文学史”“德国的宗教”之类）和拆开并列主题条目（如“战略与策略”“岁差与章动”之类）。再次，根据检索率的判断去掉过于细琐的主题并加以平衡。百科词典的词目表必然比百科全书条目表深几个层

次，而高层次的综合性条目则从百科词典的词目表中消失。把确定下来的词目按一定的编排次序（例如字母顺序或笔画次序）排列起来，百科词典词目表的编制便基本完成。

2. 改编和增删释文。留下百科全书条目的定义或定性叙述，适当删去原释文中展开的内容和资料。比较大量的编辑工作在于已“提升”为词目的原索引主题。原来百科条目释文中提到的概念或下层次主题主要是为解释那个条目主题服务的，属于条目释文内的“隐含材料”，内容大多不尽完整，或缺少完整的定义。现在抽出来作为独立的词条，便需要进一步搜集和补充资料。总之，利用百科全书的基础编百科词典，可能是最便当的途径。

在词典基础上编百科词典　这里说的词典是指综合词典（如《辞海》），不是纯语文词典（如《现代汉语词典》），能够利用的基础就是综合词典词目表中的百科词目和资料，因此就需要有一个剔选的过程（剔除纯语词词目）。综合词典的百科词目是不充分的，这就有利用各种专科词典的资料来加以补充的必要。

第二十一章
关于引进外国百科全书

没有条件编纂百科全书的国家，常常引进外国百科全书，以满足本国读者对知识查阅的需要。编有本国百科全书的国家，也常常引进外国的百科全书，那是为了让本国读者更多、更详尽地了解外国知识、外国情况、外国观点。人们多认为引进外国百科全书是件简单事，不就是翻译嘛，把用外文写的书翻译成本国语言的书就行了。其实，事情并不那么简单。引进者和出版者都不免要考虑本国读者的查阅习惯，还要顾及本国的法律、政策的规定。那么，引进外国百科全书存在哪些问题呢？首先，当然是关于版权的谈判和与原书出版者签订版权协议。版权协议可能对引进方有各种不同的限制，如对原书内容和形式修改的限制。

世界上，以编纂历史、权威性的声誉而论，被认为是美国的《不列颠百科全书》首屈一指的，又被称为《大英百科全书》。这部历史悠久的百科全书，本来于 1768 ～ 1771 年诞生在苏格兰，直到 1929 年的第 14 版才完全“移民”到美国。之所以“不列颠”或“大英”行不更名，是为了保持它的历史传统和声望品牌。因为有这样的权威性名声，它便成为被引进国家最多的百科全书。据统计，已有西班牙、葡萄牙、法国、日本、希腊、土耳其等不同形式翻译和改编的引进国。我国于 1985 年和 1999 年先后引进出版过两版，即《简明不列颠百科全书》10 卷和《不列颠百科全书》国际中文版 20 卷。我国在 20 世纪末，在《中国大百科全书》的引领和影响下，曾出现过“百科全书热”，不仅编纂出版了上百种自编的综合性、专业性、地域性和不同文化档次的百科全书，同时也引进了多种外国百科全书。最重要的就是《不列颠百科全书》，还有《美国百科全书》（*Encyclopedia Americana*，被称为《大美百科全书》）、英国的《康普顿百科全书》和案头型的《剑桥百科全书》等。

编译的组织　《不列颠百科全书》的引进规模最大，引进方式也最复杂，不是单纯的版权让渡，而是以两家百科全书出版者合作的形式完成的。

1980 年 8 月，中国大百科全书出版社总编辑姜椿芳率代表团应邀访问美国不列颠百科全书公司，双方签订合作出版中文版《简明不列颠百科全书》的协议书。协议书约定建立一个联合编审委员会。委员会对编译中的所有问题有最后的决定权。委员会由双方各出一人为主席领导。中方主席是刘尊棋，美方是不列颠百科全书公司副总裁弗兰克・吉布尼，委员会成员中方有著名学者钱伟长、周有光，美方有 R. 索乐文和 N. 金斯伯。由中方组织编辑部，约聘合适的译者。协议细则规定："联合编审委员会将按照协商一致的原则行事。因此，当对某一条目发生重大分歧时，须以两位联合主席都能接受的方式解决。否则，该条文不得利用。"

邓小平在协议达成前后和全书在我国出版期间，于 1979 年 11 月 26 日、1980 年 9 月 8 日和 1985 年 9 月 10 日三次接见不列颠百科全书公司代表团。邓小平在会见中谈到中美合作编译出版《不列颠百科全书》一事时赞扬说："这是个好事情。"可见，我国中央领导对引进《不列颠百科全书》的重视程度。在《不列颠百科全书》的编译过程中，联合编审委员会先后开过 8 次工作会议和 3 次全体会议，就编译中的各种问题以至条目增删、内容修订进行讨论和协商。

我国1999年编译出版的《不列颠百科全书》国际中文版

《不列颠百科全书》的引进，可能是我国引进的各种百科全书中难度最大，编译组织规格最高和工作程序最复杂的一部。其他引进的百科全书多是采取版权让渡，关于中文版的形式与内容修订，主要由我国引进出版单位自行组织编译委员会决定，最多不过是向对方提供若干条目译文的样稿，一般也未出现异议的情况。例如，由商务印书馆引进的《康普顿百科全书》、由中国友谊出版公司引进的《剑桥百科全书》，以及由中国大百科全书出版社引进的《苏联百科词典》，都是由引进方自行组织编译委员会或译审委员会，事情就没有编译《不列颠百科全书》那样复杂。

条目的取舍　条目是百科全书的基本查阅单元，对引进的外国百科全书条目的取舍，主要是从本国读者的需要出发，少数条目的增删也有出于本国法律和政策的原因。《不列颠百科全书》第 15 版一改传统百科全书的形式，改为“三合一”的结构形式，后新版又改为“四合一”，即“百科类目”1 卷，“百科简编”12 卷，“百科详编”17 卷，索引 2 卷，共 32 卷。我国编译的《简明不列颠百科全书》是以其“百科简编”为原本的，共收 71 000 余个条目，经联合编审委员会反复研究商定，增编约 2400 余个中国内容条目和部分由“百科详编”条目缩写的条目。两类增编的条目均由中国作者撰写和中国译者节译，经联合编译委员会审定。删除的条目很少，除“斯大林主义”一条因政治观点分歧取消外，其他多是内容冷僻、中国读者鲜能查检的条目，如古代宗教仪式、非洲手工编织技巧之类。《不列颠百科全书》国际中文版相当于我国引进《不列颠百科全书》的再版，但是规模扩大，增加了由“百科详编”缩写或编写的条目，而且重要条目，如国家条目，几乎接近全译，因而全书部头增加为 20 卷（包括 2 卷索引）。

其他几种引进的外国百科全书，条目增删变化极小或无甚变化。如海峡对岸引进的《美国百科全书》（中文版书名改为《大美百科全书》）、中国友谊出版公司引进的《剑桥百科全书》、中国大百科全书出版社引进的《苏联百科词典》，对原书的条目大体上没有增删。只有商务印书馆引进的美国的《康普顿百科全书》，经改编删去全部纯中国内容条目。原因是原书仅收 83 个纯中国内容条目，而且这些条目极其简略，与相关的外国内容条目篇幅相去甚远，极不平衡。例如，中国各省、自治区条目仅相当于中文 600 ～ 800 字，“台湾”和“西藏”条目分别为 7000 多和 3600 多字，而美国的州和加拿大的省条目篇幅可达 3 万和 2 万字。我国引进此书旨在让读者重点查阅美、加等国较详尽内容。《康普顿百科全书》原书 26 册，中文版在编译过程中，又放弃了原书第 26 卷“事实索引”。那其实是一部带有简短释文的“百科词典”，此举殊觉可惜！

结构的改变　结构改变主要在于条目编排的变化。上述几部引进的主要的外国百科全书中，除《不列颠百科全书》国际中文版和《剑桥百科全书》以英文条头按英文字母为序编排，其余（包括《简明不列颠百科全书》）多是将全书条目改为按汉语拼音字母顺序编排。既然引进外国百科全书是为了面向本国读者，这样改变是方便本国读者查检，是合乎逻辑的变化。以英文为条头排序，对于大多不熟悉英语的读者当然不便。补救的办法只有另编汉语拼音字母顺序的中文索引。这不免让读者作二次检索。百科全书是工具书，应以方便读者快捷检索为目的。

结构改变最突出的是《康普顿百科全书》中文版。它把原书的字顺编排，彻底改为全分类编排。这种编排法又与《中国大百科全书》有别。《中国大百科全书》采取的是分类与字顺相结合的编排法，即所谓的大类分卷的编排法。全书按学科或知识门类分卷，而在每学科或知识门类卷内，条目则按汉语拼音字母顺序编排。全分类编排不仅按学科或知识门类分卷，而且在各学科或知识门类卷内，条目也是按学科和知识门类的逻辑次序编排的。这在我国百科全书中是一种独特的编排结构形式。

《康普顿百科全书》中文版将原书正文 25 卷正篇的条目，分为自然与自然科学（1 卷）、地理（3 卷）、生命科学（2 卷）、历史（1 卷）、社会与社会科学（1 卷）、经济 • 产业 • 技术（2 卷）、文化与教育（2 卷）7 大知识门类 12 卷。在自然与自然科学知识门类内，条目按数学、物理学、化学、天文与历法、地球科学与环境科学的顺序编排。在地理知识门类内，条目按地理学、海洋海湾海峡、亚洲、欧洲、美洲（北美、拉丁美洲）、非洲、大洋洲及两极地区次序编排。在生命科学知识门类内，条目按生物学、植物、动物、医学次序编排。在历史知识门类内，条目按历史与考古、亚洲与大洋洲史、欧洲史、北美历史、拉丁美洲史、非洲史、军史的次序编排。在社会与社会科学知识门类内，条目按社会与社会活动家、政治与政治家、国际关系、战争与军队、法律、人类学与民族、社会学、心理学、哲学、宗教的次序编排。在经济 • 产业 • 技术知识门类内，条目按金融财会、能源 • 水利 • 农业、城市规划与建筑、交通运输、通信、矿产材料冶金、机械与电工、无线电与计算机技术、军事技术与装备、化工纺织与服装、饮食与食品加工、商业与服务业的次序编排。在文化与教育知识门类内，条目按语言与语言学、新闻出版图书、文学、戏剧与电影、音乐与舞蹈、美术、教育、体育运动、休闲娱乐的次序编排。这样改编无异于是一种全书结构的重新设计。

改编为按汉语拼音字母顺序编排的引进版外国百科全书，一般都另编原文条目索引。

内容的修订 中美双方合作编译《不列颠百科全书》，成立了联合编审委员会，这就免不了出现种种争议，而最多的争议就产生在对各种政治敏感条目内容的分歧上。最典型也最难处理的争议条目是“朝鲜战争”。这个问题在多次联合编审委员会的会议上成为争论的焦点，一直是个无法摆脱的矛盾。1982 年第二次联合编审委员会全体会议，专门用了一天时间讨论这个条目。由于中美两国互为对立方参加了这场战争，“朝鲜战争”这个条目既是美国的也是中国的，自然就存在对立的立场和对立的观点。

为了比较双方的立场，先不妨看看《中国大百科全书》对这个条目是怎样定性的：

> 1950～1953 年，朝鲜人民争取祖国解放、反对美帝国主义侵略的战争。……李承晚集团在美帝国主义支持下不断挑衅，38 度线上武装冲突频繁。1950 年 6 月 25 日爆发全面内战，美国为挽救李承晚政权，于 27 日和 30 日先后令其海、空军和陆军介入……。7 月 7 日，又操纵联合国组成“联合国军”的非法决议。……
>
> ——《中国大百科全书·军事》卷 84 页

再看看原版《不列颠百科全书》简编的这个条目又是怎么说的：

> 1950 年 6 月发生在朝鲜民主主义人民共和国（北朝鲜）与大韩民国（南朝鲜）之间的一场战争……。以美国为主的联合国站在南朝鲜一方参与了这场战争，中华人民共和国出兵支援北朝鲜。……1950 年 6 月 25 日，北朝鲜在苏联暗中赞许下，经过精心策划，跨越 38 度线进攻南朝鲜。联合国安全理事会紧急开会，通过决议号召成员国支持联合国制止北朝鲜的侵略。……

——《不列颠百科全书》简编第 6 卷 962 ～ 963 页

显然，这两种定性都不能取。联合编审委员会争论来争论去，总得有个双方都能接受的说法。怎么办？最后只能根据双方原定的协议：“联合编审委员会将按照协商一致的原则行事。因此，当对某一条目发生重大分歧时，须以两位联合主席都能接受的方式解决。”争论，让步，和点稀泥，再争论，最后妥协，于是写出了一个中性叙述，避开战争引发责任者的问题。这个经过反复争论而修订出来的条目，就是现在印在《简明不列颠百科全书》中文版上的“朝鲜战争”条目：

> 1950 年 6 月，朝鲜民主主义人民共和国（北朝鲜）与大韩民国（南朝鲜）之间所发生的一次冲突，……自 1949 年以来，朝鲜南北两方的小规模战斗始终未停。1950 年 6 月 25 日，酿成巨大冲突。北朝鲜迅速向南推进，联合国安全理事会召开紧急会议，通过决议，号召全体会员国共同阻止北朝鲜人南进。

——《简明不列颠百科全书》中文版第 2 卷 256 页

1999 年出版的《不列颠百科全书》国际中文版的这个条目，文字上稍有变动，大意仍旧：

> **Korean War** 朝鲜战争，又称韩战。1950 年 6 月起朝鲜民主主义人民共和国（北朝鲜）与大韩民国（南韩）之间所发生的一场战争……。以美国为主要参加国的联合国军加入战争，站在南韩一边；中华人民共和国最终介入，支援北朝鲜。……1950 年 6 月 25 日，朝鲜战争爆发。联合国安全理事会召开紧急会议，通过决议，号召全体会员国共同阻止北朝鲜南进。……

——《不列颠百科全书》国际中文版第 9 卷 339 页

这样一来，双方同意只谈战争的爆发，不谈谁发动了这场战争，问题解决了，皆大欢喜，可能读者并不欢喜，读了这个条目始终不知道这场造成朝、美、中三国巨大损失的战争，究竟是谁引发的，谁该负责。这已经不是编撰者能够说明白的事情！

不过，说句百科全书编纂以外的话，编撰者说不明白，有人说得明白。我的老校长（北京外国语大学前身俄文专修学校）、中央编译局局长、毛泽东的翻译师哲说明白了。他在回忆录中说："1950 年 4 月的一天，金日成秘密来访。""从毛泽东的谈话中，知道了一些情况，大致是：金日成想打一仗，而且苏联支持他打，是苏方要他来向我们通报的，并说服我们接受他的打算。""接着斯大林来电报，大意是说金日成积极主动，有很大的勇气，扭转不了他的决心和信心。"（师哲：《我的一生》374 页，人民出版社，2002）

不妨再看看英国的《剑桥百科全书》原文版中这个条目是怎么说的：

> **Korean War**　1950 ～ 1953 年，一场发生在共产主义朝鲜与非共产主义韩国之间的战争。……共产主义的北朝鲜于 1950 年在一系列边境冲突之后，侵入南韩。联合国军在麦克阿瑟指挥下将侵入者赶回到中国边界。于是，中国加入了战争，与北朝鲜共同占领了汉城（1951）。联合国军进行反攻，于 1953 年签订停战协定，恢复了 38 度线以南的领土。
>
> ——《剑桥百科全书》原文版 603 页

这倒是说得干脆明白，可是引进的中文版怎么办？我国引进《剑桥百科全书》没有联合编审委员会，而是由引进方成立了自己的编译委员会。这样就省去了许多麻烦。编译委员会可以根据我国的外交政策，对条目译文作模糊化处理，转着弯抹去那些敏感的话。下面就是经过译者和编译委员会模糊化处理的中文版中的这个条目：

> **朝鲜战争**　1950—1953 年共产党国家军队与非共产党国家军队在朝鲜进行的一场战争。……共产党领导的北朝鲜与南朝鲜经过一系列的边境冲突后，双方间终于在 1950 年爆发了战争。美国和几个西方国家的军队以联合国军的名义进行干预，将战线推向中国边界。中国于是派出志愿军参战。1953 年签订停战协定，南

北方仍以北纬38°线为军事分界线。

——《剑桥百科全书》中文版659页

《不列颠百科全书》中另一个争议条目是“斯大林主义”，经联合编审委员会中方的反对而撤销。其他政治敏感条目多是由中国学者撰写的中国内容条目，如“三民主义”“孙中山”“庐山会议”“江青”。“中日战争”条目经美方提议，双方同意适当补充国民党军队的作用和贡献。原版书中有不少内容存在错误的中国内容条目，如称“张作霖是江西人”，“胡风是中国共产党领导人之一”等。对于原版书中不少这一类条目内容，中方也提出必要的修改意见，如对“侵略”条，要求删除以下两句：“1950年及1951年北朝鲜和中国在朝鲜是侵略者”；“北越在南越的军事行动是侵略”。对“铁幕”条，要求删除“当1949年中共政府采取同样的自我孤立政策后，出现了竹幕一词，以表示中苏政策有别”。这些反对意见也为美方所接受。

《康普顿百科全书》在改编方案中，撤销了83条纯中国内容条目，因为让中国读者在外国百科全书中查阅这些简略得不成样子的中国条目，是没有意义的。除此之外，改编者还决定适当压缩美国和加拿大内容的篇幅，因为这些条目，特别是美国的州、加拿大的省和历史政治人物条目的篇幅与其他国家相应条目篇幅过于悬殊。例如，美国的“纽约州”条目竟长达46 000多字，而“瑞典”国家条目才10 000字多一点。加拿大的“魁北克省”条目篇幅达23 000字，而“阿联酋”国家条目竟短到900字。《康普顿百科全书》中文改编版对美国各州条目平均压缩70%篇幅，对美国历任总统条目平均压缩60%篇幅。根据改编设计，涉及压缩和删减的共997条，压缩约14%的总篇幅，合中文约230万字。改编方案对插图也有所减少，同时增加自配插图3900多幅，约占全书插图的36%。

译者的遴选　翻译外国百科全书条目，最适宜的译者当然是精通外文的百科全书编辑人员，因为他们讲究文字表达，又熟悉百科全书的性质和体例。但是，这种译者实在太少，而且他们都担负着繁重的编辑工作。

专职专业翻译，应该是翻译外国百科全书条目的首选对象。翻译之道最讲严谨，他们懂得信、达、雅的翻译标准，有翻译技巧。百科全书条目不是文学作品，翻译能达到信、达的程度已经很好。从事翻译工作的人，最能抠文字，抠了原文再抠译文，一字不苟，句句求准求达。常常有这样的情况，文理不通、语法混乱的文句，别人可能看得过去，读得下去，却通不过翻译的眼睛。专业翻译眼界开阔，大多有某一领域的专业知识，虽不及专家那样精通，但不弄明白内容是不肯落笔的。

好的专职专业翻译也不可能为百科全书编辑部一网全得。百科全书的翻译量又是那么大，各学科专业性条目又那么广泛。看来，从院校教学人员中选聘那些精通外语的专家学者，可能也是最合理的选择。大专院校的专家学者学识专而且广，他们为了教学、写著作论文的需要，常常阅读外文资料，且有写作表达的能力。翻译外国百科全书，编辑部应该把眼睛转向大专院校搜索。

经验证明，最不适宜的译者是那些习惯于匆忙快捷，而不习惯于精准的报界翻译人士。因为他们擅长抢时间赶任务，他们处理的东西经常是转眼即逝，可能是些明日黄花的新闻消息。让他们翻译百科全书条目，可能会不求甚解、浮光掠影地就交卷，快则快矣，精则差矣！

第二十二章
专业性百科全书编纂

在编纂实践中，专业性百科全书有一些不同之点。同时参与综合性百科全书与专业性百科全书编撰工作的人，不可以不加区分，忽略其间的差异和特点。本章将讨论的问题，对于作者（撰稿人）尤为重要。

百科全书的编撰者，特别是既为综合性百科全书又为专业性百科全书撰写条目的作者，常常对两类百科全书的性质差异感到困惑。有的作者甚至认为同一主题的条目可以一稿两用，何必徒费心思去另辟蹊径呢？专业性百科全书与综合性百科全书究竟有什么差别，这也常常是使用百科全书的读者会提出的问题：无论是为弄明白一个问题，或是搜集与此有关的基本资料，究竟是查综合性百科全书还是查专业性百科全书更好？

历史情况 百科全书2000多年的历史，基本上是综合性百科全书的历史。专业性百科全书（specialized or subject encyclopedia）是在综合性百科全书的基础上，随着科学文化的发展和人类知识的激增，特别是随着人类知识门类和学科的细化而出现的。最初出现的与其说是专业百科全书，还不如说是专门的百科全书。12世纪法国教士阿尔当（R.Ardent）编了一部《万有宝鉴》（*Universal Mirror*），又名《德行与过失总释》（*Summa de vitiis et virtutibus*），可以认为是最早的专门百科全书。但这部书是供当时基督教徒查阅基督教道德问题的百科全书，用现在的说法该叫“基督徒道德修养百科”，还谈不上什么“专业”。真正的专业百科全书是在18世纪之后才出现的。欧洲文艺复兴的影响和产业革命的推动，无疑是专业性百科全书得以产生的重要因

素。此后，科学技术和人文学科知识猛烈增加，更促进了专业性百科全书的发展。因此，18 世纪第一批专业性百科全书首先是化学和音乐方面的内容就不足为怪了。

我国出版的部分专业性百科全书

专业性百科全书出现之后，很快即与综合性百科全书和专科词典相互影响。这首先表现在专业性百科全书同时向两个相反的方向发展：一方面向专、深发展，即学科越来越专；另一方面则向相邻专业扩展，所收专业范围越来越广。前一方向的代表如电子学方面的《印刷电路百科全书》、舞蹈艺术方面的《芭蕾百科全书》；后一方面的代表如《科学技术百科全书》《社会科学百科全书》。现代，在专业性百科全书这一系列中又有了专题百科全书这一新分支，如美国的《养狗百科全书》《间谍百科全书》和《UFO 百科全书》，等等。现代世界各国的专业百科全书，已经成为百科全书系列化中具有压倒之势的支脉，所覆盖的学科和专业领域竟如此之广，已没有哪个学科和知识领域没有自己的专业性百科全书。

专业性百科全书内容范围差别如此之悬殊，品类如此之繁杂，以至人们很难确立一个即便是大体上统一的认识。专业性百科全书甚至在内容的深浅、叙述的繁简、材料的详略上，也常与综合性百科全书难分伯仲。有些专业性百科全书的知识深度和详细程度，甚至不及某些综合性百科全书。因此，要为综合性百科全书和专业性百科全书划定一条界限分明的疆界，为两类百科全书建立泾渭分明的标准，那不仅是困难的，简直是徒劳的。如此说来，专业性百科全书同综合性百科全书就没有任何差别了吗？这是同时为两种百科全书撰稿的作者和两类百科全书的编者都关心的问题。无论是在理论上还是在编纂实践上，两类百科全书毕竟还是有一些实质性的差别。

我国在《中国大百科全书》开路和引领下，专业性百科全书发展很快。30 多年间仅中国大百科全书出版社开拓的专业性百科全书就达 40 ～ 50 种，而由各专业出版社出版的专业性百科全书更不可胜数，够规模的就有医、农、电、水利、企业管理、邮电等领域，可认定为专题百科全书的有《长城百科全书》《集邮百科全书》《奥林匹克百科全书》《武术百科全书》《湿地百科全书》等。

读者对象　综合性百科全书主要是为不具有专业知识基础，或者说，是为仅有一般兴趣的广大读者，即外行读者编的。所谓外行读者，也包括那些非本专业的专家读者。例如，化学家对于心理学可能就是一位外行读者，数学家对于文学也可能是一位外行读者。而专业性百科全书则是为具有这一专业知识基础，或是有这一专业兴趣的读者（爱好者），至少是和这一专业沾边的读者编的。读者对象不同，当然在内容多少和表述的深浅上就应该有差别。不过，即使是专业性百科全书，一般也适当照顾外行读者的接受能力，以扩大全书的读者范围，在知识解说的深浅程度上，与专著和学术论文不可同日而语。

选收范围　这是专业性百科全书与综合性百科全书最主要，也是最明显的差别。综合性百科全书荟萃人类一切门类知识，常被称为包罗万象的百科全书；而专业性百科全书则仅选收一个或几个相邻的学科或门类的知识。不过，专业性百科全书往往也适当收选一定数量的与本专业有密切关系的基础学科知识，以求能有独立使用之效。从编撰者的角度来说，同一门类或同一主题知识（即同题条目），在两种百科全书中自然有粗细、详略、深浅和繁简的不同处理。

知识性与资料性 无论是专业性百科全书还是综合性百科全书的条目，知识性和资料性内容都是必不可少的，但两者的轻重则略有不同。相对来说，综合性百科全书的知识性比专业性百科全书为强，而专业性百科全书的资料性则比综合性百科全书为重。知识性内容主要指的是基本概念（定义）、词源解释、渊源沿革和部分基本事实；资料性内容主要指的是人、地、著作、机构组织、数据、图表和参阅资料。最普通的知识一般不为专业性百科全书所收取，却是综合性百科全书的重要内容。与基本概念和基本知识有关的资料，在专业性百科全书中则比综合性百科全书为多。

实用性和指导性 综合性百科全书不强调实用性和指导性内容，而专业性百科全书则具有相当的实用性和指导性。有些对于专业人员有用的数据资料，可能不为综合性百科全书所收，而在专业性百科全书的条目中则常被收入。不过，不论哪种百科全书，毕竟都与作为资料性工具书的手册有别。即使是专业性百科全书，主要解决的还是基本知识问题，像如何医病、如何烧菜、如何打官司之类的操作性内容问题，到底不是百科全书所解决的事情，那是医疗手册、烹调手册和法律手册的任务。

语言和图表 对同一知识主题，两种百科全书表述的深浅、繁简有别已如上述。在百科全书编辑中有一术语叫作“术语密度”，意思是说用一连串不加解释的术语来说明一个概念。在两种百科全书中，术语密度是有所不同的。在综合性百科全书中，专业术语应当尽量少用，避免使用行话，对费解的专业术语须作随文解释，或指引参见；而在专业性百科全书中则可适当放宽要求，对有些不甚偏狭的专业术语，不一定一一加以解释。此外，公式和符号在专业性百科全书中也比综合性百科全书使用得广泛。

插图的表现形式和风格也有所不同。综合性百科全书多用形象化的立体图、示意图和照片图，让读者获得更多的感性知识；而专业性百科全书除这类插图外，可以使用更多的科学图（如结构图、机械图、方框图和线路图等）。

篇幅字数　同一主题的条目因两种百科全书内容详略不同，篇幅大小自然有别。例如，“太阳”“浪漫主义”“记忆”条目，在综合性百科全书中和在天文学、文学和心理学的专业性百科全书中，篇幅会大不相同。

此外，两种百科全书条目开列的参考书目也有差别。综合性百科全书一般不把专著和学术性著作作为参考书目提供给读者，而多以知识性读物和教科书性质的出版物为参考书目，而专业性百科全书提供的参考书目往往更富专业性。

专题性百科全书更侧重于实用知识，带有相当的实用手册的性质，如《旅游百科全书》《园艺百科全书》《摄影艺术百科全书》等。专题性百科全书性质颇杂，条目撰写不那么强调严格的体例规范，内容表达常因主题而异，一般说不如综合性和专业性百科全书那么严谨。

第二十三章
地域性百科全书编纂

中国大百科全书出版社首任总编辑姜椿芳在编纂出版《中国大百科全书》的同时，就已提出在《中国大百科全书》出版到半数卷时就应开辟地域性百科全书系列。1991 年《黑龙江百科全书》就是根据这一计划出版的。此后，我国各省市随之积极起来，相继向中国大百科全书出版社要求派出编辑帮助编纂本省市的百科全书。地域性百科全书与我国传统的地方志不免存在邻接关系。为此，编辑部不得不研究两者的区别。1987 年 1 月 26 日《人民日报》在学术版发表《地方志与地方百科全书》一文，就是这项研究的成果之一。文章论述了两者的异同。本书这一章不仅讨论地域性百科全书与地方志的邻接关系，而更着重讨论地域性百科全书与综合性百科全书在编纂方面的差异。

地域性百科全书的性质　地域性百科全书在百科全书这个家族中是年轻的成员。前章谈到，与综合性百科全书相对称的专业性百科全书兴起于 18 世纪之后，而与世界内容（国际性）百科全书相对称的地域性百科全书则到 19 世纪末才出现。

地域性百科全书（regional encyclopedia），或称地方百科全书，并非对应综合性百科全书说的，而是相对于世界内容百科全书说的。就基本性质来说，地域性百科全书也是综合性的。这就是说，它的内容就知识领域和资料内容而言，是全面的，而不限于某一门类和某一专业方面，只不过所收的知识和资料仅限于一个地区、一个省、一个州、一个市，甚至一个国家的内容。对于地域性百科全书作这样性质上的说明，实际意义在于编纂中怎样区分和处理共性的内容和地域性的内容。所谓共性内容，指的是非本地区所特有的知识内容。地域性百科全书既不能离开全面性和系统性，又不能像世界内容百科全书那样包罗万象，要求一切从最基本处说起。不言而喻，地域性百科全书在学科、行业知识上的全面性和系统性，必须受到地域的限制。因此，地域性百科全书实质上是内容受到地域限制的综合性百科全书，不妨说是地方综合性百科全书。如果一定要给地域性百科全书下个定义，那就是：概述一个地区全面基本知识和基本资料的完备的工具书。

资料性内容多于知识性内容　这是地域性百科全书的一个明显特点。综合性百科全书将知识性内容放在第一位，无论是在条目设置上还是在篇幅分量上都是如此。但是地域性百科全书由于内容的地域化，大量共性的、基本的知识主题消失了，至少是大大减少了。例如，像数学、物理学、哲学，以及其下层次的大量概念条目，就不会在地域性百科全书中出现。因此，突出在第一位的自然是大量的地方资料性内容，毕竟地区特有的知识性内容是有限的。不过，说知识性内容在地域性百科全书中居于第二位，绝不是说这样的内容不重要。正好相反，它们恰恰是地域性百科全书内容的特色所在。地域性百科全书系列的特有价值和对另两个百科全书系列的补充作用，也恰在于此。正是这样的内容，往往不为另两个系列的百科全书所充分包容。所谓知识性的第二位，只是从量的角度说的。就以《北京百科全书》来说，像“故宫”“京剧”这样的知识性条目，都有 2 万～ 3 万字的篇幅，成为全书的骨干条目，实际上比《中国大百科全书》有关卷的同主题条目更为详尽和充实。再如《黑龙江百科全书》中的“渤海国”“金朝”“《瑷珲条约》”等，也都是地域性百科全书的重头条目。

从百科全书的读者角度来说，查地域性百科全书多半是为了获得与该地区有关的知识，主要是翔实的权威性资料，而不是那些不分地区的共性知识。例如“大豆”这个主题，在《中国大百科全书·农业》卷中设有基本知识性条目，而在《中国农业百科全书》作物卷中设有更详细的知识性条目。读者欲了解大豆的基本知识，自然是选择综合性百科全书或专业性百科全书，而不会选择地域性百科全书查阅。这显然是个共性的知识主题。但是《黑龙江百科全书》也收有“大豆”条目，这是因为大豆无论从产量、品种来说，还是从经济意义上来说，都是黑龙江省传统的重点农作物，自然有其黑龙江特点的内容。查《黑龙江百科全书》中“大豆”条目的读者，所要了解的正是这种具有地方特点的知识和资料。例如，《黑龙江百科全书》中的“大豆”条目，其中写道：“黑龙江省是中国大豆主要产区，种植面积和总产均居全国首位。……省内主要种植区为三江平原、松内平原。……省内种植的大豆有 40 多个品种。代表性品种为合丰号大豆和黑河号大豆。”这样的资料性内容，在综合性百科全书和专业性百科全书中肯定是查不到的。

对于编纂者来说，明确地域性百科全书知识性与资料性的这一特殊关系很重要，否则便会忽略地域性百科全书与世界内容的综合性百科全书的区别以及它们的互补性，以致在选条和篇幅控制上缺乏尺度，越界膨胀，最终会改变地域性百科全书的性质，失去地域性百科全书的特有功用。

地方志与地域性百科全书　谈论地域性百科全书，自然而然会想到地方志。编现代地域性百科全书不能不研究它与传统地方志的关系。它们的性质和内容如此相近，这也许是现代形态与传统形态的自然衔接，如同现代形态的百科全书与传统形态的类书衔接那样。

地方志在我国有悠久的历史。俄国似乎也有过类似地方志性质的书，称为 Краеведение。日本的方志书可能是受中国的影响。关于地方志的编纂理论和方法，在我国早已形成一门完整的学问，这就是方志学。说来也巧，就在拙作出版之年，地方志竟与百科全书相会，一部《方志百科全书》由方志出版社出版了。该书对地方志的方方面面，自有详尽的表述。根据方志学家的权威定性说法，地方志有四性：区域性、连续性、广泛性和可靠性（或曰真实性）。不过，这些“性”不

我国出版的部分地方百科全书

仅没有把地方志与地域性百科全书区别开来，反而把它们拉近了。那么，什么能把这两者分开呢？我们只好看看两者的定义了。困难的是，地方志的定义因和它起源的争议有关，还没有一个完全一致的定论。关于地方志及其历史发展已有大量的专著和专论，缕析甚详，但给地方志下定义却遇上了“主地说”和“主史说”的纷争。《四库总目》的界说，即“古之地志，载方域、山川、风俗、物产而已”，曾为方志学界所非议。关于地方志性质是属于地理书还是历史书，曾经历过几番论争。后来，受地方经济、文化发展的推动，地方志内容日益综合化，这种争论似已渐渐失去现实意义。遗憾的是，权威的《方志百科全书》竟未设“地方志”条目，没有给地方志下一个明确的定义。现代方志学家给地方志下的定义是：地方志是以地区为中心，记载某一地区有关的历史、地理、社会经济方面之历史资料的书。值得注意的是，它终究是“资料的书”。这就与地域性百科全书是工具书区别开来。从该书前面的概述性文章中也可以看出，地方志是关于地方全面情况的资料书。两者最基本的连接点就是前文谈到地方志的“四性”中的地区性。至于相异之点，首先前者是以收载资料为主的书，或简称资料书；后者是以记述基本知识为主的书，或简称知识工具书。就此表明，地方志主要不是供人随时查检的书，即不是工具书；而后者则是完备的工具书。这两点差异反映在两种书的内容收载上，也表现在编排体例上。

方志学的启示 在地域性百科全书编纂中注意到地方志与地域性百科全书基本性质的异同，便有助于跳出地方志的窠臼，同时又可能从地方志编纂中吸取某些有益的东西。我国方志学大家章学诚（1738～1801）在著名的《修志十议》中提到的“二便”（“地近则易核，时近则迹真”），自然也是现代地域性百科全书应该充分利用之“便”，何况在现代交通和通信的条件下，这“二便”更远非昔日可比了。《修志十议》还提到“五难”，其中的“调剂众议难”和“预杜是非难”，诚然也是现代地域性百科全书编纂所不免的人为之难，特别是当问题涉及人物名单排列和人物评价的时候。至于另三难“清晰天度难”“考衷古界难”和“广征藏书难”，在现代科学技术和图书馆事业发展的条件下，可能算不得太大的难点了。就是前面那两难，对现代百科全书来说也有一种解决之途，那就是百科全书容许“百花齐放”，容许客观地反映不同的观点，而不强定于一尊，不求盖棺论定。最值得地域性百科全书编纂者参考的是章学诚提出的“修志八忌”。这八忌是：忌条理混乱，这与百科全书的框架设计有关；忌详略失体，这与百科全书内容平衡有关；忌偏尚文辞，这与百科全书的文体有关；忌妆点名胜，这与百科全书选收条目和克制偏爱有关；忌擅翻旧案，这与百科全书的稳定性判断有关；忌泥古不变，这与百科全书注重内容新有关；忌浮记功绩，这与百科全书的客观性有关；忌贪载传奇，这与百科全书的严肃性有关。这些“忌”，有些也常常是编百科全书容易犯的毛病。而修志的“四要”：“要简、要严、要核、要雅”，恰恰也是百科全书以体例规定的要义。

方志学理论中的“立三书”之说，则是值得地域性百科全书编纂者研究的一个理论问题。现代地域性百科全书编纂者在这个问题上不能沿地方志的轨道走去。所谓“三书”，就是“志”“掌故”和“文征”。它们被方志学家视为传统地方志的三要素和地方志的体例结构。如果不抠字眼，“志”就是地方志中的撰述部分，即编撰者撰写的文字。“掌故”属于政事资料，现代称为文献资料。“文征”是地方名人的诗文汇辑。如果说“志”基本上是知识性内容，那么“掌故”和“文征”就属于原始资料，当然是精选的重要文献性资料。方志学家一向主张以“志”为地方志的主体，把记述部分与文献资料部分结合起来。现代地域性百科全书也是把知识性与资料性结合起来。但是，现代百科全书的资料性内容采取的是记述或转述的形式，而不采取“掌故”那种保存原始文献的形式。至于所谓的“文征”，百科全书则把它让给现代纷繁的其他书刊来代劳，而不予收载。对于重要（知名度很高）的文学艺术著作，地域性百科全书则以设条目记述的方式处理。

地域性百科全书系列设计　地域性百科全书既然称为一个系列，那就不是一两部百科全书，而是一个“群落”。如果按层次说，就有大洲的百科全书，如《亚洲百科全书》《欧洲百科全书》；有国家或地区的百科全书，如《中华百科全书》《加拿大百科全书》；有省或州、大城市的百科全书，如《黑龙江百科全书》《伦敦百科全书》等。一个国家的地域性百科全书如果也形成系列，那将是很有价值的一套百科全书。

我国的省、自治区和直辖市的区划，是由历史、地理、民族、经济和文化等诸多因素形成的，自然是我国地域性百科全书最适宜的区域范围。分省、自治区、直辖市和特别行政区，这样的地域性百科全书已有黑龙江、北京、上海、广东、青海、海南、云南、吉林、四川、贵州、新疆、西藏、澳门等百科全书。编成我国地方百科全书，既有各自的独立性，成为各省、自治区、直辖市和特别行政区的权威百科工具书，又有配套性，形成我国完整的地方百科全书系列。已经出版的《简明中华百科全书》（电子版去掉了“简明”二字）也是一部地域性百科全书，只是它的地域性及于全国，是一部纯中国内容的地域性百科全书。根据系列化考虑，它应成为我国地方百科全书系列的“龙头”。作为补充和扩展，我国地方百科全书还可以有一个子系列，即城市百科全书，如广州、大连、烟台、潮汕、福州、宜宾、晋城等百科全书。

总体设计　构成系列套书的一个基本要素是规范性。无论是省级地域性百科全书系列还是名城百科全书系列，如果缺乏系列的总体设计，或者说缺乏从内容到形式的规范性，那么它们就会失去其整体效益和价值，从而也损失其个体的权威性。

我国地域性百科全书系列带头起步的是《黑龙江百科全书》和《北京百科全书》。这两部地域性百科全书有条件先行一步，它们的总体设计就不能不考虑到整个地域性百科全书系列。实际上，《黑龙江百科全书》的总体设计在前，正是探路的性质，要为整个地域性百科全书系列摸索一种可供参考的体例规范模式。地域性百科全书系列的总体设计并不排斥各地方百科全书本身的内容特色。相反，系列总体设计正是要保证那些具有地区特征的知识和资料成为每部百科全书的核心内容。例如，《黑龙江百科全书》在设计时就考虑到以中俄关系史及其文化影响，以及少数民族（主要是对中原地区影响重大的满族以及达斡尔族和鄂伦春族）生活和文化为其核心内容。

地域性百科全书结构设计上的最大特点是系统概述与条目化相结合，用以满足系统阅读和随时查检这两类读者的需要。

系统概述　地域性百科全书的系统概述是全书内容的纲要，约占全书 10% 的篇幅。它概要地、系统地介绍地方的全面情况，着重反映动态情势、现在状况和发展水平等不便单独设置条目的内容，并把独立主题（条目）提供的知识和资料沟通联系起来。系统概述部分按门类叙述，包括如下各部分：本地区地理位置、疆界、面积、人口、行政区划、自然环境与资源、居民（民族、语言、宗教、风俗）、历史（到中华人民共和国成立为止）、法制、工业、农业、水利、交通运输、通信、商业服务业、对外贸易与对外经济合作、财政金融、教育、医疗卫生、体育、科学技术、文化（新闻出版、广播电视、图书馆、博物馆、文学艺术）、生活（就业、住房等）、旅游。系统概述中除历史部分外，其他部分以反映中华人民共和国成立以来的发展、现状、水平为主，必要时稍为上溯，对设有条目的内容则点到为止，不予展开，并通过参见系统指引专条。

条目与选条　条目是地域性百科全书的主体。地域性百科全书依地区情况不同可选收 4000 ～ 7000 个条目。地方百科全书选收纯属本地区知识主题的条目，但可适当选收与相邻地区共有的重要主题条目（如《黑龙江百科全书》中的“人参”“红松”“天鹅”等条目）。非纯属本地区的共性主题一般不宜收列条目，但对世界或全国具有首创、发源地意义和重大影响的共性主题，则可适当选收设条。

人物介绍是地域性百科全书的重要资料性内容。人物条目选收的原则应该是：① 出生和成就均在本地区的重要人物；② 出生于本地区而活动在外地（包括海外）的有重大影响（包括反面影响）或重大贡献的历史人物与当代人物；③ 出生于其他地区（包括外国人）而主要活动在本地区并有重大影响或重大贡献的历史人物与现代人物。地名条目也是地域性百科全书的大项，包括山、川、江、湖等自然地理条目，而更多的是行政区划条目，一般收到乡、镇和具有特殊意义的村。地方百科全书中的人物条目和地名条目可分别占全部条目的 10% ～ 20% 和 20% ～ 30%。

组织机构（包括党政机关、院校、团体、企业等）资料也是地域性百科全书应有的内容，必然设有相当数量的条目。

检索系统　我国地域性百科全书的基本检索系统也是按汉语拼音字母顺序编排的条目，同时辅以条目笔画索引。考虑到地域性百科全书一卷书篇幅有限，也不妨将条目笔画索引简化为条目首字检字表的形式（如《黑龙江百科全书》那样）。

条目分类目录对于形成地域性百科全书内容的系统性十分重要。它同时也是全部条目的分类索引。参见系统和时序检索性质的地区大事记，在地域性百科全书中的作用和在综合性百科全书中一样，是不可少的项目。

地域性百科全书与地方年鉴　在理想的情况下，地方年鉴应以地域性百科全书为其母体，成为它在时间上的信息延伸、在资料上的补充和更新，并成为其修订手段。有了地域性百科全书，地方年鉴可以大大减少篇幅，不必年年重复那些基本的资料。地方年鉴编纂中更新的一些矛盾，如基本资料与发展情况的矛盾，知识性与资料性的矛盾，以及稳定性与材料新的矛盾，也可因地域性百科全书与地方年鉴各自有所侧重而解决了。

第二十四章
百科年鉴及其编纂

年鉴这个家族的历史，与词典和百科全书两家相比谈不到古老。如果追根溯源，它的祖先本来是历书，在西方最早出现于15世纪，在我国称为“皇历”，出现得更早。现代实用的历书已变成日历和挂历了，不管上面编印了多少文字和图画，也算不上年鉴了。现代年鉴和百科全书同是现代工具书家族的独立成员，但年鉴一和百科全书联姻便有了两种身份，既是年鉴的一支又是百科全书的延续。说来，百科年鉴还不仅仅是百科全书的延续，而且是百科全书的一种重要修订手段，因而具有百科全书的“天性”。百科年鉴的编纂也就有了许多与百科全书编纂的共同之点。讨论百科年鉴的编纂和编辑工作，不能不从一般的年鉴谈起。

年鉴的性质和作用　杂志有周刊、月刊、双月刊、季刊之分，那么年鉴是不是年刊呢？年鉴，就其发行周期来看是“年刊”，但就其性质而论则不是杂志。

年鉴是一种工具书，前面在第五章中曾谈到，现代工具书是回答问题的书。它们回答哪些问题呢？词典主要回答的是“什么”（what），地图集回答的是“什么地方”（where），而年鉴是回答时间性（when）问题的工具书。如果下个定义则是：年鉴是逐年发行、概述一年事务发展和记录最新事实，以及汇集统计资料的工具书。从信息、情报、知识的积累与整理（稳定）的连续过程看，年鉴处于中间地位。从下图可以看出，年鉴相对于报刊来说和百科全书相对于年鉴来说，都是信息、情报、知识归纳整理和综合概括的结果。从这个意义上说，百科全书也是一种连续性出版物，不妨说它是“十年刊”，因为现代百科全书的修订周期一般是 10 年左右，只不过知识的稳定程度和筛选的信息量不同而已。反过来说，报刊是年鉴出版后、年鉴是百科全书出版后信息与知识在时间上的延续，是知识的发展和补充。

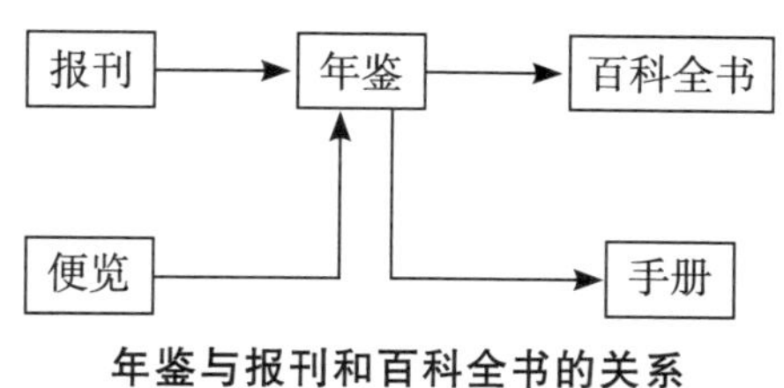

年鉴与报刊和百科全书的关系

年鉴的作用主要有 6 个方面：① 提供一年内全面的、精确的事实资料；② 提供概要的背景情况和重大发展的评述；③ 便于人们研究发展趋势，为逐年分析某个问题提供可比的资料；④ 提供较多的线索（年鉴对于许多事情虽然语焉不详，但能提供“追踪”的线索）；⑤ 提供实用的指南性资料，例如有关的组织机构和逝世名人等资料；⑥ 可供浏览，年鉴本身内容的丰富性和编辑方面的形象化手段（有较多的图片）能引起人们浏览的兴趣。

年鉴的种类　现代年鉴种类繁多，大体有两大类：综合性年鉴和专业性年鉴。专业性年鉴自然因包罗的学科或领域而多种多样，如《中国出版年鉴》《日本教育年鉴》。综合性年鉴应该说是年鉴家族的“老大”，因为它内容最全、分量最重、使用者最多。综合性年鉴又有新闻年鉴、百科年鉴和统计年鉴之区分，此外还有国际性年鉴与地方年鉴之别。

新闻年鉴为报业所生，大多是由通讯社和报刊出版部门编的，带有新闻年刊的性质，重视新闻性（有闻则录），但知识性不及百科年鉴。世界著名的新闻年鉴如美国报业联合会编的《世界年鉴》，自 1868 年创办，到 20 世纪末已出 120 多本。百科年鉴是百科全书的产儿，由百科全书出版社所编，与新闻年鉴相比更重视内容的知识性和稳定性。世界著名的《不列颠百科全书》《美国百科全书》《科利尔百科全书》都逐年出版单独的百科年鉴。统计年鉴是以各种统计数字为主体的纯工具书，一般不具有可读性，供人浏览的作用自然很小。

综观世界各种年鉴，有一些基本内容（设置为主要栏目）是都要包含的。

1. 大事记（大事年表），简者分月缕述，详者逐日罗列。新闻年鉴还有“十大新闻”之类的名目。这个部分一般占篇幅不多，但注意编排形象化，借以引起读者浏览的兴趣。

2. 专论（或综述），包括专题报告、专文和特稿。专论是对人们关心的重大事件和发展的概要评述，要求选题抓得准。篇幅一般占全书的5%～20%。大多数年鉴把这部分内容集中在实质性内容之前，但也有的年鉴把专论分别插在事实概览或条目的有关部分，并予以醒目的标志。

3. 事实概览是年鉴的主体部分，一般占全书过半篇幅，大约在50%～70%。新闻年鉴大多分大类设栏，大类之下再细分几级小标题。百科年鉴则采用条目形式并多按字顺编排。专业年鉴则多是按本专业的体系编排内容。

4. 统计资料（图表）也是年鉴的基本内容。年鉴编附的重要文件或其摘录也可以归在这里。这个部分所占篇幅大约为全书的10%～30%，分量虽不及事实概览重，但费编辑部的力气实大，要求编辑部作经常性的资料搜集和积累的工作。

5. 索引是年鉴的重要检索途径，是这座小信息库的“钥匙”，篇幅大约占全书的10%～15%，一般采取主题分析索引形式。

百科年鉴及其性格特点　百科年鉴既然是百科全书的产儿，它即便独立作为综合性工具书使用也仍具有百科全书的性格。它的一项重要任务是成为其“母体”——百科全书的补充和资料更新手段。

历史背景　古代的百科全书还谈不上资料更新制，也不修订再版。一部百科全书过时了，便为新编的百科全书所取代。现代百科全书的正规再版制，基本上可以说是由《不列颠百科全书》所创建，再版周期平均为10年。一部百科全书编成出版，在最多10年的时间里就不免有部分内容陈旧过时。为了解决两版之间的资料更新问题，于是又有出版“补编”（或“补卷”）的办法。而百科年鉴，实际上是补卷制的常规化，即每年都出一“补卷”。

在现代世界百科全书中要算《不列颠百科全书》资格最老，但是百科年鉴却不是《不列颠百科全书》所开创。这项首创之功应归于德国《布罗克豪斯百科全书》。在它的第10版与第11版之间，曾发生许多重要事情。该书编辑部遂在1857年编出《布罗克豪斯百科年鉴》。马克思和恩格斯曾为之撰写过不少条目的《新美利坚百科全书》（*The New American Cyclopaedia*）从1862年开始出版《美利坚百科年鉴》，成为第二家。在百科年鉴的历史纪录上，《不列颠百科全书》只能屈居季军了。它是在第11版之后的1913年开始出百科年鉴的。

百科性格 百科全书催生了百科年鉴，并使之成为自己的补充和修订手段。百科性格遂成为百科年鉴的“天性”。正是这种天性，使得百科年鉴更具特色，更有价值，更富权威性。什么叫百科性格？简单地说，就是百科年鉴的母体所具有的性格。那就是百科全书的三要素：知识性、资料性和检索性。而第一位的是知识性，以及知识的系统性和权威性。其次是年鉴在框架（表现为内容的收选和编排）上和风格（图文表现形式和装帧）上与母体的一致性和贯通性。再有，就是它讲求庄重，例如像它的母体一样，不把商业性广告视为可靠的知识而是将之排除书外。

百科年鉴与同族同宗的新闻年鉴不免有瓜葛与交叉，甚至还会把另一位“族弟”——统计年鉴收编过来。但是，它贵在保持百科性格，珍重自己的百科“门第”。百科性格是百科年鉴继承于母体的品格，它到底是如何体现的呢？我们不妨比较三家有代表性的百科年鉴，了解一下它们的编纂体例。下面要比较的三家是：《不列颠百科年鉴》（*Britannica Year Book*）、《美国百科年鉴》（*Americana Annual*）和《苏联大百科年鉴》（*Ежегодник БСЭ*）。

下表是这三家百科年鉴的比较。需要说明的是，年鉴正文条目的安排因为涉及各家百科年鉴的框架，自然也反映着它们母体的框架基础。

《不列颠百科年鉴》的框架基础是 11 个门类：经济发展、环境与自然资源、食品与农业、健康与疾病、人与社会、工业、文学艺术、国家与国际事务、科学技术、社会科学、体育运动。在此基础上再细化为 48 个主题（包括学科、知识门类和重大社会问题）设置条目，均按英文字顺编排。

书名 项目	《不列颠百科年鉴》	《美国百科年鉴》	《苏联大百科年鉴》
初版年代	1913	1923	1957
总篇幅	约 900 页，约 250 万字	约 600 页，约 120 万字	约 600 页，约 140 万字
特稿、专稿	1～6 篇	1 篇综述，4～5 篇专题报告	——
年度大事记	约 6 万字	约 2 万字	第 1 章国内情况、外交事务
百科全书修订条目	2～3 个大条目，收入或替代新版百科全书条目	——	——
年鉴正文	48 个大主题（大条目），按英文字顺编排	76 个大主题（大条目），按英文字顺编排	章节体系编排，共分 11 章
各国概况	正文中“世界事务”分洲分国介绍	依各国情况设条，与正文条目统一排列	第 2 章外国概况，按俄文字母顺序排列
资料性内容，年度人物	约 90 人，各 600～1000 字小传	约 30 人，各约 800 字小传	第 11 章约 200 人，各约 100 字
逝世人物	约 190 人，各 400 字介绍	约 10 余位重要人物，另约 200 位知名人物，各 50～100 字介绍	——
奖金奖励	不列颠百科年度奖，各 500 字	分诺贝尔奖、艺术、新闻、文学电影、电视、戏剧、科学各类奖项约 60 种	第 11 章分国家奖和诺贝尔奖
灾祸事件	分空难、海难、交通、火灾、爆炸、井下、自然灾害	同左	——
新书目	约 180 种，分类编排	——	——
统计资料	约占全书篇幅 45%，各国统计数字表分 24 种详表	约占全书篇幅 5%～6%，包括部分国家经济统计数字	除第 2 章外无统计性资料
索引	约 8000 条	约 3000 条	——

注：表中的字数均为相当于中文的估计字数。

《美国百科年鉴》的基础框架在其总目录中反映为四大门类，再细化为多个主题，按字顺编排条目。其框架结构是：① 经济与产业：广告业、农业、汽车、银行、企业、消费、时装、食品、住房、工业、室内装潢、国际贸易与财政、劳动、采矿业、出版业、零售商、股票与公债、税收、运输业、旅游业。② 政府•社会•法律•政治：裁军、城乡事务、公民权利、犯罪、吸毒与酗酒、环境、种族问题、法律、军事、人口、邮政、监狱、难民与移民、宗教、社会福利、第三世界、联合国、选举、妇女。③ 文化与娱乐：建筑、艺术、钱币收集、舞蹈、教育、园艺、图书馆、文学、电影、音乐、摄影、音像、体育运动、集邮、电视广播、戏剧。④ 科学技术：人类学、考古学、天文学、地质学、激光技术、医学与健康、气象学、微生物学、海洋学、物理学、南极考察、空间探测、动物。

《苏联大百科年鉴》的框架表现为篇章系统，共分 11 章，各章很不平衡。这 11 章依次是：本国概况、各国概况、国际组织和国际会议、共产党和工人党关系发展、社会主义国家经济、资本主义国家和发展中国家经济、资本主义国家工人运动、科学技术、国际音乐电影节和展览会、国际体育竞赛、人物传记资料。

百科年鉴编纂的特点　百科年鉴的编纂不外是循一般年鉴和百科全书两方面编纂的规律，并没有什么自己独特的方法。编百科年鉴首先要有雄厚的资料基础（理想条件是立足于百科数据库），并拥有固定的分析研究人员。百科年鉴逐渐增加自编的成分，尽量减少外部约稿，可能是合理的路子。百科年鉴与百科全书稍有不同之处，即可容纳关于重大问题和发展的评述（表现为专文、专论或特稿），但百科年鉴的一切评论必须是权威的、客观的和精炼的，不宜长篇大论，篇幅应有严格的限制。把百科年鉴编成文献汇编、论文集、大杂志（年刊），是不符合这种百科工具书的性质的。

几种百科年鉴：《美国百科年鉴》（左上）
《中国百科年鉴》（右）《不列颠百科年鉴》（左下）

与母体一体性　百科年鉴与百科全书的一体性首先应表现在装帧上，如开本、封面、版式、纸张材料等，但更重要的是在框架和编纂体例方面。《不列颠百科年鉴》自1978年开始设“百科全书修订条目”专栏，每年年鉴均收载3～4个百科全书的修订条目，这是百科年鉴作为百科全书修订手段的最直接的体现。此外，该年鉴的所有条目均在条末指明本条所补充和修订百科全书中的条目，从而将年鉴与百科全书的内容紧密地联系起来。百科年鉴的统计资料项目与全书资料性附录的规范一致，使资料的可比性大大增加，读者可据以逐年修订全书的基本资料，随时掌握最新数据。百科年鉴丰富的资料性内容，对于母体是重要的补充。

百科年鉴与条目化　条目化是一切工具书实现检索性的重要手段，百科全书尤其如此。但百科年鉴的条目与百科全书的条目有一些差别。百科年鉴的条目不可能是百科全书那样的知识主题，因为它既不能完全独立，也不是一个完整的知识，仅限于一年的事物，只能是片断。但是，百科年鉴的条目仍然是主题，是报道性的主题，是在百科全书的基本知识基础上报道新的发展。不妨以1988年《不列颠百科年鉴》的

“天文学”条目为例，试看它与母体中同题条目定性叙述之不同：

> 天文学是研究天体及其毗邻环境的科学。研究对象包括太阳系天体、恒星、银河系、河外星系、星际物质，直至整个宇宙。
>
> ——《不列颠百科全书》

> 在天文编年史上，1987年是超新星年。四个世纪以来，人们第一次能用肉眼从地球上观察到恒星的消亡。1987年还是探测太阳系最远行星冥王星和宇宙中遥远天体并获得许多成果的一年。
>
> ——《不列颠百科年鉴》

报道性主题与独立知识主题的区别，还表现在框架的分割度上。如果说百科全书的条目化是“庖丁解牛”，所“解”的“牛”是“全牛”，而百科年鉴的条目化所“解”的则不可能是“全牛”，而是其某些部分的片段，因为可能与前一年、前几年有联系。百科全书条目化是对人类知识（多反映在历代图书中）的一种整理；百科年鉴条目化则是对一年来事物发展（多反映在一年的报刊中）的整理，包括筛选。因而百科年鉴条目的报道主题又与报刊的报道主题有质和量的区别。区别之点在于归纳、概括、提炼和选择，以求相对稳定。

百科年鉴的条目化不仅是形式问题，还与信息量和信息密度有关。条目与一般文章和新闻消息相比有一定的封闭性，即有较为清楚的“四至”。四至之内是条目的篇幅。篇幅不等于信息量。洋洋洒洒下笔万言的宏篇往往缺少四至的边界，最能容空话、套话，还有离题的话藏身。

非条目化成分　百科年鉴作为工具书与母体相通之处是要求相当的可读性，要能吸引人们浏览的兴趣。这除靠百科年鉴条目内容丰富外，主要靠百科年鉴的非条目化成分。百科年鉴比百科全书能容纳更多的非条目化成分，包括专文、特稿、述评、评论，等等。不过，百科年鉴容纳非条目化成分也有个限度，而不可把非条目化成分扩大为全书的非条目化。

在我国，“年鉴热”甚至超过“百科热”，但在上千种年鉴中百科年鉴只有一家，这就是《中国百科年鉴》，遗憾的是它又过早地夭折了！它与《中国大百科全书》同时（1980）诞生，但是两者的亲子关系并不那么紧密，这是因为它们是分别由中国大百科全书出版社总社（北京）和分社（上海）分头设计和编纂的，在框架结构和体例规范上的一体化程度自然不够。不过，《中国百科年鉴》是很有价值的百科工具书，具有较为鲜明的百科性格，提供了大量有价值的资料。特别值得提到的是，它在我国可能是唯一编有复式索引的工具书。《中国百科年鉴》连续出了 14 年后于 1993 年停办，不能不说是一件非常遗憾的事情。

第二十五章
少儿百科全书的编纂

少儿百科性质的书最早可以追溯到17世纪德国人瓦根塞尔编的《培拉少年文库》，但真正为少年儿童编的百科全书则是在20世纪初才出现的，那是1908年在英国出版的《儿童百科全书》（*Children's Encyclopaedia*），1910年在美国出版时改名为《知识全书》（*Book of Knowledge*），后来再版时又更名为《知识新书》（*The New Book of Knowledge*），共20册，收有9000个条目，配2.2万幅插图，主要读者对象是7～14岁中小学生。这部少儿百科全书与《康普顿百科全书》（*Compton's Encyclopedia*）、《世界图书百科全书》（*The World Book Encyclopedia*）和《优等生百科全书》（*Merit Students Encyclopedia*）并称美国四部优秀少儿百科全书。英国的《牛津少年百科全书》（*Oxford Junior Encyclopaedia*）也是一部世界有名的少儿百科全书。

近年，各国百科全书出版家越来越把目光瞄向少儿百科全书这个极有潜力的市场。我国海峡两岸的出版界也不例外，已出版的少儿百科全书可能已达20～30种。大部头的如1984年中国台湾明山书局的《中国儿童大百科全书》（42卷）、《幼狮少年百科全书》（11卷），还有近年浙江教育出版社的《中国少年儿童百科全书》（4卷）和中国大百科全书出版社的《新世纪中学生百科全书》（单卷本）都已成为热门书。少儿百科全书热门的道理很明显，儿童智力开发已被家长们视为头等大事。浙江教育版的《中国少年儿童百科全书》销售得那般红火就是明证。热点所在，人们匆忙跟进，奋勇抢上，一片少儿百科的海洋似乎已经在望。百科全书编纂者和出版者常有一种误解，以为编大百科难，编少儿百科易，认为少儿百科全书内容浅近，孩子好哄，家长有钱。这种认识实在大谬。如果不说少儿百科全书更加难编，至少也有其特殊的难点和问题。

少儿百科全书的性质和定位　少儿百科全书与高级成年人档百科全书存在着性质上的差别，这是少儿百科全书从工具书作用向教育作用倾斜所带来的结果。

工具书性质淡化　百科全书生长在工具书家族。按理说，少儿百科全书也不能脱离这一家族。但是，少儿百科全书的读者处于受教育的学习时期，尚未进入开发、创造知识和学问的阶段，至少说尚未到运用知识于工作的时期。对于少年和儿童来说，学习、掌握和增进知识和技能是首要的任务，检索知识的需要尚未上升到主要地位。不过，话说回来，检索知识本身就是一种知识，而且在信息时代还是一种至关重要的知识。《哈佛少年百科全书》（*Harver Junior World Encyclopedia*）在前言中有一段话说得好："没有任何能力比运用参考工具书的能力更重要，应该帮助少年读者从早年就培养起这种能力。"由此可见，少儿百科全书的工具书性质服从于教育（即学习）的作用。因此可以说，少儿百科全书是工具书，但不完全是工具书。

与教科书的关系　教科书的编写和少儿百科全书的编纂，基本宗旨都是实现教育的目的，甚至编写的基本要求也无多大差别："要能适合儿童的学习心理，引起他们的求知欲望，激励他们努力解决疑难。精选科学基础知识，用生动而又简明的文字来表述，使学生经过努力都能理解和掌握""要有精美的插图、适当的图解、必要的表格……"（引自《中国大百科全书·教育》卷"教科书"条目）。何况，不少编纂者是在对中小学课程设置和教科书进行调查分析的基础上来编少儿百科全书的。如果编出来的还是一部教科书那又何必呢？调查分析学校课程和教科书内容，诚然是少儿百科全书编纂者应下的功夫，但这种调查和分析不是为了"你有什么我也有什么"，那叫作重复，而恰恰是要分析“你没有什么”，而需要补充、扩展和延伸的知识内容。在刺激小读者的好奇心和启发小读者的求知欲方面，少儿百科全书自有更活泼、更自由的发挥余地。

《中国儿童百科全书》

少儿百科全书不回避与教科书共容相通的东西，但教科书偏重于学习的循序渐进和系统化，而少儿百科全书则突出知识的单元结构和积木化。教科书的“课”由浅到深，由易到难，由具体到抽象，由简单到复杂，不论是直线式还是螺旋式前进，基本上属于演绎的发展。少儿百科全书采取的是百科全书所特有的综合方式，即主题化、条目化，基本上属于归纳的展示。人们学习最重要的不是储存，而是检索，检索的关键在于组织，把单个的项目组织成为较大的“记忆单元”再存储起来。这正是少儿百科全书有别于教科书而不脱离工具书本性之点。

少儿百科全书的定位　性质是一种定位，但现在要谈的是学龄的定位。在讨论学龄定位之前，似乎应当先说说另一种定位。定位于小读者和定位于小读者的家长是不一样的。我国有些少儿百科全书的编纂者是定位在小读者的家长身上。这有两种情况：一种是有意的，即看中家长的购买力（钱袋），编出的书是供家长“哺喂”儿童知识之用，同时还兼收教学相长之效；另一种是无意的，是编、作者自己矮不下身来，忘记或忽略了儿童的高度。可以想象，从编者到作者都是过来人，而且多是专家学者，编写起来就难免“学究气”，话一出口就带有家长式的“威严”。少儿百科全书“家长化”和“成人化”，终非少儿百科全书的宗旨。不过，外国有些少儿百科全书在定位于少年儿童的同时，也不放弃家长的需要。例如，美国《儿童知识世界》（*Child's Horizons*）和《儿童世界》（*Child's World*）两种少儿百科全书，除面向少儿读者的主要部分外，还分别编有“成长的路标”和“怎样和你的孩子一起生活”部分，供小读者的家长阅读，讨论教育儿童的种种问题，如教育态度、儿童疾病、儿童纪律和儿童腼腆之类的问题。

少年儿童是一个很宽的年龄段，从学龄前到中学生。国外少儿百科全书多用年龄表示书的读者对象范围，大体上分为三档：4～8岁为幼儿或学龄前档；7～14岁为儿童（小学生）档，如D.K.公司的《儿童插图百科全书》（中文版称为《阶梯新世纪百科全书》）和《知识新书》；9～18岁为青少年（中学生）档，如《中国少年儿童百科全书》、美国《世界图书百科全书》。不同年龄档的少儿百科全书自然在规模（部头）、框架结构、内容深浅、表现形式和检索手段方面都有所不同。

编纂宗旨　编纂宗旨提出关系到全书面貌和特点的总目标，应在编纂之初就有个定向，通常还写进全书的前言。少儿百科全书的编纂者各有自己的追求和理想，表现为各种不同的提法。当然，印在前言里的宗旨不一定全能实现，甚至难免还会有“王婆”的吹嘘之词。下面不妨抄引几家少儿百科全书提出的编纂宗旨，从中可窥见少儿百科全书性质和作用之一斑。

> 激励求知欲，启发想象力，以引人入胜的趣味性向勤学好问的读者提供精确的知识信息，以开阔其知识视野，这就是本书的宗旨。该书第一任总编辑还提出一个口号：让学识日益精进，让生活愈加丰富。
>
> ——《康普顿百科全书》

> 教室里不能包括全部教育，本书为中小学生提供从宗教、艺术到体育运动和宠物等有兴趣的课外教育。
>
> ——《优等生百科全书》

本书是为引发和满足幼年儿童求知的渴望而设计的，内容包括初学者所要知道的每件事物。

——《我的第一部全色百科全书》（*My First Golden Encyclopedia*）

要幼苗茁壮成长，耕耘的功夫必不可少；要儿童健康快乐地成长，教化的工作不容荒怠。……知识的增广、智慧的开拓、品性的陶冶，以至正确人生观的建立，都必须自幼获得充分而适当的培养和指引。这部百科无疑是献给儿童的一份珍贵的礼物。

——《阶梯新世纪百科全书》中文版序

撷取人类几千年创造的知识精华，出版一部有中国特色的少年儿童百科全书，是我们长期来的愿望。……《中国少年儿童百科全书》是人类当代知识的集锦，是启迪智慧的钥匙。它把纷繁的知识和无穷的道理与少年儿童熟悉的事物联系起来，使他们由近及远，由表及里，从已知到未知，逐渐进入人类知识的海洋。

——《中国少年儿童百科全书》前言

为了适应儿童阅读的需要，我们要求缜密的文体结构、口语化的词句、有启发性的故事内容……使这套百科全书能备受儿童喜爱，不致沦为橱柜里的装饰。

——《中国儿童大百科全书》（中国台湾）总编辑的话

少儿百科全书编纂的特点　编少儿百科全书的关键在于有一个新的创意和新的设计，新的创意方能出特色，新的设计才能出新意。一部平淡无味的少儿百科全书是吸引不了小读者的。少儿百科全书的编纂者时刻不能忘记激发和抓住儿童的兴趣和好奇心，而儿童的兴趣和好奇心又是活泼而不稳定的。这既涉及全书内容的框架设计，又反映在对知识内容的表达方式上，可以说是“知识结构儿化”和“语言表达儿化”的艺术。

规模　少儿百科全书的规模一般说比高级成年人百科全书小，部头大小因年龄档而异，但也不尽然。例如，中国台湾明山书局的《中国儿童大百科全书》竟达到42卷（每卷约300～400页）。本书第8章谈到，卷数不能完全说明规模，字数才是规模的基本指标。不过，中外文字数不太好比较，这里且用全书总页数来大致考察一下各家少儿百科全书的规模。此外，条目数和插图数也是规模的标志。下表是国内外部分少儿百科全书依年龄档不同的规模情况。

书　名	年龄档	卷数	总页数	条目数	插图数	出版单位
《儿童知识世界》	4～10岁	7	1400		1700	美国标准教育出版公司
《儿童百科全书》	7～12岁	10	1000	1300	?	英国麦克米伦出版公司
《哈佛少年世界百科全书》	7～12岁	16	1555	2000	2000	美国哈佛教育出版公司
《阶梯新世纪百科全书》*	中学生	1	649	1950	3500	中国友谊出版公司
《图文儿童百科全书》**	7～14岁	10	808	1300	2000	中国台湾锦绣文化企业
《牛津少年百科全书》	7～14岁	13	6500	3600	6100	英国牛津大学出版社
《不列颠少年百科全书》	7～14岁	15	8000	4000	12 600	美国不列颠百科全书公司
《知识新书》	7～14岁	21	10 000	9000	22 500	美国格罗利尔出版公司
《中国少年儿童百科全书》	中学生	4	2463	5000	5000	中国浙江教育出版社
《新世纪中学生百科全书》	中学生	1	776	2000	1000	中国大百科全书出版社

* 原版为英国D.K.（Dorling Kindersley）公司出版的 *Children's Illustratted Encyclopedia.*

** 原版为英国Kingfisher Books公司出版的 *Children's Encyclopedia.*

框架和编排　框架设计同样是少儿百科全书编纂的根本，也同样是以知识分类为基础构成的一种知识体系，只不过是从少年儿童的接受水平和兴趣与需要出发而已。少儿百科全书的编纂者大都在这方面显示出其独到之处，因而各家少儿百科全书的框架结构就各有千秋，差别很大。西方少儿百科全书也多采取字顺编排方式，其框架结构仅反映在“学习指南”“学习纲要”之类的附属成分中。将框架开放，直接反映为编排形式（即基本检索系统），可能更适合我国的小读者。我国海峡两岸翻译出版英国的两种少儿百科全书（台湾锦绣文化企业出版的《图文儿童百科全书》和友谊出版公司出版的《阶梯新世纪百科全书》）照原文版英文字顺排列条目，实非良策。例如，“英国内战”紧挨着“气候”条目，“丘吉尔”紧挨着“马戏团”条目，“小提琴”紧挨着“病毒”条目，实令小读者晕头转向，幸好两书分别编附“条目分类索引”和“条目分类目录”，尚可一窥系统，可是小读者未必那么细心顾及。

浙江教育版《中国少年儿童百科全书》由八大门类（自然•环境、科学•技术、人类•社会、文化•艺术）构成全书总框架，又将两两相关的门类合为一卷，整齐而匀称，足见框架设计之匠心所在。

在知识门类的划分（实际是归类）上，对于少儿百科全书来说可能宜粗不宜细，层次宜少不宜多。国内外少儿百科全书框架中门类划分宽而少者少至4大类，如《阶梯新世纪百科全书》的“生态世界”“科学与宇宙”“我们的世界”和“人类故事”。浙江教育版《中国少年儿童百科全书》也可以算作4大门类的框架。门类划分细的有8～12类，如英国《牛津少年百科全书》分为12类，分别是：人类、自然、宇宙与地球、传播、名人、农业、工商业、工程技术、体育与娱乐、社会和法律、家庭与健康、艺术。框架的结构层次一般为3层：如“植物”—“乔木和灌木”—“山毛榉”；“艺术”—“雕塑”—“石雕”。

设计模式　文配图、图配文，还有配故事，是少儿百科全书的三种设计模式。文字少、图片多，是少儿百科全书的重要特点。从前一页表中可以看出，少儿百科全书的插图数量大都多于条目数，最少的也是一条一图。选定条目考虑配以合适的插图，是百科全书的常规设计模式，无须多说。但是，少儿百科全书还有另两种设计模式很值得探讨。

图配文是一种模式，是以图为主，图占中心地位，文字解说附属于图。图配文又有两种模式。一是选条同时设计插图，主题知识主要靠图表现，辅以文字解说。中国台湾翻译英国 Kingfisher Books 的儿童百科全书（中文版名《图文儿童百科全书》）采取的就是这种模式。更值得探讨的是以图构建框架，以组合的图群支配文字解说并形成层次内容结构的模式。采用这种模式，必须在百科全书编纂者的丰富想象力指导下由美术人员主创，文字则退居从属地位。在这种设计模式下，知识主题的综合性要求很高，每个条目构成一个有上下层次的单元，以一个主图支配若干分图。英国 D.K. 公司的儿童百科全书（中文版《阶梯新世纪百科全书》）是这种设计模式的典范。不妨举该书“动物飞行”一条作为例子看看。

这一条以两个对开页构成一个知识单元。主图是展翅飞行的蝙蝠，旁侧配有蝙蝠翼构造的局部图。第一分图是向鸟类过渡的爬行动物嘴口龙；第二分图是最早的鸟类始祖鸟；第三分图是茶隼的翅膀，配文分别对其根部、飞羽和覆羽等加以解说；第四分图是持续飞行时间最长的鸟燕鸥；第五分图是能在空中悬停的蜂鸟，用 3 幅小图表现其飞行和上下拍动翅膀的姿态；第六分图是飞行的昆虫蜻蜓，并配以其翅膀的解剖图；第七分图是能滑翔的哺乳动物鼯鼠。条目正文约 450 字，与分图配合分设“能飞的爬行动物”“始祖鸟”“翅膀”“鸟燕鸥”“空中悬停”“昆虫的翅”“蜻蜓”“滑翔”等下层子条目，各 100 ～ 200 字。这种设计模式的优点是：知识主题系统完整，图文关系紧密，容易吸引小读者读完全条的兴趣。

百科知识“故事化”是少儿百科全书编纂的一大创造。我国台湾明山书局的《中国儿童大百科全书》可能算是首创者。该书的编排也很奇特，是以“日”系故事，以故事带百科知识。以日系事即“历史上的今天”，为每一天找一两个故事（名人诞生日或历史故事）。全书共收了 800 个故事。每一天为一单元，由 3 个部分构成。第一部分是故事形式的“历史上的今天”；第二部分是“你知道吗？”栏，由故事引出相关的百科知识；第三部分是“仔细想一想”栏，借以启发小读者的思考。且以 1 月 17 日为例看一个单元。“历史上的今天”故事是“富兰克林——捕捉闪电”（富兰克林生于 1706 年 1 月 17 日）。“你知道吗？”引出的相关百科知识有：“电是什么？”“闪电和打雷”“怎样避免电殛？”“避雷针”“电的历史”“用电的安全知识”等。最后的“仔细想一想”从富兰克林的发明启发小读者不要忘记随时随地动脑筋。明山书局的“故事化”儿童百科的编法有一个很大的缺陷，是以“日”的故事带出百科知识，但是，一年 365 天的故事并不能覆盖人类一切知识门类。该书编纂实践也表明了这一严重缺陷：编了洋洋 36 卷把 365 天的故事讲完，发现书中遗漏了许多重要的知识主题，于是不得不返回头来再编 5 卷（38 ～ 42 卷，37 卷是索引），以弥补百科知识的重要遗漏。

我国出版的部分少儿百科全书

少儿百科故事化是一个高明的招法，如果在设计上不是从故事到百科知识，而是相反，从百科知识到故事，即先进行百科全书框架设计，选条之后再配以合适的故事，便有可能避免上述缺陷。举例来说，在人体方面选了“耳”的条目，可以先讲个“许由洗耳”的故事；在地理学方面选了“海洋”这一条目，则可以配以“精卫填海”的故事。

附加成分　少儿百科全书的辅助检索系统（索引）和参见系统都

很简单。对于少儿读者来说，有些知识性的附录既有趣又有益。如英国麦克米伦儿童百科全书（中文版名《少年百科全书》）在每分册（门类）后面都编有一个 20 条左右的“事实和数字”（Facts and Figures）部分，如“植物”分册有一条是“制造一吨优质纸张需要以 15 ～ 20 棵树的木材为原料”。D.K. 公司的儿童百科全书编附一座“知识宝库”，内容更为丰富，其中有分洲的历史大事年表，世界各国面积、人口、寿命、文化、保健等图表资料，生物分类系统，星座图等。

有的少儿百科全书以栏目化的方式在正文条目中插入“小知识”“小趣闻”“统计资料”“自己动手试试看”等小专栏，版面非常活泼。有些少儿百科全书编附“学习指导”“文学宝库”等，更有关照家长的少儿百科全书还编有“父母指导”“父母手册”之类的附录。

少儿百科全书语言　向儿童讲述知识当然要用儿童喜闻乐见的表达方式。少儿百科全书的语言“儿化”并不以啰啰唆唆和翻来覆去为特点。呆板乏味、形同嚼蜡和空洞无物、废话连篇的语言，非但儿童不读，就连成人也会厌烦。少儿百科语言也要讲求精练、准确、清新和生动。他们最不爱听（读）的是居高临下、板起面孔的说教。经验证明，撰写少儿百科全书条目的作者以有丰富教学经验的中小学老师最为理想，因为他们每天都在面向中小学生说话，而且有教学法方面的修养。

第二十六章

电子版和多媒体百科全书

电子版百科全书有广、狭两义，广义包括本章所谈到的所有各种百科全书，狭义则仅指“电子书”型的百科全书，即把印刷版纸质百科全书的字和图搬移到磁性载体上。现代光盘信息存储量非常之大，除文字、图片外还可以存储声音、动态影像（包括录像、电影、动画）等，于是电子版百科全书又发展出多媒体的高级形式。电子版百科全书的优越性是不需要庞大的书架或书柜来收藏，像 26 卷本的《康普顿百科全书》那样的大书，多媒体版只用一张直径 120 毫米、厚 1.2 毫米的光盘存储，而且查检和阅读都非常容易和快捷。

与印刷在纸上的百科全书相比，电子版百科全书要有一个复杂的技术制作（程序设计和媒体制作）过程，而且读者阅读的方式也大大不同了。读者坐在计算机的屏幕前面，手持鼠标，轻轻点击，便可穿墙（条目）越壁（卷、页），自由地流连于百科全书这座知识花园之中。

电子版百科全书的初级形式　电子出版物出现于 20 世纪 60 ～ 70 年代，初期存储在磁带上，多用于文献检索性质的出版物，如各种索引和文摘。80 年代初出现了新型的只读光盘（Compact Disc Read-Only Memory，CD-ROM）。它的优点是信息容量大，读出速度快，检索效率高，而且成本低。于是，百科全书才有了电子版这一崭新的形态。初期的电子版百科全书除载体更换（纸印的书本换成光盘）和检索系统变化外，在内容形式上还离书本不远，还是那些字，还是那些图。这种“初级阶段”的电子版百科全书给人带来的惊喜并不太大，只不过是在计算机屏幕上读原来的百科全书而已。最先问世的这样的百科全书是《美国学院百科全书》（*Academic American Encyclopedia*），那是 1980 年的事。这样的电子版百科全书很快就被多媒体百科全书所取代了，如代替《美国学院百科全书》的《格罗利尔多媒体百科全书》（*Grolier Multimedia Encyclopedia*）。

在我国，电子版百科全书已处于由“初级阶段”向高级阶段，即网络百科全书的阶段。中国大百科全书出版社先后推出《中华百科全书》（印刷版的 3 卷本《简明中华百科全书》，1 张光盘）、《中国大百科全书》简明版 12 卷本（1 张光盘）和《中国大百科全书》第一版 74 卷本（24 张光盘）三种电子版百科全书。这里不妨以电子版《中华百科全书》为例，看看这种电子版百科全书与印刷版百科全书究竟有哪些不同。

印刷版《简明中华百科全书》出版于 1994 年，是一部纯中国内容的百科全书。全书约 500 万字，选收 8000 个条目，正文条目之前有约 15 万字关于中国的概述文章。全书配有 1700 幅插图，附有“中国大事年表”“中国历史纪年表”“中国行政区划一览表”“中国著名自然保护区一览表”“中国国家重点风景名胜区一览表”“中国历史名城一览表”“中国全国重点文物保护单位一览表”“中国著名高等院校一览表”“干支次序表”“中国少数民族分布表”等 27 种附录和“条目笔画索引”与“内容音序索引”。这部书的电子版出版于 1996 年，比印刷版增加的媒体成分有国歌的音频文件和江泽民接见《中国大百科全书》编撰人员时的视频和讲话录音。关于中国的概述文章和全部条目以及检索系统与印刷版基本相同，但把“内容音序索引”（原为主题分析索引形式）简化为“条目音序索引”，除保存了原来的“中国大事年表”外，取消了其他 26 种附录。电子版首先入目的是鲜艳的封面，当然比印刷版更为悦目，以龙门石窟的佛像和中国古籍书影为背景，另设“中国地图”“国歌”“江泽民接见与讲话”视频、“条目笔画索引”“条目查询”“中国大事年表”“全书编撰和制作人员名单”和“条目音序索引”等图标。在读者界面上有“返回首页”“打印”“放缩”“进退一页”等工具栏按钮。电子版最方便的是参见系统。正文条目条头用绿色字表示，被参见条目条头用蓝色字表示，用鼠标点击蓝色条头即立现所参见的条目。另外还设有选页（电子版的页码，全书共 6912 页）窗口，可在此选定需要的页码，不过这一设置似乎没有什么实用意义。

从上面的介绍中可以看出，这种初级形式的电子版百科全书比印刷版增加的功用无多，即便加入字、图以外少许其他媒体内容，也不能给人以太大的新颖感，似乎仍不过是在计算机屏幕上读百科全书。

交互式多媒体百科全书　百科全书性质的书已有 2000 多年的历史了，纸和印刷术的发明分别有 1800 多年和 1300 多年的历史，而把百科全书印在纸上的历史也已有 1100 余年。多媒体技术的历史实在太短了，不过 30 多年！多媒体一出世，首先应用于教育方面，例如医科院校学生利用多媒体模拟手术过程，在计算机虚拟的“病人”身上施行手术。多媒体技术还更多地应用于商业性的游戏娱乐。直到 1985 年，百科全书这种古老的书才有缘与最年轻的多媒体技术结合起来。多媒体技术也从而找到了更高层次和能够充分发挥作用的应用领域。

百科全书编纂家之梦　百科全书有个古老的矛盾，一直困扰着历代的百科全书编纂家。这就是教育功能与检索功能的矛盾。19 世纪以来的大条目主义与小条目主义之争，反映的就是这个问题。百科全书编纂家们绞尽脑汁，想出种种招法，但编出的百科全书要么侧重于教育功能，要么侧重于工具书的检索功能，总是以一种作用为主，而以另一种作用为辅，鱼与熊掌总是不能同时兼得。新版“三合一”的《不列颠百科全书》（第 15 版）自称进行了一次“百科革命”，似乎解决了这一矛盾。其实，就印刷版纸质百科全书来说，那只是一种改良的处理办法而已。无论是字顺编排还是分类编排，印刷版百科全书毕竟是平面的，条目的编排是单维的，变不出太多的花样。多媒体技术的应用给百科全书带来一场真正的革命，有望解决这一对古老的矛盾，甚至可以说会改变百科全书的性质（“没有围墙的大学”或知识工具书的性质）。

有一位百科全书编纂家叫米歇尔（James Michell），编了一部百科全书叫《知识之乐百科全书》（*The Joy of Knowledge Encyclopedia*）。顾名思义，书名的意思是一部“寓教于乐”的百科全书。诚然，那部书的编纂技巧很高明，书编得很活泼，但印在纸上的书到底是“死”的，既无动作，又不出声，更不能对话，能给人的“知识之乐”仍然有限。然而，多媒体技术有这种能力，能让百科全书向读者提供知识的同时也提供“知识之乐”，因为它有 IT 技术帮助它施展，帮助它演示。百科全书编纂家们一直幻想，编一部把系统学习、寻检查阅、浏览娱目和益智活动等多种功能集于一身的百科全书。实现这一百科全书家之梦的机会终于到来了，这就是编交互式多媒体百科全书。这是开设在家中的一座“窗口大学”，既可以系统学习，又便于快速查检资料，用多维的形式教学，或者说立体地向读者演示知识，让读者享受获取知识的种种乐趣。这不就是百科全书编纂家正在实现的梦想吗？所谓“交互”，就是可以“人—机（书）对话”，人和书有问有答；所谓“多媒体”，就是把文、图、声、像和视频动画等结合起来，让百科全书“活”起来。

百科全书编纂家之梦没有做很久，随着 CD-ROM 载体渐渐退出媒体世界而醒来。不过，人们在多媒体交互式百科全书上所下的功夫还是有用的，完全可以化入网络百科全书的制作中。

多媒体百科世界一瞥　多媒体百科全书最初出现于 1985 年。美国格罗利尔出版公司领风气之先，推出《格罗利尔多媒体百科全书》。该书的前身就是电子版的《美国学院百科全书》。这部多媒体百科全书据称已多次获奖。名不虚传，其“知识树”的结构设计果然不凡，确实独具匠心。已出版 70 多年的美国《康普顿百科全书》，于 1989 年推出交互式多媒体版（Compton's Interactive Encyclopedia），成为第二家，以一张光盘覆盖 26 卷纸质书的内容。它的新版收约 4 万个条目和 1.4 万多项其他媒体内容，编排和设置巧妙。美国微软公司有雄厚的软件实力支持，以《芬克和瓦格纳新百科全书》（*Funk and Wagnalls New Encyclopedia*）的内容为依托，于 1993 年开发出 Encarta 多媒体百科全书，出手不凡，编排奇巧，而且年年翻新，1997 年版增为两张光盘，2000 年版又增为三张光盘，可以联机修订和提供年鉴的补充信息。英国有两部多媒体百科全书：《牛津多媒体百科》（*Oxford Interactive Encyclopedia*）收 33 750 个条目，在内容和结构设计上稍嫌逊色，但其“大事年表”有点特色，分为艺术、科学和世界史三表（其他多媒体百科全书多采用单一的综合年表）。《赫钦森多媒体百科全书》（*The Hutchinson Multimedia Encyclopedia*）收 42 371 个条目，出版于 1998 年，编得有些特色，尤以其“书架”（参考书目）和“知识游戏”内容丰富见称。“书架”对于重要主题都能提供 5 种以上的权威书目；“知识游戏”部分除知识测验外，还有“历史上的今天”和与当日有关的“名人名言”等内容，颇为有益。老字号的《不列颠百科全书》已出电子版，1998 年版为三张光盘。第三盘称为“多媒体盘”，但全书基本上是计算机机读本，多媒体成分并不太多。

这里不妨以最具代表性的 Encarta 为例，看看多媒体百科全书主要能包含哪些内容。

1. 百科条目：分科学技术、生命科学、地理、历史、社会科学、宗教与哲学、语言文学美术、表演艺术、体育娱乐 9 大类，再细分为 93 小类，收约 11 万个条目。

2. 图片：彩色照片可放大满屏，细部清晰，色彩鲜艳，比纸质图书的图片更为悦目。共收图片 11 605 幅。

3. 地图：球面地图可旋转，彩色地图可缩放、限定范围，可在图上检索地理条目，并发出地名读音，全书共有地图 590 多幅。

4. 统计图表：如各国人口、经济、气候，以及一些知识性数据，如睡眠期大脑活动、生物分类、边际效用曲线等，共有 232 个表。

5. 资料性图表：如奥斯卡奖、各种图书奖、国际运动会成绩及奖牌得主等，有 341 个表。

6. 声音：如世界名曲、各国国歌、名人讲演、动物鸣叫等，共有 1223 个条目附有音像内容。

7. 视频影像：如地震、昆虫孵化、定向爆破、太空行走、柏林墙拆毁、苏联解体等实况，共有 725 个项目。

8. 动画：如 VCD 工作原理、飞机飞行原理、重要战争战役进程等示意动画，并配以话语讲解，共有 78 项。

9. 交互（互动）演示：如卫星轨道设计、概率、个人营养、世界语言、乐器知识等，有的包括游戏内容，共 43 项。

10. 大事年表：是多媒体综合项目。采取形象化的水平滚动图画，始自公元前 1500 万年人类起源，止于 1997 年 2 月克隆羊实验成功，伴有音像等媒体效果（英国《赫钦森多媒体百科全书》采取垂直滚动的文字图表形式，虽欠生动，但内容详细）。

11. “智力迷宫”（Mind Maze）：这是 Encarta 特有的多媒体内容，是以古堡迷宫形式组织的知识测验性益智游戏项目，可自选知识领域和难度等级（分四级）抢答问题，依回答的敏捷程度和是否需要参考本书有关条目（可借以锻炼查检能力）自动评分。满一定分数后升级，更上层楼。这种知识竞赛还可以二、三人同时报名参加，进行对抗赛。

新版多媒体百科全书还不断增加一些新的项目。Encarta 的“专题辑录”（Collages）也是综合性多媒体项目，以水平滚动编排形式辑录世界重大事件的人物、环境、时代背景等，分文艺、科技、历史、地理四个方面，有“电视的诞生”“神话与传说”“征服太空”“向疾病开战”“奥运会”“水门事件”“今日亚洲”等 20 个题目。“环景观光”（360 Views 和 360 Virtual Tours）中有参观凡尔赛宫、美国国会图书馆、“密苏里”号战舰、航天飞机、玛雅城遗址、中国漓江风光等

50项，有的可在四个观察点旋转环顾360度。“特写报道”（Sidebars）很有价值，从权威性报刊上选入近1000篇涉及公众关注问题的重要报道评述文章，如“美国反越战运动”“英阿马岛之战”“野生熊猫的秘密”“超新星之死”“东京地铁毒气案”等，其中包括不少重要的历史文献，有关中国的如班固《汉书》中关于王莽改制的记述、李清照的《金石录•跋》、王安石的《收盐》诗、太平天国的《天朝田亩制度》、刘少奇的《论共产党员的修养》等。“话题漫谈”（Topic Treks）则分门别类（如传奇人物、重大历史与政治事件、古代文化、艺术、名胜古迹、动植物等）系统介绍热门和突出的人、事、物。

《康普顿多媒体百科全书》还有一“特别栏”（Special），内容颇新鲜，结合各种媒体构成音乐、新闻、飞船漫游和自然世界四个交互式演示栏，另还有“星空漫话”“历史上的今天”等项目。

检索能力是多媒体百科全书最大的强项，不仅有快捷方便的分类与字顺检索系统和参见系统，而且可从任意演示项目中“即点即现”查阅条目和各种媒体内容，甚至可用一个或几个词检索载有该词的全部条目，且在调出有关条目时以另种颜色凸显检索词。

多媒体百科全书还附有多种方便的工具（书）。最有用的是“词典”（包括普通词典和类属词典）。读者在阅读百科条目过程中遇有不解的词，可随时查检词义；“参见参考部”能提供可供参阅的相关条目和年鉴的补充资料，以及进一步钻研需要阅读的文献和书目；“浏览栏”（包括图片浏览）供读者随意翻阅浏览；“笔记本”可供读者阅读时随手摘写笔记；“文字处理栏”可供读者一边阅读一边写作。

电子版和多媒体百科全书以百科数据库为基础，插上因特网（Internet）的翅膀，则又有另一种新形态，这就是网络百科全书，或称网上百科全书。这就更方便了读者在互联网上查阅，甚至连光盘也不必置备了，而且可以获得随时修订的最新信息和最新资料。

电子版和多媒体百科书目　在20世纪最后不过20年间，多媒体百科全书已迅成热门。据不完全统计，国内外出版的综合性电子版和多媒体百科全书已有 40 ～ 50 种，至于专业性和专题的百科全书就不计其数了。下表列出已出版的部分综合性电子版和多媒体百科全书。

书　　名	出版时间	内　容　简　介
《美国学院百科全书》电子版 *Academic American Encyclopedia on CD-ROM*	1980	内容与印刷版同
美国《新格罗利尔多媒体百科全书》 *New Grolier Multimedia Encyclopedia*	1995	1 张光盘，包括 3.3 万个条目，8000 幅图片，约 6 小时音频内容
美国《康普顿多媒体百科全书》 *Compton's Multimedia Encyclopedia*	1998	普通版 1 张光盘；高级版 2 张光盘，包括 5286 个大条目和 3 万个小条目、1.5 万幅图片、150 个影像项目、约 20 小时音频内容
美国《世界图书多媒体百科全书》 *The World Book Multimedia Encyclopedia*	1998	普通版 1 张光盘，包括纸质版全部内容；高级版 3 张光盘
美国《微软 Encarta 多媒体百科全书》 *Microsoft Encarta Encyclopedia*	2000	普通版 1 张光盘；高级版 3 张光盘，内容见前文
《美国百科全书》多媒体版 *The Encyclopedia Americana CD-ROM version*	1997	包括纸质版全部条目、2000 幅图片和 3 种词典工具
美国《不列颠百科全书》多媒体版 *Encyclopaedia Britannica，CD-ROM datebase*	1998	3 张光盘，包括正文 7.2 万个条目，1.2 万幅图片和多媒体内容
美国《科利尔多媒体百科全书》 *Collier's Multimedia Encyclopedia*	1998	包括 1.7 万个条目，8000 幅图片，730 个声音项目，106 个影像项目，358 幅地图
美国《知识新书》多媒体版 *New Book of Knowledge on CD-ROM*	1998	包括全书 21 卷 9000 个条目及多媒体内容
美国《哥伦比亚百科全书》电子版 *Columbia Encyclopedia CD-ROM version*	1996	有 5 万多个小条目和 260 幅地图
英国《麦克米伦家庭百科全书》多媒体版 *Macmillan Family Encyclopedia on CD-ROM*	1998	有 3 万多条目，8000 幅图片和声像内容
英国《赫钦森多媒体百科全书》 *Hutchinson Multimedia Encyclopedia*	1998	有 4.2 万个条目，4500 幅图片及 439 个声音项目，52 个影像项目，27 个动画项目

续　表

书　　名	出版时间	内　容　简　介
英国《牛津多媒体百科全书》 *Oxford Multimedia Encyclopedia*	1998	约 3.4 万个条目及多种媒体项目
英国《吉尼斯百科全书》多媒体版 *The Guinness Encyclopedia on CD-ROM*	1998	包括第 2 版 12 个门类知识和多媒体内容
法国《世界百科全书》电子版 *Encyclopedia Universalis CD-ROM version*	?	包括印刷版 27 卷，约 1 万个较大的条目
法国《博尔达斯多媒体百科全书》 *Encyclopedie Bordas Multimedia*	1998	包括印刷版 10 卷
德国《贝特尔斯曼大百科词典》电子版 *Die Crosse Bertelsmann Lexikothek CD-ROM*	1996	约10万个词条、2400幅图片，有 60 分钟声音和 30 分钟影像内容
《中华百科全书》电子版	1998	纸质版 3 卷，约 8000 条目，1700 幅图片
《中国大百科全书》第一版电子版	1999	24 张光盘，约 7.3 万条目，6.4 万幅图片
《中国大百科全书》简明版电子版	1999	1 张光盘，3.1 万条目，约 1 万，幅图片
《中国少年儿童百科全书》电子版	1999	约 5000 条目，5000 幅图片

《不列颠百科全书》多媒体版　《不列颠百科全书》多媒体新版共 3 张光盘，其中 1 张是安装盘。首页（Home Page）显示全“书”的结构内容，主要分为以下 5 个部分：“查阅”（Ask Britannica）、“地理指南”（Compass）、“历史年表”（Timeline）、“统计分析”（Analyst）和“关注点”（Spotlight）。“查阅”是全书的主要部分，大体上是印刷版中“简编”条目和经过压缩的“详编”内容，但是原书的插图已大大减少。“查阅”窗口中，除条目外还有“媒体”（Media）检索，包括“图片”（560 幅）、“地图”（120 多幅）、“数表”（500 多个）、“声音”（40 多项）和“视频影像”（21 项）、“动画”（15 项）等。

就多媒体项目数量来说，《不列颠百科全书》远不及 Encarta 和《世界百科全书》（*The World Book Encyclopedia*）多媒体版丰富，且内容和编排也没有后两者新颖。交互式内容的缺欠，也是《不列颠百科全书》多媒体版之弱点。《不列颠百科全书》多媒体版的视频影像项目虽然不多，但突出航空航天内容（在 21 项视频影像中占 11 项），也可以说是一个特点。动画项目中的“亚里士多德太阳系学说”“托勒密地心说”“开普勒学说”等项颇具学术性，不乏《不列颠百科全书》的学术性性格，“郑和航海图”也是其他多媒体百科全书所未见的。

《不列颠百科全书》多媒体版的“统计分析”栏与 Encarta 的“统计中心”很相似，是颇有实用价值的资料性内容。基本统计下分“人口”“经济”“外贸”“交通和通信”“教育和保健”“军事”几大项，其下再细分更具体的项目，如在“经济”下细分：“GNP”“人均 GNP”和“GNP 占国内农业生产总值的比重”，对于各国的这些项目均可进行比较分析。《不列颠百科全书》多媒体版“统计分析”栏有一特点，是另设“专项统计”，其中包括：各大洲统计（包括面积、海岸线长度、最大岛屿、最高最低点、最大湖泊、最长河流、最高瀑布、最大沙漠、年均最高和最低温度及其地点、年均最大最小降水量及其地点等）、世界沙漠、世界地震、世界大岛、世界大河、世界最长桥梁、世界最长运河、世界最大湖泊、世界火山、世界大瀑布等。

《不列颠百科全书》多媒体版的“关注点”栏是该“书”别具特色的内容。“关注点”指人们可能感兴趣的一些事物，共有 7 大项：“千年时计”（钟表发展史）、“过山车历史”“恐龙的演化”“生态系统”“美国总统选举”“人体解剖”“专题浏览”。在这些“关注点”中，“千年时计”“恐龙演化”和“生态系统”3 项最富知识性，也更与《不列颠百科全书》传统的学术性相合。例如，“千年时计”用动画和文字介绍了日晷、漏壶、星盘、沙漏、重力钟、弹簧钟、摆钟、石英钟，直至铯原子钟的发展历程；“生态系统”则结合条目和图片，介绍了沙漠、森林、草原、高山、极地、海洋、热带等 11 种生态系统。

比较一下《不列颠百科全书》印刷版与多媒体版，似可看出多媒体部分的设计和编排，与全书的内容结构和风格多有隔膜和不甚相洽之处，缺乏浑然一体之感。例如，“关注点”中的“过山车历史”，在全书中甚至未设“过山车”（Roller coaster）这样的条目，而在“专题浏览”中有些内容与学术性相距稍远，多是普及型和少儿百科读者“关注”的事物，如名犬、爵士乐明星、黄金饰物、假面具等，椅子的历史也难说是许多人“关注”的问题。

如前所述，《不列颠百科全书》是学术性百科全书，其多媒体版自然亦应保有母体的风格，而不是各说各话。不过，多媒体和交互功能所提供的奇妙的趣味性和生动性手段怎样与学术性和严肃性相结合，又不失学术性百科全书的水准，确实也是一个值得深入探讨的问题。但是，一部百科全书多媒体版的设计和编制，不脱离纸质母版的性格和总体设计，可能是合理和必要的。

第二十七章
网络百科全书刍议

我国现代百科全书事业兴起已逾 40 年，随着互联网和 IT 技术的迅猛发展，人们正在呼唤网络百科全书上路。百科全书换上网络这种崭新的载体，自然会有更大的优势和全新的形态。网络百科全书究竟是怎样的呢？上网查查，忽然发现我们这里已不乏“网络百科”，而且非止一家两家，品种繁多，令人眼花缭乱，如《百度百科》《搜狗百科》《生活百科》，甚至有《神奇宝贝百科》，还有不少专业性百科，如《育儿百科》《女性百科》《果蔬百科》，但看看内容，如陷入信息汪洋。稍为细看，基本上多是信息搜索引擎的形态，或如“生活信息总汇”一般，真是无所不有，无所不包。

网络百科全书与所谓“网络百科”　百科全书是知识的书，不管它以什么样的载体出现，是印刷在纸上，或刻在光盘上，还是出之于互联网上，莫不如此。以网络为载体，当然是一种最新形式的百科全书。那么，网络百科全书到底应该是怎样的呢？笔者以为，名副其实的严肃的网络百科全书，还是应该如同传统的百科全书那样，不失百科全书作为知识工具书的基本性质和基本性格。它应当如同由专家、教授“授课”的严肃的、规矩的大课堂，是真正的“没有围墙的大学”（连纸的围墙也不存在了）。查阅者接受的是权威性专家提供的正确可靠、可以放心引以为据的知识信息，而且是最新的。它与传统纸质百科全书和交互式多媒体百科全书之不同，主要是载体的变换和“围墙”消失。互联网给了它更大的本领，更多的能力。笔者所见的那些“网络百科”，号称是人人可以创建“条目”、人人可以“协同”编辑的“自由百科”，而看来却是随意性很大的“万有信息总汇”。如果打个比方，恰似七嘴八舌、热闹的大 Party，或者说是自由参加、任意发言的讨论会。读者能从中得到的是需要选择判断、信不信由你的一些信息。试查一个“条目”，下面竟会有数十条随手拈来的“信息”。例如，某“网络百科”有“沃尔夫·梅辛”人物条目。据说，此人是著名的有特异功能者。用点耐心，读读条目的全文，好像听一个挺有趣的“八卦”故事。条目全文如下：

> 斯大林对此半信半疑，决心亲自试一试他的能力。斯大林给了他两个任务，一个是用他的特异功能去抢一家银行。当然梅辛在银行没有帐户，只是用他的意念去影响银行出纳的头脑，让出纳主动把钱交给他。梅辛递给银行出纳员一张白纸，然后用意念指示出纳员给他提取10万卢布。出纳员竟然认为自己看到的是一张真正的提款单。他从保险柜中取出钱，当着克格勃官员的面，把大笔现款交给了梅辛。而他本人完全不知道自己的思想被梅辛控制了。10万卢布顺利地进了梅辛的手提箱。梅辛笑着说了声谢谢，然后关上手提箱，从容走出银行。另一个任务是要求梅辛设法绕过训练有素的警卫，不经通报直接到斯大林的别墅去见他。梅辛没有向警卫出示任何证件，也没有被问及任何原因，就径直地走入了斯大林别墅的大门。他顺利地通过了第一层警卫，然后又轻松地进入别墅的房间。斯大林的贴身警卫不但连问都没有问，还恭敬地为他让路。他穿过走廊，斯大林的工作人员也没有任何阻拦。快走到斯大林的内室时，连贴身的老资格的秘密警察都对他熟视无睹。斯大林不觉抬起头，惊奇地发现面前站着一个人。他正是沃尔夫·梅辛。斯大林吃惊地问他到底是怎么进来的。梅辛说他向所有人发出了一个意念：我是贝利亚！贝利亚是斯大林最信任的秘密警察头子，没有人会想到盘查贝利亚。

故事讲得绘声绘色。不说这个人物“条目”是按什么体例撰写的，也不谈释文的表述方式。请问，对此“知识”你信不信呢？能够据此写进关于“特异功能”的论文吗？

百科全书就载体来说，从纸质（包括莎草纸和羊皮纸）到光盘，再到互联网，无论其载体如何变换，如何“革命”编辑方式，如何无限扩展内容，其最基本的性质是不变的，应该是作为具有教育作用的知识工具书，而不是什么“万有全书”“万宝全书”或“生活宝典”“万有手册”。科学发展带来的新的载体互联网和IT技术，有条件给百科全书以更多的灵活性，更方便的检索方式，而最重要的本事则是修订更新（包括增减和修改条目）的即时性和跟踪能力，赶上时代新事物发展，再不受版次的限制。但是，无论如何变换，如何灵活，保持百科全书的基本性质和功能，即知识工具书，则是基本不变的。否则，何以名之为“百科全书”呢？网络百科全书仍是百科全书，而非有闻必录的信息汇编。有的学者建议将现有“网络百科”中的非学术性内容，非百科全书性质的内容分流出去。分流到哪里去呢？有那么多形形色色的网站、搜索引擎，完全可以接纳它们，何必来搅扰以提供权威知识为己任的百科全书，而成为百科全书的累赘呢？何必模糊百科全书与其他信息工具的界限呢？当前所谓的“网络百科”形态和随意性，不能不引起百科全书编纂者和百科全书使用者的困惑。

知识内容领域大扩展　百科全书的主体是条目，即“知识主题”。条目构成百科全书的主体，网络百科全书也不例外。网络百科全书因其载体不受卷帙的限制，能向读者开放更广阔的知识领域。笔者认为，网络百科全书可以合并综合性百科全书和专业性百科全书、专题百科全书和地域性百科全书，以至百科词典和各种专科词典，从而大大扩充知识内容的范围。

所谓“没有围墙的大学”，究竟还有纸质载体限制篇幅的“围墙”。一跃上网，这样的“围墙”便已消失，从而可以突破百科全书系列化的分野，而不是突破百科全书的基本性质。百科全书的内容有条件大大扩充。综合性百科全书将能收容专业性、专题性百科全书和地域性百科全书的内容，百科全书的系列化转而为一体化矣。从现代世界的专业、专题，所“专”之广，就能想象网络百科全书的内容范围如何。难怪《维基百科》以有 500 万条目而自豪呢。不过，依笔者看，无条件地追求条目数量，也不是百科全书应有之义。网络百科全书领域大扩展，对于全书框架设计和选条就提出了新的要求。不限于此，网络百科全书甚至还可以收容有利于读者查检方便的附录性项目，如汉语词典、英汉词典、成语词典等。

有 IT 技术的支持，网络百科全书还可能做到与读者交互动作，设计出一些有趣的寓教于乐的活泼项目，如知识竞赛。笔者曾参加由《中国青年报》《博览群书》主办的暑期大、中学生知识大奖赛，应邀为大奖赛拟定 100 道知识测试题，深深体会到这种知识竞赛对于扩大人们的知识视野和学习兴趣大有裨益。后又见美国 Encarta 的“智力迷宫”（Mind Maze），十分有益又有趣。在网络百科全书中设置这样内容实非难事。不过，Encarta 的“智力迷宫”比较复杂，可以简化设计。如简化古堡形式，直接随机显示提问，并给出答案：三错一对，由参加者选答，同时给出参考条目，根据回答者需否参考相关条目和答题快慢评定分数。下面试设两题为例：

例 1：赵元任是

物理学家

语言学家

诗人

历史学家

（可参考“赵元任”条目）

例 2：《社会契约论》是何人所著？

孟德斯鸠

伏尔泰

卢梭

狄德罗

（可参考“《社会契约论》”条目）

有互联网和计算机技术为依托，还可以设计出其他各种知识性的展示项目，如旅游观光类介绍地理知识的项目等，亦可附编附录性的材料，如人们经常查检的以及常常被引用的古典之作，如唐诗宋词索引等。

《维基百科》（*Wikipedia*）除百科知识外，似乎并不排斥新闻性内容。网络百科工具书是否要扩及新闻媒体的疆域，是个值得讨论的问题。

网络百科全书的检索系统　这里不必讨论检索系统的重要性，因为百科全书（包括网络百科全书）本身就是供人检索查阅的知识工具书。查检网络百科全书，因有计算机技术的支持，自然比查检纸质百科全书要方便得多，而且有更多的渠道。

1. 条目字顺检索：网络百科全书设置依字母顺序滚动的条目窗口。读者依条头首字母，经控制条目表滚动找到所查的条目，点击显示条目全文。这是网络百科全书的主检索通路，也是最简单的检索系统。

2. 分类检索：互联网和 IT 技术，应该为百科全书提供多种更方便的检索系统。其中，分类检索系统尤其必要，而所谓的“知识树”，尤为难以生成。知识分类从来就是一个充满争议的复杂问题。一个合理的分类检索系统，不仅便于分类检索知识（条目），还能为读者提供系统学习的条件。

分类检索系统有点像《中国大百科全书》第一版各卷前面的条目分类目录，但设置网络百科全书的分类检索系统，却需要下一番设计功夫。首先是选择分类体系，如《百度百科》的分类体系是 11 类：自然、地理、生活、艺术、经济、体育、文化、历史、社会、人物、科技。《维基百科》是 9 大类：传记、历史、地理、社会、文化、科学、技术、食品、数学。美国《康普顿百科全书》网络版可能是吸取古代百科全书家圣伊西多尔（St Isidore of Seville）的灵感，采取“知识树”的形式，分为19大类：艺术、传播、地球、经济、教育、地理、政府、保健和医学、历史和文明、法律、文学、生物、数学、物理、哲学、宗教、科学、体育、休闲。大类之下分“干”“枝”“叶”三层，分设条目，选定大类后，按“干”“枝”“叶”向下查检到位。外国网络百科全书的知识分类体系，各自不同，各有千秋，全在编纂者的精心设计。

3. 索引检索：即直接检索，在检索窗口中直接输入所欲检索的关键词。通过“超链接”技术直接链接到关键词所指的条目，或有关条目的内容（在未设条目时）。

多媒体的运用　多媒体技术可在网络百科全书中大显神通。多媒体的运用，使网络百科全书丰富多彩，增强了可读、可视、可听性。多媒体如何？看看最善于运用多媒体技术的微软Encarta中“多媒体”条目的说法：“计算机科学中把文本、声音、图片、动画和视频动态影像结合起来的技术。一般的多媒体计算机应用，包括游戏和学习软件和百科全书等工具书资料。大多数多媒体预置‘超链接’（hyperlinks），使用户能在各种媒体成分和各种不同内容主题间迅速转换。”设计周全的多媒体系统，能以类似于人脑联想方式提高知识信息的表现（演示）能力。超链接能从文本、图画和声音的静态信息演示，即时转换为动态的和丰富的交互演示。网络百科全书中多媒体的设计，应该包含在全书的总体设计之内。为此，先要编制有多媒体运用的体例，如哪类媒体用于哪类条目，而在总体框架中，则是哪些条目利用哪种媒体。例如，声音媒体用于乐器、动物条目；动画性媒体，适用于某种历史进程，如战争过程的条目。以光盘为载体的交互式多媒体百科全书，成功地运用多媒体技术，可能对编制网络百科全书多有参考和启示意义，甚至可能是编制网络百科全书的重要参考基础。

地图集和历史年表 地图集和历史年表两项，应是百科全书不可缺少的知识内容。网络百科全书有条件以虚拟的地球仪，提供各种专题地图，如地质地图、能源地图、产业地图、交通地图，如能表现一定时代的历史地图则更有意义。至于国家、地区、城市地图，则可以与相关条目内的有关地图链接。

创建世界历史年表，本来就不是容易的事，如果构成中外历史对照年表，就更有意义，也更增加一定难度。网络百科全书一般是以滚动时标来显示世纪、年代和历史事件，并与历史性条目链接。滚动时标不难构建，而中外对应的历史事件复杂而量大，则需要下一番不小的功夫来梳理编选。

即时修订体制和协同编辑 网络百科全书的最大强项，应该说是最彻底的即时修订制。新的知识可以随时补充新的条目，不时有新发展的条目，可以随时补充内容，而发现内容错误，则可随时修正。不过，为此则要求有一个连续稳定跟踪的编辑部。

网络百科全书这一优势，是有所谓协同作者和协同编辑（Collaborative editing）的辅助，有众多读者帮助编辑部随时修订补充内容，可以说近似《维基百科》所主张的“民主制、精英制与独裁制的混合”的原则。不过，就百科全书基本性质来要求，《中国大百科全书》可能以“精英制”（即由专家撰稿审定）为主。所谓“民主制”，则是有广大读者帮助监视条目的精确性和全书内容的周全性，并随时提出补充或纠正的内容线索。所谓“独裁制”，就是编辑部和编委会应发挥的权威作用。

其实，传统纸质百科全书的编辑部，也是随时欢迎听取读者意见的，特别是欢迎读者指出书中错误或遗漏之处，只是由于版次限制，无法及时反映在书里。网络百科全书有了这个条件，能够及时接受读者提供新知识的条目和对原有条目的修正意见，随时反映在书中。

可能会有一种误解，以为读者可以像写“博客”或“跟帖”那样，直接在百科全书里直接“创建”自己撰写的条目，或直接修改书中条目的内容。非也！网络百科全书有自己的编辑部，与读者的互动和“协同”，是在“幕后”进行的，是在“幕后”接受读者撰写的新条目和修改意见。需要经过权威专家和专业编辑审定认可后，才能从“幕后”走向“前台”，即进入网络百科全书。网络百科全书的读者“协同写作”和“协同编辑”，因为有了互联网的极大便利，而能随时受到编辑部的审定和随时反映到书中。这是纸质百科全书所做不到的。说到底，还是因为版次不存在了。

传统的百科全书也是向读者开放的，也有接纳读者提供“协同写作”和“协同编辑”的机制，但因没有互联网这个快捷灵活的载体，就不得不受到版次的限制，表现不出随“协同”随进入的能力罢了。

创制网络百科，有两个特殊的词，所谓“协同写作”和“协同编辑”，就是说读者可以直接参与撰写条目和编辑条目。网络百科全书有了这个条件，能够及时接受读者提供新知识的条目和对原有条目的修正意见，随时反映在书中。但《维基百科》自身也承认，其内容仍含有大量未经证实或相互矛盾的信息。

顺便说到，《中国大百科全书》网络版在运营上，可能与《维基百科》有所不同。后者是非营利项目，靠赞助方的基金会支持。《维基百科》也坚持百科全书历来的传统，不收载广告。《中国大百科全书》显然要考虑自己的运营方式，或如先免费推广一段时间（如一年），让广大用户了解其作用和功能，经过展现期后再实行会员制。在我国，作为会员对象，应该是很普遍的，如全国的大、中学校和各种研究机构、文化团体和政府机关等。

凡诸复杂事物，都不免由简入繁、由易入难的过程。创建完美的网络百科全书，亦当如是，不可能是一蹴而就。

第二十八章
百科全书的鉴别和评价

百科全书作为工具书，编出来是给人经常查检的，当然也有人偶尔浏览翻阅，还有人借助它来学习。实践是检验真理的标准。对百科全书的评价，归根结底来自使用者。使用百科全书的人，特别是图书馆的采编和咨询人员，应对百科全书有必要的鉴别知识，并能给以恰当的评价。读者购买一部价格不菲的百科全书，或是图书馆入藏一部百科全书，自然先应了解一番：它属于哪种类型？有什么特点？适合哪些人查阅参考？能解决哪些问题？内容精确不精确？材料新不新？编得好不好？鉴别和评价百科全书，像鉴别和评价一般工具书一样，是图书馆学的一门学问，当然也是百科全书编纂者自然关心的内容之一。这门学问包括熟悉百科全书的基本性质和功用、百科全书的种类、鉴别的方法、评价的标准和使用的特点。这些知识自然也是百科全书的读者所需要的。不言而喻，对百科全书的鉴别和评价，以及百科全书在使用中的各种问题，也正是百科全书编纂者所应注意的，甚至是百科全书设计、编纂和修订的重要依据。

百科全书的鉴别　鉴别百科全书比鉴别一般图书有特殊的困难。这是因为：① 部头大，鉴别者很难通读全书，即便浏览一遍也要花很多时间；② 内容包罗万象，鉴别者可能熟悉一个学科，但不可能对一切领域都熟悉；③ 编排复杂，即便是检查一下各种检索系统也要花费不少力气；④ 品种多，现代百科全书种类纷繁，各种百科全书应用范围各不相同；⑤ 修订频繁，不论采取哪种修订体制，总是新书、新版层出不穷，把新版与旧版比较一下更是不易。

种类鉴别 不论是为了购置还是为了使用，首先必须识别百科全书的种类。不同种类的百科全书，功用很不相同。

1. 综合性百科全书与专业性百科全书不难分辨，一般从书名上便可区分。两者在性质和内容上的差别在于：① 选收范围不同。同一门类或同一主题的知识在两种百科全书中有粗细、详略和深浅的不同。② 读者对象不同。前者是为不具有专业知识基础，或者说，为仅有一般兴趣的广大读者编的；后者则是给具有一定专业知识基础或有专业兴趣的读者用的。③ 知识性与资料性的分量不同。相对来说，前者的知识性比后者强；后者的资料性则比前者重。④ 实用性和指导性有别。前者一般不收实用性和指导性的内容；后者则适当选收这一类的材料。例如，有些数据资料综合性百科全书可能不收，而专业性百科全书可能选收。⑤ 语言表述不同。前者避免过多的专业术语，对费解的专业名词一般作随文解释或让读者参见有关条目；后者常用专业术语说明问题，对一般专业名词较少解释，而且公式使用频繁。⑥ 篇幅有差别。同一主题的条目因两者详略不同，篇幅往往差别很大。⑦ 参考书目有区别。前者一般限于专业性不很强的读物；后者则可能列出较为专深的著作。

2. 部头大小是直观可辨的。20 ～ 30 卷以上的大型百科全书多数是综合性百科全书，但也有少数例外，如《中国农业百科全书》为 31 卷，美国《图书馆学和情报学百科全书》（*Encyclopedia of Library and Information Science*）为 32 卷。10 卷左右的中小型百科全书多为通俗性的百科全书。但部头大小并不能绝对说明百科全书所适用的读者文化程度。例如，单卷本的案头型百科全书或百科词典是适用范围很广的便捷查检的工具书。

3. 世界内容（国际性）百科全书与地域性百科全书的用途相差很大。前者供广泛查阅古今中外各种问题使用，但各地区和各国内容的比例则因出版者的国别而大有差别。地域性百科全书对于查阅有关国家、地区的知识和资料是很有价值的工具书。世界内容的百科全书和地域性百科全书一般不容易根据书名来判断，因为许多冠以国名的综合性百科全书（如《美国百科全书》《中国大百科全书》）都是属于世界内容的百科全书。书名中的国别字样只是表示出版的国家而已，甚至还有例外，如《不列颠百科全书》版权早已转入美国，最近又产权易主，书名不变仅是为了保持传统罢了。

适用程度的鉴别　本书第 7 章介绍了百科全书按读者年龄（文化程度）分档的情况。不同档别的百科全书也难以根据书名区分。例如，美国《康普顿百科全书》和《世界图书百科全书》都属于中学生档的百科全书。高档级与低档级的百科全书最明显的标志是插图。前者插图较少，而且仅是条目释文的附属成分，表现形式严肃，科学性强；后者插图多，有的几乎占据主要地位，表现形式通俗。释文本身也有明显的差别，前者严谨，后者浅近。再次，两者在版面形式和字体大小方面也有明显的差别：前者紧密、严肃，后者宽松、活泼；前者大而后者小。

功用鉴别　许多百科全书基本上有两种类型：纯工具书性质的百科全书和以教育作用为主的百科全书。前者查检功用胜于教育功用，后者教育作用重于查检的作用或兼顾两种作用。字顺编排和分类编排，是两类百科全书最明显的标志。例如，美国的《兰登百科全书》（*Random House Encyclopedia*）就属于后者。不过，在字顺编排的百科全书中也有不少是突出教育作用的，如前面说的《康普顿百科全书》。

百科全书评价标准　一部百科全书编得好坏，水平和质量如何，是存在客观评价标准的。国外的图书馆学会组织（如美国图书馆学会）、工具书研究专家和各种工具书指南，都提出一些评价百科全书的标准。这些标准首先是供图书馆人员、图书发行人员、百科全书读者参考的。不言而喻，评价标准更是百科全书编纂者所关心的。如前所述，鉴别百科全书已经不易，那么评价百科全书就更非易事。因此，建立一套评价方法和评价标准就十分必要。人们对百科全书评价标准的研究和评价方法的建立，曾有一个从使用者到编纂者、从简单到复杂、从初级到高级的发展过程。不过，不管从哪个层次提出的评论或已形成的评价标准，其反馈点和出发点都应该是编纂者。编纂者应该把百科全书的评价标准转化为编纂质量标准的起点，建立一套更具体、更严格，甚至能够量化的、完全具有可检性的编纂质量标准，以保证所编的百科全书能满足现代读者的需要，保证百科全书的高编纂水准。

评价标准分析　百科全书的出版也像其他工具书一样，处于激烈的竞争状态。目前各国出版发行的综合性百科全书已不下数百种。这种状况给百科全书的使用者和图书馆采编人员造成了鉴别和选择的困难。因此，首先在图书馆学界开始探索百科全书的鉴别和评价问题，主要是为满足采购和咨询的需要。在此基础上，又有专门的“工具书指南”之类的书问世。这些工具书指南不仅比较详细地分析和评论各种工具书包括百科全书的特点，同时还试图提出评价的标准和方法。

国外对百科全书的评价标准已形成体系的主要有6家，即肖尔斯博士（L. Shores）、沃尔什（S. P. Walsh）、沃尔福德（A. J. Walford）、希伊（E. P. Sheehy）、基斯特（K. F. Kister）和哈尔西（R. S. Halsey）。下表是以肖尔斯标准体系为轴所作的对照比较。各家体系和项目包容情况有所不同，次序排列也颇相径庭，这可能与评价者的侧重点和考虑使用者的要求不同有关。例如，除基斯特提出价格指标外，其余各家均未把经济性列为评价的标准。肖尔斯提出6个大项目，其次序是：权威性、内容范围、检索性、内容处理、装帧和特点。沃尔什提出的是8项，其次序是：权威性、精确性、内容新与修订频率、年鉴与读者服务、参考书目、索引编制、内容编排、配图。沃尔福德提出的是9项，其次序是：权威性、编排、水平、倾向性、内容新、彩印、人物资料充分、参考书目、印刷与开本。希伊提出的是5项，其次序是：权威性、参考书目、编排、装帧、补卷和年鉴。基斯特提出的是 12 项，其次序是：功用与内容范围、权威性、可靠性、客观性、资料新、编排与检索性、文字表达与深浅度、参考书目、图表、装帧、特点、价格。哈尔西也提出 12 项，但提法和次序又自不同：字顺编排、权威专家撰稿并署名、经专科编辑、内容全面、客观公正、连续修订、收有在世人物条目、非专家易懂、附有参考书目、插图精美、印刷装订质量、有年鉴和补卷。各家评价标准如下表。

肖尔斯	沃尔什	希伊	沃尔福德	基斯特	哈尔西
权威性	权威性	权威性	权威性	权威性	专科编辑、作者署名
内容范围				内容范围	内容全面
检索性（编排）	内容编排 参考书目 索引	内容编排 参考书目	编排 参考书目	参考书目	参考书目
内容处理	精确性 资料新和修订频率	（归入“权威性”）	水平 倾向性 内容新 插图彩印 人物资料充分	可靠性 资料新 客观性 文字表达 图表	客观公正 连续修订 收有在世人物条目 非专家易懂 插图精美
装帧		装帧	开本和印刷	装帧	印刷装订
特点	补充资料和读者服务 配图附卷	补卷和年鉴		特点	年鉴
				价格	

肖尔斯博士不仅是美国图书馆学家和教育家，对工具书的研究有广泛影响，而且在百科全书编纂实践方面也为西方百科全书界所推崇。他主编过西方号称 A、B、C 三大百科全书中的《科利尔百科全书》（*Collier's Encyclopedia*，24 卷）。肖尔斯的评价标准体系是他在为《图书馆学和情报学百科全书》撰写的“工具书”条目中提出的。为了节省篇幅和便于比较，这里且不一一详述其他五家的标准体系，而以肖尔斯标准体系作为主线，与其他几种体系作一横向比较。

权威性 肖尔斯与沃尔什、希伊一样，都是把权威性（authority）作为百科全书评价的第一标准。一般认为，权威性的标志是出版者、编辑部（总编辑和学科编辑）、编委会、编辑顾问、撰稿人和审稿人的学术声望和资格（如学位、学衔、职称、现任职务、学术成就等）。由于百科全书鉴别上的困难，这种权威性的标志便首先受到人们的注意。因此，编撰者的名单便成为最直接、最容易判定权威性的标志。百科全书评价者都希望在百科全书中印有详细的编撰者名单，并注明其学术资格。哈尔西还单独把撰稿人在条末署名列为评价项目。撰稿人署名实际上已成为现代百科全书的通例。希伊还特别提到，对名单中的主要编撰者还应判定其实际参与程度，即判定是实干者还是仅虚挂其名，但他并未提出具体的判定方法。沃尔福德还把再版次数和撰稿人的国际性视为权威性的标志。对于权威性的内涵，几家评价标准大体上是一致的，只有希伊把权威性内容的范围扩大到全书的总体设计（如内容的平衡、条目长短适宜）、编审控制、资料修订情况和编纂者的观点等。实际上，他把肖尔斯标准体系中检索性和内容处理等项评价都包容在权威性之内了。这样一揽子的“权威性”标准，其实并无实际意义。

内容范围 内容范围（scope）主要指的是知识领域的覆盖度，也就是是否存在重要的遗漏。按理说，内容的重复也应属于这项标准，但在几家标准体系中均被忽略了。综合性百科全书的内容覆盖决定于全书的框架设计，因此肖尔斯要评价者分析全书的总框架，实际上这一点是很难做到的，因为框架的形态一般并不在书中显现出来。就已出版的百科全书分析其总体框架，无疑是一件复杂和困难的事情，如果不说办不到的话。这对于评估者要求得未免太多了，其工作量之大使这项评估失去了现实性。沃尔福德未提“内容范围”一项，但把知识门类平衡要求列为“倾向性”的内容之一。

各学科分支和知识领域内容的比例关系，也属于内容范围的评估。这主要指的是各方面内容的均衡，而不畸轻畸重。内容比例还包括古代与现代内容、本国与外国内容的比例关系。基斯特把内容表述的深浅度也归入内容范围的评价，显然是不适宜的。

检索性　检索性是工具书所共有的，也是工具书区别于其他图书的最重要的特性。百科全书的检索性与词典等其他工具书相比，又有其特殊之处（也可以说是难处）。百科全书检索性与内容的系统性既对立又统一。对于其他工具书（例如词典）来说，检索性要求相对单纯得多，因为不受内容系统性的制约。国外百科全书评价标准多以“编排”（arrangement）来表示检索性。所谓“编排”并不限于条目的编排方式，而且还包括条目结构（即“大条目主义”编法和“小条目主义”编法）、参见系统、索引和其他检索系统。肖尔斯颇注意百科全书的自我教育作用，把“学习指南”也作为一种检索性的指标。他还把全书分卷合理与否作为检索性的一项标志。全字顺编排的百科全书分卷基本上有两种情况：按字母自然分卷，即以完整的字母部分作为分卷的界限；规定卷的厚度（页数），容许拆开字母分卷。后一种方法固然书卷整齐（厚薄一致），但并不利于查检使用。沃尔什还提出书眉形式亦属检索性评价内容。

参考书目是检索性评价的重要方面之一，且是比较容易鉴别的项目。这项评价主要包括书目选择的代表性、针对性和权威性，以及书目的开列次序和主要著录项目齐全。基斯特特别指出根据参考书目的新旧（包括版次）鉴别全书内容修订情况的可能性。至于参考书目是附于条目之后还是分类集中编附末卷，则属于设计方案的差别，评论者也有见仁见智之不同，但正宗编法仍以前者为主流。参考书目在肖尔斯以外几家评价标准体系中，均被列为与检索性独立的评价项目，由此可见参考书目受到重视的程度。沃尔什把索引列为单独的评价项目也不无道理，因为索引本身十分复杂，而且其作用甚大。

内容处理　内容处理（treatment）是肖尔斯的独特提法。他指的是文字表达与可读性、深浅度、客观性和精确性。其他几家评价标准侧重的角度则不尽一致。希伊干脆把这方面的问题归入权威性评价，显然使后者变得过于广泛和笼统了。沃尔什把这一评价分为精确性和时效性（up-to-dateness）两项，后者表示资料新。基斯特则分为可靠性（reliability）、可读性、客观性、时效性和图表处理5项。哈尔西除把可读性和深浅度明确为“非专家易懂”，并另增一项“收有在世人物条目”外，大体上与基斯特的区分法一致。基斯特提到的可靠性，除精确性的含义外还包括用现代观念解释事物。

客观性评价本身就是一个有争论的问题。一般注意的是在宗教、政治和民族等敏感问题上的倾向性和偏见，对一些有争议的问题（如西方国家对人工流产、安乐死之类问题）是否全面反映各方的观点，抑或有所偏倚或回避。

实效性评价更多侧重于国际关系、科学发现发明、名人逝世等欠稳定的事实资料。

装帧　装帧是外在的、易于鉴别的项目。工具书从使用者的角度来说有两方面的根本要求：一个是阅读效果，一个是耐频繁翻阅的牢固度。前者涉及印刷清晰度、字体字号、版式整齐与疏密度、标题的醒目与简洁；后者决定于纸张、装订牢固和松紧（开卷平整而不会自动掩合）、封面与封面材料的耐磨性等。书脊的标志（如卷次、起止字母）易于识别，既有检索性的意义，又是装帧问题。顺便提到，现在有些图书馆把图书标签贴在书脊的卷次或起止字母的位置上，实在是一种给读者增加麻烦的做法。

特点　评论家们一致重视现代百科全书要具有自身的特点，但对特点的评价则最缺乏明确的判据。肖尔斯把修订方式和读者服务当作百科全书特点的内容，可能他心目中赞许的是一些百科全书采取的连续修订制和向购书的读者提供无偿的咨询服务吧。基斯特在“特点”方面则提到特种插页（如多层醋酸酯透明解剖插页），以及百科全书附有词典和地图集等。

编纂者的标准 从使用者角度提出的评价标准，对于编纂者来说是检验百科全书编纂水平和质量的信息反馈，自然是编纂质量评价的基础。但有两个理由使这类评价标准不能代替百科全书编纂学的评价标准。第一，这些标准偏于原则，缺乏可检性，而且不甚严格；第二，评价标准必须与鉴定方法联系起来，没有鉴定方法的标准对于编纂者的意义不大。实际上，可以将使用者的评价标准加以细化，甚至量化，形成一个编纂学的评价标准框架。这样的评价标准应该包括以下一些内容。

1. 内容全面。这是指知识领域覆盖之全，而非巨细无遗之全。有无重要遗漏应为其标志。

2. 各学科知识门类比例均衡，而且古代与现代内容、本国与外国内容分量相称。

3. 全书内容的重复量保持在 5% 以内。这一极限说明，30 卷本的百科全书已有 1.5 卷多余的文字。

4. 精确性。包括概念清楚、科学内容无实质性错误、事实数据资料有权威的根据且不互相矛盾。

5. 客观反映不同重要学派、流派的观点，减少作者和编者的个人倾向和偏见。收有正反面重要人物（包括在世人物）条目。

6. 对随时间变化的统计与事实资料，跟踪到发稿时的最新信息程度。

7. 全书大部分内容（例如 80%）至少经得起 10 年的稳定性考验，即在 10 年之内仍有查阅的价值和可依据性。

8. 全书内容和条目释文均有知识纵深的结构和可读性，能为中学以上程度的非专业读者所看懂，过半的内容（例如 60% ～ 70%）能为中学程度的读者所接受。

9. 条目大小与所述主题的知识内容相称。既有支撑性的概述条目，也有重要名词、术语解释和资料性的小条目。大中小条目比例呈金字塔形结构关系。

10. 条头标引符合检索习惯，能概括或代表所述知识主题。标引词或词组规范、通用、简洁、紧密，一般不多于 3 ～ 4 个。

11. 条目释文有统一的体例规范和叙述程序。大、中条目有醒目的释文内标题。

12. 条目释文文字通顺，表达清楚（无歧义），基本上是晓畅、简练的现代书面语言。

13. 全书各种名词（人名、地名、组织机构名、民族名、事件名等）统一，必要的附有原文。

14. 重要的条目附有适合读者进一步阅读的参考书目。参考书目经过精选，而不陈旧过时。书目主要著录项目齐全。

15. 插图与释文配合紧密，能提供补充的知识信息或有助于理解释文。图文比例适当，且大部分是有表现力的彩色图。图题图注和图中文字、符号一致，与释文相洽。

16. 条目字顺编排准确。有清楚表示起止字母或文字的书眉。分类编排的百科全书附有字顺索引。

17. 有表现全书知识体系和引导系统学习的条目分类目录或学习指南。

18. 索引查用简便，索引量充分（为条目数的 3 ～ 10 倍），便于检索释文内的隐含知识信息。

19. 书中印有编委会、编辑部和出版者的名单。编委会由权威学者组成。全部条目均有撰稿人在条末署名，其中重要的条目由知名的权威专家撰稿。

20. 装帧。版式紧密，版心有较大的容量，但条目之间界限分明。纸张和封面材料坚韧耐磨，装订牢固而松紧适度。装潢比一般图书考究。有豪华、精装等多种本。

第二十九章
百科全书的作者和编者

稍有些编辑常识的人都知道，组稿是关系一部出版物成败的重要事情。组稿的根本问题，是找到合适的作者并熟悉作者。“找适当的人写适当的条目”，正是百科全书编辑工作中的一大关键。

适当的撰稿人　按照人们通常的看法，适当的撰稿人就是对于所写的那个条目主题的最大专家。其实，这仅仅是一个方面的条件。有时同这个条件同等重要的条件是写作水平和文字表达能力。在科学研究上有成就的专家，未必都能写出好的文章。写作水平对于发表研究成果的学术论文和总结学术成果的专著来说并不那么重要，因为那是写给专家们阅读的东西，而对于向普通读者提供基本知识的百科条目来说，则要求写作上有一定的基本功夫。国外有的百科全书编者认为，有些大学者、大专家撰写的百科条目稿件较难处理，而且不便修改，并非偶然。我的一位同行朋友，是海峡对岸出版的《环华百科全书》总编辑张之杰先生。他曾向我推荐一个经验，即为百科全书组稿，多找刚刚获得博士或硕士学位的年轻专家撰写百科条目。因为他们最需要社会学术名望，撰写条目也最积极，而且容易商量修改稿件。这种做法未免绝对，但也不无道理。诚然，百科全书组稿仅把作者的资格名望和学术地位作为选择撰稿人的唯一条件是不够的。此外，大学者、大名家往往是社会上的大忙人，有些大专家年事已高，精力不足，对新发展和新资料的掌握也可能不及中年专家及时和充分。这些自然会影响百科全书编纂的进度和书的质量。目前，国内外不少百科全书编纂家倾向于邀请有写作能力的中年专家撰写百科条目，虽然他们可能不那么声名显赫，但他们却是最热心也最容易商量问题的作者。实践证明，容易商量问题和有反复修改稿件的耐心，也是百科全书适当撰稿人的一个条件。弥补声望不足的明智做法，是邀请权威的大学者和大专家担任审稿人和校订人。

集中和分散　百科全书是由众多的作者写出来的，作者是集中些（少一些）为宜还是分散些（多一些）为好？这也是百科全书组稿中的一个实际问题。随着科学和文化的发展，现代学科和知识门类越分越细，百科全书的编撰早已不是少数人所能胜任的事情。但是太多的撰稿人带来的问题是增加编辑工作量，影响全书的整体性和风格一致性。现代百科全书的编纂实践表明，百科全书编辑部在可能的条件下尽量减少作者人数，即尽量增加个人撰写量，对于百科全书编辑工作的顺利完成和成书定稿质量是十分重要的。国外有些研究家还把作者个人撰写量作为百科全书编纂的一个指标来加以考察。下表是世界两家重要百科全书的撰稿人数资料，可供研究参考。

书　　名	总字数（万字）	条目数（万条）	撰稿人数	个人撰写量（万字／条目数）
《美国百科全书》	5670	6	6500	0.87/9.23
《不列颠百科全书》第 14 版	6840	4.5	10 338	0.66/4.4

* 表中字数是按中文估计的大致字数，不甚准确。

百科全书的编者　百科全书编辑在全书的编纂中担负着极其繁重的任务。他们是百科全书的主要设计者、撰稿和审稿的组织者，最后又是总其成者，要完成全部的成书定稿工作。他们是知识讲述者（作者）与知识接受者（读者）之间的桥梁。《不列颠百科全书》一位总编辑普里斯（W. E. Preece）说："百科全书编者的工作成果通常表现为知识的汇集和选择，但知识本身并不包括应如何组织这些知识的原则。专家们对各门学科的范围、内容及其相对重要性，总是有不同的看法。……百科全书编纂家应当有能力把知识组织成条理，也应有能力在知识界和普通读者之间建立交通。”

应具备的条件　从理想的角度看，百科全书的编辑应具备以下的条件：

1. 他首先应该是百科全书编纂专家，熟悉百科全书的性质、作用、体裁、编纂过程和编辑技术，以及百科全书的历史和编纂理论等问题。

2. 他应该精通本行——编辑业务，包括文字水平、写作能力、语法、修辞、逻辑、外语、出版知识，以及组织能力。

3. 他应该是一个学科的专家，虽然不一定是很大的专家。他的“专”是同“博”结合起来的，而更以“博”为要。广博的知识对于编百科全书尤为需要。有人说，编辑是“杂家”，是“通才”，这种要求对于百科全书的编辑则更应强调。百科全书编辑的想象力、鉴别力和判断力，正是在这种“专”与“博”相结合的基础上产生的。

毋庸赘言，正确的政治观点、强烈的事业心和踏实的工作作风，是百科全书编辑人员应具备的起码条件。此外，百科全书编辑还应具有丰富的创造力和同专家学者打交道、交朋友的活动能力，这也是自然的道理。

编辑分工　百科全书编纂是一项复杂的工程，工作项目繁多，性质各不相同，百科全书的编辑班子应有科学的分工。就主要的来说，百科全书的编辑分为：

1. 学科编辑：百科全书汇集人类一切学科和门类知识，但是任何百科全书编辑部也不可能拥有一切学科的专家。因此，学科编辑的“学科”只能是相对的，是具有较为广泛的学科知识的编辑人员。学科编辑是百科全书编辑部中最前方的人物，往往担任主要的编辑任务，例如责任编辑。

2. 文字编辑：现代百科全书编辑部一般并不设有专职的文字编辑，而是由学科编辑兼做文字编辑工作。不过，编辑部一般配有修辞专家，负责检查稿件的文字水平和进行必要的润饰加工。

3. 插图编辑：现代百科全书都使用大量的插图。作者提供的草图，甚至仅是插图的设想，需要由插图编辑转变为符合百科全书要求的插图形式，并组织美术人员绘制，统一表现形式和百科风格。除绘制的插图（线条图）外，百科全书还有大量的照片图，需要由插图编辑组织搜集、拍摄或翻拍。

4. 地图编辑：审查和组织绘制百科全书中的各种地图，是百科全书编辑工作中一项责任很大和专业性很强的工作。地图编辑还要把绘制好的地图送有关机关审定。

5. 索引编辑：负责编制百科全书的各种索引。他们在索引编制中常常能发现百科条目稿件中的许多矛盾和错误，对于提高全书编辑质量十分重要。因此，索引编辑常常是责任编辑的重要助手，或者由责任编辑自己兼任。

6. 资料工作人员：主要负责积累、核对事实资料、统一各项名词。他们的工作量大而繁琐。近年来各国百科全书编辑部开始建立百科数据库，利用计算机辅助资料工作，可大大减少资料工作人员的工作量。

7. 装帧设计人员：常被称为技术编辑，负责全书开本、封面、版式等方面的设计。

特约编辑　特约编辑是编辑部在学科专家中聘请的“客座编辑”，外国称为“顾问编辑”（advisor-editor）。现代百科全书的编辑工作需要特约编辑并不是偶然的做法，也不是在特殊情况下的权宜之计，而是一种必然的常规。《不列颠百科全书》第 15 版聘有顾问编辑 244 人；《苏联大百科全书》第 2、3 版在编辑过程分别聘请了 600 位和 750 位顾问编辑。其他各国各家百科全书编辑部也都离不开顾问编辑。

特约编辑就其性质来说有双重身份，即专家的身份和编辑的身份。他们对于审定稿件内容和控制百科体例都能够发挥重要的作用。作为专家，特约编辑协助编辑部判断和保证稿件的科学性和精确性；作为编辑，对全书的完成、完善和完美负有责任。编辑部聘请特约编辑有一件不可忽略的重要事情，那就是首先帮助他们掌握百科全书的编纂知识和编辑业务知识，增强百科意识和编辑意识。

关于百科意识已如本书第十章所述。所谓编辑意识是指：① 读者观念，即时时刻刻从读者角度而不是从专家角度考虑问题的习惯；② 出版观念，即时时刻刻从出版社的角度而不是从作者角度考虑问题的习惯；③ 整体观念，即从全书整体的角度（如统一性和规范性问题）而不是从某一学科或某一分支的角度考虑问题的习惯。

特约编辑在百科全书编辑过程中最关键的作用，是在框架设计和选条、审定修改稿件和编辑加工方面。在这些工作阶段中，特约编辑与专职的编辑共同工作，紧密合作。

第三十章
百科全书的读者

善于利用百科全书的人，在释疑解惑、搜集和核对重要事实资料或增进知识方面自会受益匪浅。在许多情况下，习惯于利用百科全书，可避免在浩如烟海的书刊海洋中茫无边际地寻觅答案，从而节省大量时间。百科全书编纂者研究百科全书的读者如何使用百科全书，则是为了心目中有读者，对百科全书编纂能从读者需要出发。

百科全书的读者　各种图书都有比较明确的读者对象。教科书是哪一年级的就是给哪一年级的学生编的。学术专著是写给本专业的专家研读的。即便很难说读者是哪些人的小说，据说有些走红的作家也各自有自己作品的读者群。那么，百科全书的读者是谁呢？百科全书的“读者”（reader）其实是一种笼统的、因循的说法。百科全书是工具书，它的对象应该是“使用者”（user）。对于“读者”还是“使用者”，这里虽然不必咬文嚼字，但两者在性质上毕竟有所不同。何况如前所述，百科全书本身也有两重性（工具书作用和教育作用），这就有必要对百科全书的读者进行一番具体分析。

读者的文化程度　百科全书究竟是为哪种文化程度的读者编的，一向是百科全书编纂者困扰和存在争论的问题。专为少年读者编的百科全书出现很晚。西方百科全书按读者年龄分档的趋向，直到 20 世纪初才引起重视。年龄实际上表示的是文化程度，不同文化程度的读者对百科全书的要求当然不同。关于少年儿童百科全书，本书第 25 章已有所论述。这里主要讨论综合性大百科全书的读者。西方百科全书家和图书馆人员把 16 ～ 17 岁以上的读者定为高级成年人百科全书的适用对象。

《中国大百科全书》第一版编辑方针规定的适用读者范围是“高中以上、相当大学文化程度的广大读者”。百科全书出版者和图书馆人员常把百科全书的读者分为四档：高级成年读者（相当于高中以上，直至专家）、普通成年读者（年龄与前一档同，但文化程度相当于初中至高中低年级的社会成年人）、中学生（初、高中学生）和少年儿童（11岁以下，相当于小学文化程度）。百科全书的编纂者和出版者总是倾向于扩大读者年龄范围。尤其是综合性百科全书，更是要尽量涵盖广泛的读者面。

专业读者和非专业读者　百科全书，特别是综合性百科全书，是为非专业（外行）读者编的，这似乎不成问题。但是在编撰实践中却常常出现争论。因为知识本身是有层次的，百科全书的条目一般以多层次的知识纵深来满足不同读者的需要。专业读者（即所谓“内行”读者）是个相对的概念，因为专业读者仅是对于一个学科、一个专业，甚至一个学科的某一分支或一个狭窄的领域内行，而对于百科全书介绍的大量其他知识，他又是一位“非专业”的读者。即便是“专业读者”所熟悉的知识领域，百科全书提供的规范化的定义、严格的界说和精确的事实和数据资料，也常常是可供专家参考、核对和引用的依据。综合性百科全书首先是为非专业读者所编，但是应该说，它对于非专业读者有益，而对于专业读者也是有用的。

读者的性质　百科全书是兼具教育作用的工具书，它的读者对象大体上可以分为三类。

1. 第一类是寻检查阅的读者。他们是为寻求某个问题的答案或某种事实资料来查百科全书的。这一类读者又分为三种情况：① 释疑解惑，遇到不解的问题来查百科全书，寻求基本概念的解释，他们希望释义准确可靠；② 收集基本资料，为了教学、研究或写作的需要查找一个问题的基本资料，他们希望资料丰富全面；③ 比较核对，如查核时间、人物、地点、事实、数据等，他们希望有可比的资料，而且精确可信。寻检查阅的读者是百科全书的最基本的读者，使用人次比例可能占2/3以上。百科全书的编撰者应充分考虑这一类读者的需要。

2. 第二类读者是学习的读者。他们把百科全书当作辅助自学的工具，是来上“没有围墙的大学”的。现代的教科书和课外自学教材十分完备，把百科全书当作教科书来学的人毕竟不是很多。但是，百科全书的编纂者有可能利用百科全书的编辑技巧（如各种附属成分），为不能备有较多书籍的读者提供一种辅导自学的读物。特别是那些专为学生编的百科全书，正是把这一类读者作为主要对象。

3. 第三类读者是浏览的读者。他们是为了开阔眼界、增进知识，甚至出于好奇来翻阅百科全书。他们的目的性不是很强，但希望能读到引人入胜的知识介绍。这一类读者并不太多，把按某种检索次序编排的百科全书当作读物来读，毕竟不甚合宜。百科全书的编撰者应把第三类读者的需要作为考虑的因素，在百科全书的可读性上多下功夫，尽量增加百科全书条目释文的生动性和趣味性。但这到底不是综合性百科全书的主要目标。

应该指出，百科全书的三类读者也并不是一成不变的，倒往往可能是同一的。有时，前者转化为后者，由寻检知识、收集资料而发现百科全书中知识的完整性和系统性，从而把百科全书当作良师益友，当作一种取之不尽的知识来源；有时，后者转化为前者，从偶然浏览而认识到百科全书的完备工具书的功用，从而遇到问题便来求教百科全书。

读者意见　读者的意见和批评是百科全书编纂者应该认真对待的。首先应注意那些涉及全书资料精确性的批评和意见。尽管各家百科全书无不以资料的精确而自诩，但世界上从来没有，也不可能有一部毫无错误的百科全书。百科全书的编辑部不管拥有怎样严密的资料核对机构，有多么科学的数据库，加上审稿人的严格审定，仍不免会被广大的读者发现错误和疏漏。外国有的百科全书编辑部采取奖励读者找错的制度，这对于百科全书的修订和提高其权威性有很好的作用。但是，实践证明，读者的意见有相当多的是出于对百科全书的片面理解或出于局部的需要提出来的。因此，读者的意见应当受到尊重，应当加以仔细分析，但在采纳时则应持审慎的态度。作者在拙作《百科全书的故事》书中曾讲过一个“爱情和原子弹”的故事，说的是《不列颠百科全书》最初几版曾设有“爱情”的条目，但是在第 14 版就撤掉了这个条目，而增加了新出现的“原子弹”。因此就有读者致书编辑部，指责编辑部藐视人类最美好的感情，而热衷于战争武器。总编辑回信很幽默：“对于爱情，不如去亲身体验；对于原子弹，则以读读书本为好！”这说明读者对百科全书性质的不够理解，而百科全书编者则深化了百科意识。“爱情”没有什么知识内容，够不上设置百科条目。

读者服务工作是百科全书编辑部了解读者需要、改进百科全书的一项措施。《不列颠百科全书》编辑部开展百科咨询业务，设有专门的咨询服务部，答复读者提出的涉及百科全书和百科年鉴内容的一切问题。购书的读者有权在 10 年之内提出 50 个问题并获得充分的专题报告。编辑部则通过咨询服务了解读者的需要和改善全书的编纂和编辑工作。

对于读者，百科全书有三方面的主要用途。

寻检查阅　解决读书和学习中遇到的不解或不甚了解的问题，或是为了研究和著述搜集或核对基本资料。在百科全书中可能查检的知识和资料有：某一国家、某一城市的地理位置、自然环境、山脉河流、社会人口、历史发展、政治、经济、文化状况，以至交通运输、名胜古迹；某一民族的起源、发展演变、分布、语言和生活方式；某一名人的生卒时间、所属国籍、生平活动、成就和著作；某一名著的作者、时代背景、主要内容和评价影响；某一党派和团体的性质、机构、成员、重要人物和活动影响；某一学科的内容、对象、研究方法、作用、发展；某一史实或事件的发生时间、地点、经过、人物和影响；某种机械、机器、仪器的发明、用途、原理、结构和发展；某种元素和物质的性质、用途、成分、分布和蕴藏；某种动物的纲目分类、分布、习性、驯养、经济价值；某一现象的性质、成因、影响和利用；某一概念和名词的内涵、外延和现实意义。

浏览涉猎　人们即使不是为了查检问题，随便翻阅百科全书也可以开阔眼界，增长见识。本书作者就是从浏览涉猎走上百科全书之路的。百科全书由于介绍知识全面和系统而且简明、可读性强，所以是一种有益的读物。《不列颠百科全书》在谈到百科全书的作用时说："看过百科全书的人而对它无动于衷是不可能的。最起码的影响是使读者感到他对周围世界所知甚少。这可能使他气馁而安于现状，但更可能的是促使他至少暂时努力一番，以提高自己的学识，由此渐入佳境，深入钻研，以至终生乐此不疲。"

系统学习　现代百科全书通过各种编辑技巧，也能兼顾人们系统自学的需要。为了系统学习的目的，一般以选择以教育作用为主的百科全书为好。这种百科全书大多编有"学习指南"之类辅导自学的项目。读者可以根据自己的程度和学习的要求，利用"学习指南"从百科全书的相关条目中获得系统的知识。《不列颠百科全书》的"百科类目"，《中国大百科全书》第一版的"条目分类目录"与各卷前面的学科概观性文章，能使读者了解各个学科和知识领域的体系和相互关系，并概要了解各个学科和分支的内容。

怎样选用百科全书　根据查阅问题的性质选择适当的百科全书十分重要。查阅外国百科全书的读者，因受外语的限制一般只能利用某一语种的百科全书。但是同一语种也常有多种百科全书（如英、德、日、法语），其特点和优劣各不相同。在常见的外国现代百科全书中最具权威性的是：《不列颠百科全书》（英文）、《美国百科全书》（英文）、《布罗克豪斯百科全书》（德文）、《拉鲁斯大百科全书》（法文）、《世界大百科事典》（日文）。《苏联大百科全书》（俄文）有美国翻译出版的英文版。关于地理、海洋、水产和有关拉丁美洲和西班牙的知识，《欧美插图大百科全书》（西班牙文）是选收最广、资料可贵的工具书。关于欧洲古代文学艺术的知识，《意大利百科全书》（意大利文）也是值得重视的一部。

查阅较为专门的问题应使用专业性百科全书；查阅一般概念则使用综合性百科全书，如果仅需要简单的解释，则查百科词典。如果查阅某国特有的或起源于某国的知识，则使用该国家出版的百科全书可能获得更多和更可靠的材料。我国读者当然查阅《中国大百科全书》第一、二版及其简明版最为方便，而查阅我国传统知识则选择《简明中华百科全书》为宜。

查阅基本概念而不需要太详尽资料的读者，可以选用《简明不列颠百科全书》（11 卷本）和《不列颠百科全书》国际中文版（20 卷本）。两书均为中文编译本。前者按条目的汉语拼音字母编排；后者按条目英文字母顺序编排，其第20卷为条目汉语拼音索引和条目汉字笔画索引。

掌握德语的读者自然首先应该选择《布罗克豪斯百科全书》，但《迈耶百科词典》（*Meyer's Enzyklopädisches Lexikon*）也是一部很权威的德语百科全书。通晓法语的读者，主要的选择是《拉鲁斯大百科全书》或《拉鲁斯小百科全书》（*Petit Larousse*）。前者能提供较详细的资料，但条目大而少，对于小的主题可能不设条目；后者只能提供非常简短的解释。

查阅东方内容，特别是日本和亚洲问题，在外国百科全书中最好选择日本平凡社的《世界大百科事典》或《讲谈社百科事典》。两书都是按日文五十音顺编排的。小学馆的《万有百科事典》是按知识门类分卷编的，按门类查检颇为方便，但一个门类之内条目仍是按日文五十音顺编排的。

关于各国各家百科全书的特点，可以从各种工具书指南中得到基本的介绍。如美国图书馆学会编的《工具书指南》（*Guide to Reference Books*）、英国图书馆学会编的《工具书指南》（*Guide to Reference Materials*）、美国工具书专家基斯特（K. F. Kister）编的《百科全书购买指南》（*Encyclopedia Buying Guide*）和《最佳综合性与专业性百科全书指南》（*Best Encyclopedias*：*A Guide to Gengral and Specialized Encyclopedias*）。我国学术出版社出版的《国外工具书指南》有专章介绍各国百科全书的基本特点。

怎样利用检索系统　善于利用百科全书的人，一般先查全书索引。多数大型百科全书都在全书之末编附索引卷并附有索引使用说明。先查索引的好处是可以立即判明所查内容在书中是否列有条目，或是包含在某个条目之内。例如，查《美国百科全书》的索引可立即得知，“屈原”在全书中并未设条，而是在“中国”条目内有所介绍。其次，先查索引还可以同时得到更多的查检线索，也就是可以获得更多的参考资料。

《中国大百科全书》采用简式索引，形式比较简单，读者容易掌握。例如，读者欲知“翰林学士”是什么官职，可查第一版“中国历史”卷。在其内容索引“H”字头下有：

翰林学士（见　翰林院）　353d

翰林院承旨　993e

翰林学士院　993e

翰林院　353d

这表明“翰林学士”是参见条目，须参见“翰林院”条，后面的数字是页码，拉丁字母是版面区域。《中国大百科全书》第一版正文版面划分为 a、b、c（左栏）、d、e、f（右栏）6 个区域。此条在右栏 d 区域（上方）内。黑体字表示条目，仿宋体字（如“翰林院承旨”）表示条目释文内的隐含主题。《中国大百科全书》简明版和《简明中华百科全书》，以及《中国大百科全书》第二版的索引与此大致相同。《中国大百科全书》第一版的总索引卷，是全书全部条目的汉语拼音索引。

《中国大百科全书》第一版的总索引卷，最适于读者无法判断所查主题所属学科（知识领域）的情况，特别是一些很陌生的人名和概念，如人名“韦棣华”（图书情报学档案学卷）、“林黛”（电影卷）、“扭结理论”（数学卷）、“伦敦兄弟”（物理学卷）等。

总索引卷最重要的作用，是读者从中可查到跨学科（知识领域）主题的全部线索。由此总索引卷可知，《中国大百科全书》第一版正文73卷共有4600多条目是跨学科（知识门类）的，同时在不同的学科卷中设置条目，而各学科卷则侧重本学科（门类）内容方面提供知识信息。对于这些跨学科（知识门类）的主题，读者不可能从单一学科卷中获得全面的知识和资料。

《不列颠百科全书》和《美国百科全书》分别有1、2卷索引，都采用复式索引形式。《美国百科全书》索引的形式是：

BASKET 3 - 319 ——大写的词表示设有条目，数字表示卷次和页码

Africa 1 - 273
Osier 21 - 20
Weaving 28 - 543
——此三条均表示与前条有关的内容，可参见

Basque language 3 - 332 —— 除第一个字母大写外，其余字母小写，表示未设条目的隐含主题

Duenna, The, —— 斜体表示未设条目的作品介绍

Ills —— 斜体小写表示插图的主题

Map —— 斜体表示地图的主题

—— : Cultural life —— 表示大条目释文内的下层次标题

《不列颠百科全书》因全书分为“百科类目”“简编”和“详编”三个部分，索引不免复杂一些。其形式是：

ecology，or bioecology，or bionomics —— 条目标题

MICROPAEDIA 4：354：1a —— 表示“简编”第4卷354页1栏版面区域a

MACROPAEDIA 14：1108：1b —— 表示“详编”第 14 卷 1108 页 1 栏版面区域 b

Agricultural research 13:170:1a
Amazon rain forest 1:314:3b
Animal diseases 17:364:1a
} 此三条表示与本条有关的内容，可参见，后面是页码等

For a list of related subject see

PROPAEDIA: Section 352 —— 表示有关条目的一览表，参见“百科类目”卷 352 节

《拉鲁斯大百科全书》索引卷中的条目与隐含主题不用字体区分，而是在索引主题之后注以“art”字样，用以表示设有条目，并注全书各卷统编页码，不注卷次，如

laser，art.，6985–6987 —— 表示设有条目，后面是起止页码

armement，1022 —— 表示未设条目的隐含主题

Hydur → Hydre male → 表示参见

内容范围宽泛的索引主题，一般都在主题后用括号加范围限定词，如

Parallele [Astron.]

Parallele [Math.]

日本各家百科全书都采用简式索引形式，即设条目与不设条目的主题并列而不分层次，以黑体字表示条目。

怎样利用其他附属成分　百科全书其他附属成分中最重要的是补遗和地图集。“补遗”是对百科全书成书和排印期间所出现的重大事实和发现的重要遗漏的补充，常常也按字母顺序以条目形式编在全书的末卷，或另编补卷。美国《科利尔百科全书》的补遗编在第 24 卷。

有些百科全书在末卷中还附有多种附录，提供一些便览性资料。例如，《简明中华百科全书》有 27 种附录，除“中国大事年表”外还有“中国历史年表”“汉语拼音方案”“中国法定计量单位表”“中国行

政区划一览表”“中国国家重点保护的野生动物一览表”“中国国家重点保护的野生植物一览表”“中国著名自然保护区一览表”“中国国家重点风景名胜区一览表”“中国历史文化名城一览表”“中国全国重点文物保护单位一览表”“中国著名高等学校一览表”“中国科学院院士名录”等。英国《剑桥百科全书》（有中文版）后附的“百科便览”内容尤为丰富，分“宇宙与地球”“太空探测”“地球：基本资料”“时间和距离”“世界各国”“世界各国政治领袖”等 11 大部分。日本《世界大百科事典》附有日本宪法，世界各国概况，日本各县概况，世界大山、大湖、大河、大岛、国家公园等资料。地图集是某些百科全书的地图汇编，成为单独的附属成分。

现代百科全书修订周期一般在 5 ～ 10 年之间，即便是采取连续修订制的百科全书，资料更新的范围也很有限（每年不过更新 5% ～ 10% 的条目）。因此，百科年鉴往往是百科全书内容在时间上的延续和对新材料的补充手段。百科年鉴还常常兼有某种新闻报道的性质。它提供一年之内（一般是前一年）的重要事实资料、扼要的背景情况和重大发展的评述。此外，还提供便览性的资料，例如一年内逝世名人资料。对于意欲广泛搜集资料的读者，在查阅百科全书之后，还可以从逐年发行的百科年鉴中查阅下列一些项目：一年大事记（或大事年表）；专论或综述，包括专题报告、专文和特稿；事实概览；统计资料。百科年鉴一般都编有主题索引，便于查检，用法与百科全书索引无大差别。

结语

印刷版纸质百科全书的前途

由于网络和数字化出版的猛烈冲击，印刷版纸质百科全书像一切纸质书一样，面临着很大的危机。用这一题目作为本书结语，对于作者似乎不是一个有肯定结论的话题。不过，仔细想想，无论将来是一个什么样的信息时代，百科全书这种人类知识库总还是存在的；也无论是什么载体样式的百科全书，即使不是印在纸上的百科全书，是电子版，是多媒体光盘形式，是无所不在的网络形式，百科全书的基本编纂规律恐怕是不能背离的。

有人预测，印刷版纸质百科全书像一切纸质出版物一样，将被电子版、多媒体百科全书、网络百科全书所取代。这只是一种看法。张平先生在 2010 年第 4 期《出版科学》上发表论文，问了一句："捅破这层纸还要多久？"这一问，问得传统百科全书编纂者和出版家不免一惊！这位作者的建议是赶紧"转身"，以便"看到另一片风景"。那是什么样的"风景"呢？是否这一"转身"，身后那些浩如烟海的印刷版纸质图书，包括词典、百科全书，甚至连同图书馆，都一股脑地该送进博物馆了呢？在身后就留下一个空落落的没有书本的世界？这里先不准备讨论这一"转身"的必要性和艰难性，而是想谈谈印刷版纸质百科全书，是不是会被电子版和网络百科全书所完全取代，是不是有一天会完全消失不见了呢？我想，至少有两个情况，会使相当一部分读者出来挽留印刷版纸质百科全书的。

一个情况是上千年纸质百科全书建树和积累下的严肃性和权威性声誉。它在历史上是怎样树立起这种严肃性和权威性的？印刷版纸质百科全书通常是由具有学者性格的百科全书编纂者，经过缜密的总体设计，组织学有根底、声望卓著的权威学者撰写条目，经过百科全书编辑与学者专家反复认真审稿修改，按设计的框架，配上种种方便读者的检索系统，编纂成书而出版。它曾有“人类知识总汇”“没有围墙的大学”之誉。当然，它不是当今社会常常提到的那种快餐文化产品。真正严肃的做学问的人和求知者，想要得到真正的知识而不是快餐知识，大概更信任更愿依据的是这样编成的印在纸上的百科全书内容，更信赖同样白纸黑字印在书上的编委会成员和印在每个条目后面的专家学者的名字。这也许是一种陈旧的对知识、对学问的信仰。但这毕竟是对权威性、严肃性、稳定性、可靠性的信仰。

印刷版纸质百科全书的严肃性和权威性，如我国学者于光远所说，具有半经典的性质。人们在写文章和讨论会上发言时常常引以为据，例如，依据的是《中国大百科全书》《不列颠百科全书》某卷某条目所解说，大概不会说依据的是网络，如谷歌、雅虎提供的某条信息。带有浮躁心态的求知者，乐意向无所不知、无所不有的万能的网络寻求知识，你可以瞬间得到一大堆信息，但是那需要你自己来判断，因为每条信息差不多都是信不信由你，也许明天就变了个样，明天又变了个说法吧。当然，把印刷版纸质百科全书直接转化为网络百科全书，也许能增加几分可信度，但那究竟不是白纸黑字。现代的网络百科全书，一个条目今天是一个样，明天也许就变成另一个样子了。这是网络百科全书的长处，也是它的短处。对于严肃的问题，多数人还是愿意信赖那些不是瞬息万变的内容。可以认为，知识信息的严肃性、稳定性、可靠性和权威性，不同的媒体有这样一个层次：报纸—期刊—年鉴—书籍—百科全书。网络提供的知识信息，可能是报纸层次的，如果不是更低于报纸层次的话。

另一个情况是阅读习惯。习惯是一种固执的势力。当网络横行天下时，还是有不少人愿意翻阅书本。寻检查阅知识，可以上网查阅，也可以站在自家或图书馆的书柜前，抽出一卷百科全书，靠着书柜站着浏览，也可以走着翻看，还可以消停地坐下来细读，随手摘记。大概，查阅网络百科全书就没有这些方便了，总不便端着笔记本电脑走来走去，或喝着茶坐在沙发上来阅读。书房里举目无书，这样的环境可能也不是读书人所习惯的。读书，有各种不同的读法，有的书要正襟危坐坐在案前反复咀嚼，有的书可以靠在床上随意浏览翻阅，有的书可以带在身边，乘车时读，放在枕边闲读。我国俗语有云，萝卜白菜，各有所爱。我也使用电脑，我也上网，觉得很方便，但还是离不开书本，更是离不开印刷版纸质百科全书。

我是一个百科全书的爱好者、编纂者和研究者，我期待网络百科全书一往无前，有无限江山，但我对印刷版纸质百科全书仍然怀着崇敬和爱戴之情。世界本来就是多元的，爱好是多元的，习惯也是多元的。多元化可能是客观世界存在的必然性。在我们可以想象的一个相当长时期内，虽然印刷版纸质百科全书会受到网络的极大冲击和挑战，必然会缩小存在空间，但大概不会就此告别人世，消失不见。提出电子版和网络百科全书完全取代纸质百科全书的预言，也许为时尚早，也许这种情况是不可能出现的。现在，人们还无法想象一个没有书本的时代，无法想象一个没有书本的空落落的网络世界。

当你走进新扩建的国家图书馆工具书阅览厅，你会发现，21 世纪出版的印刷版纸质百科全书，仍然是层出不穷，纸墨正香，琳琅满目，不见减少，而是更加繁茂了。

有一条最新消息，2010 年法兰克福国际书展开幕。据新华社报道：“尽管今年书展给予数字出版以足够广阔的舞台，但传统纸质图书依然是本届书展的绝对主角。”法兰克福国际书展主席尤根·博斯指出，在一向崇尚高新技术的德国，过去一年的出版业在 96 亿欧元的收入中，传统纸质图书仍占高达 99% 的份额，依然是出版商的主要利润来源。

依上所述，作者并不为印刷版纸质百科全书的前途担忧，而觉得印刷版纸质百科全书会与电子版、多媒体、网络百科全书互相竞争，多样共存，满足读者多元化的需要，即便“捅破这层纸”，恐怕也不过是这样的“一片风景”。

附录 1

为《中国大百科全书》开路

——天文学卷编辑全过程回顾

一、关于一卷突破的争论

《中国大百科全书》这一号称我国“文化长城”的项目，于 1978 年 6 月经中央批准后，首先需要的是找个暂时的立足点。国家出版局副局长王子野同志，与北总布胡同 32 号大院的版本图书馆商量，于当年 8 月初借给大百科筹备组三间存放废书的库房。我和张曼真是第一批调入大百科的。此前我下放在北京无线电二厂，当年 4 月与姜椿芳结识，并受姜老委托对英、美、法、德、苏、日 6 国百科全书进行调研，完成一项比较研究，并起草了大百科条例和计划性质的两个文件。

有了立足点，姜椿芳就陆续约来或调来几位文化出版界的老同志，其中有王纪华、倪海曙、唐守愚、刘尊棋、张友渔，一度还有周有光。中央批准筹备组的另两位负责人朱语今和曾彦修是后来才从外地赶来报到的。在 1978 年 7 ～ 8 月，这些老同志加上阎明复和我组织召开了一个编辑会议，开始讨论怎样完成这项伟大文化工程。经过近一个月的讨论，对于全书按大类分卷编法和大约 50 学科卷的规模，很快取得基本共识，但当讨论到怎样着手时，发生了争论。两种意见：一种意见是先研究学习几年，搞好总体设计再动手；一种意见是有个初步的学科门类框架，先选一卷上马突破。主张前者的是多数派，因为大多还未见过或不甚了解百科全书。姜椿芳强烈主张后者。这样争论多日，姜老的耐心和说服力是令人钦佩的，他到底说服了大家，接受了他的意见。初步框架拟定出来，方案是 50 个学科卷。选哪个学科卷上马突破呢？凑巧，传来中国天文学会将在“文化大革命”后首先在上海召开年会的消息。通过天文学会年会鼓动天文学家投入大百科首卷的编纂，自然是个有利的机会。

为了参加天文学会年会，先要决定这一卷的责任编辑。同年 8 月 11 日，姜老在编辑会议上提出，各位老同志都是学文的，只有常政是学雷达的，天文学属于科技，是否就请常政出马担任责任编辑？虽然大家看着我这个“黑头发”，资历似乎浅点，但也未表示异议。说实在的，无线电、雷达技术，仅仅与射电天文学有点关系。不过，为此我还是找来两本天文学科普书恶补了一番。

1978 年 9 月 4 日，近一个月讨论的结果，终于形成了《〈中国大百科全书〉编辑出版的初步规划》。当年 10 月 7 日，中国大百科全书总编辑委员会第一次会议（实为主任与副主任会）在社会科学院会议室召开，参加的人有主任胡乔木、副主任于光远、周扬、陈翰笙、裴丽生、陈翰伯、张友渔、姜椿芳。出版社筹备组参加的有朱语今、王纪华、阎明复、金常政、林秉元等。会议肯定了筹备组的工作和姜椿芳报告的总体方案和规划，并提出不少重要的指导性意见（参阅本书第四章）。我印象最深的一个意见，是周扬同志提出的，他强调要给撰稿人壮胆，意思就是要让参加编写天文学卷的专家们解放思想。这个问题在后来的编辑工作中确实遇到过，后面将会谈到。

大百科筹备工作情况，理应向出版社上级机关有所汇报。1978 年 11 月 4 日，姜椿芳偕老同志王纪华和首卷责任编辑前往国家出版局，作了关于百科全书和筹备组工作的报告，并得到局领导支持。

二、天文学卷上马

天文学卷上马，第一步先要敲开天文学界的大门。为此，我们先得打听清楚天文学会年会召开的信息。责任编辑先就近走访北京天文台，会见台长王绶琯（后为科学院院士）。从而得知中国天文学会总部设在南京紫金山天文台，理事长是张钰哲。于是，姜椿芳亲自出马，率责任编辑于当年8月15日飞赴上海。姜老在“孤岛”时期在上海做地下工作，分工联系戏剧界人士。我们一到上海，恰值周信芳骨灰安放仪式，周和梅兰芳都是姜老的老朋友。到沪的第二天，姜老就拉上我先去参加周信芳骨灰安放仪式。接着，姜老就被上海的文化界老朋友们绊住，他还要拜访市委宣传部洪泽部长，商讨组建上海分社问题，并联络上海各界有关人士给予支持，忙个不休，再也脱不开身。他不得不命我独自去南京，与中国天文学会联系参加该会年会活动，在活动中宣讲筹编大百科全书的意义和组织大百科天文学学科编委会等项事宜。我曾表示，自感“黑头发”资历不够，恐难胜任。姜老则鼓励说：“既是责任编辑，黑头发也该独当一面嘛！”姜老使用干部，知人善任，放手信任，给了我极大鼓励。

为了表示郑重，我于8月20日先发一电报给南京紫金山天文台，21日早从虹桥机场乘飞机飞宁，紫金山天文台副台长赵先孜带车在机场迎接，一路直登紫金山，会见张钰哲台长兼中国天文学会理事长。我恳挚地说明来意和要求，结果一谈即妥，一拍即合，天文学界因能为《中国大百科全书》开拓带路也十分振奋。我为不负信任，完成重任而兴高采烈。参观一番紫金山天文台，第二天不必再自抬身份，买张火车票回沪向总编辑报告结果。姜老赞许有加，8月23日还带我去泰安路看望一次贺绿汀。25日即随姜老飞返北京。

天文学界大门已经打开。9月6日，姜椿芳率我再飞上海，因为天文学会年会就在9月6～15日召开。我们仍住衡山宾馆。巧的是，来沪参加天文学会年会的天文学家们也被安排入住衡山宾馆，相互接触拜访甚为方便。天文学界对大百科非常重视，年会间专门安排半天请姜老演讲百科全书，也请本卷责任编辑讲讲打算。年会期间，住在衡山宾馆，百科编辑便得以天天与天文学家交往，深入了解天文学界的力量分布、学科分支，为组建学科编委会（当时称为“分编委会”）摸清情况。年会还专门拨出时间，为大百科与天文学家协商拟定学科卷编委会成员名单。

天文学卷学科编委会分为 12 个学科分支编写组，分别为：总论编写组、天文学史、天体测量学、天体力学、理论天体物理学、天文仪器、射电天文学、空间天文学、太阳编写组、太阳系、恒星和星际物质、星系和宇宙学。编委会主任当然非张钰哲老先生莫属，副主任有南京大学天文系主任戴文赛、上海天文台台长李珩、中国天文学会副理事长程茂兰和北京天文台台长王绶琯。编委会成员共 17 人。

天文学学科编委会第一次会议，是 1978 年 11 月 15 ～ 20 日在北京西苑饭店召开的。编委会全体成员、大百科总社领导和上海分社领导，全都到会。恰巧在开会前三天，即 11 月 12 日，《光明日报》以半版篇幅发表了我第一篇谈百科全书的文章《工具书之“王”——百科全书》。这文章发表得恰是时候！开会一见面，就让天文学家得以摸清本卷责任编辑的底细。这张大“名片”确实挺有用的。会议由编委会主任张钰哲老先生主持，大百科总、分社领导也分别致辞。主要议程是各分支编写组主编与责任编辑讨论各分支框架设计和初选条目问题。会议过程中，责任编辑还得忙于派车接送与会人员，安排议程等，不在话下。1978 年 12 月，《天文爱好者》第 12 期发表《〈中国大百科全书〉天文学卷编委会召开》消息，这是我发布的第一个关于天文学卷上马的信息。

5 天会议之后，天文学卷建筑结构的第一块砖——初步框架和条目大纲就算有了。责任编辑马上操心的是组织自己的编辑班子，大百科筹备组刚建，人马无多，领导仅分派给我一个女孩王小青，作为我的助手，帮我打杂跑腿。几个月来，我交了一批中青年天文学家朋友。我充分发挥自己并不太擅长的公关本事，跑北京，飞上海，去南京，与南京大学天文系、紫金山天文台、上海天文台、北京天文台、北京天文馆相商，分别借调来六位特约学科编辑任江平、杨建、阎林山、马星垣、薄树人、李元。这些中年天文学家都是我这几个月来所熟悉的，都有不俗的学术造诣，都熟悉天文学前沿发展情况。不过，他们并不熟悉百科全书的编纂学问。为了知识互补，我决定为编辑班子办个研讨班。阎明复同志帮助找到厂桥中联部招待所，我便于 1979 年 3 月在此召集特约编辑会议。会议期间，阎明复转给我一个人的简历，让我看看可用不可用？我见是学天文的，当即请通知此人，明早到厂桥招待所报到。第二天准时来报到的就是林盛然同志，他便成为天文学卷的社内学科编辑，我遂有了一位助手。他后来也被任命为责任编辑。

三、天文学卷开工上路

说“开工上路”，就是请天文学家开始动笔撰写条目。天文学家眼望星空，常写天上的文章，但现在则需要把他们的天上学问，导入百科全书的规范之内。这就是百科编辑必须进行的体例工作。办法就是向主编、向撰稿人认认真真地宣讲百科全书的性质和体例要求，百科条目该写什么，不该写什么，先写什么，后写什么，等等。锣鼓刚刚开场，那时还没有一个成文的编写体例，只能是由责任编辑现场宣讲、解释并答问。直到 1979 年 8 月，我们才得以编印出一个《中国大百科全书编写体例》（试行本）。

天文学卷向撰稿人宣讲百科体例的会议，是以座谈会的形式分地区召开的。第一个撰稿人会，是为北京地区主编和撰稿人召开的。1978 年 12 月 28 日，借国家出版局会议室召开了天文学卷北京地区撰稿人座谈会。为了表示郑重，《中国大百科全书》总编辑姜椿芳亲自到场坐镇，主讲当然是责任编辑的事。南京地区是重点，那里有南京大学天文系，有紫金山天文台，有天文仪器厂，学科分支主编和撰稿人也最多。1979 年 1 月 6 ～ 23 日，姜老率天文学卷责任编辑及其助手飞赴沪、宁。

1 月 12 日，借南京大学大课堂，召开天文学卷沪、宁地区撰稿人座谈会。大百科分社领导陈虞孙和汤季宏同志也率分社编辑出席了大会。会后，应紫金山天文台邀请（实际上是我的主意），京沪总、分社领导和与会人员，大队人马浩浩荡荡登上紫金山，参观了山上天文台的古代和现代天文仪器设备。我有过旧游，有幸充当了半个“导游”和“解说员”。

总、分社领导在南京还要与各方联络和游览，我作为责任编辑，没有时间流连，当晚与王小青乘夜车匆匆赶回上海，因为我约来了北京、南京和上海三位天文学专家（都是天文学卷编委会成员）李竞、易照华和万籁到上海衡山宾馆，与我共同梳理天文学卷框架条目表。根据这个条目表，各位学科主编将分别约聘全卷条目撰稿人。

从 1979 年 1 月到 5 月，天文学卷 200 多位撰稿人都已就位，坐下来用心撰写 1070 个条目。应该说到，不少作者竟为此推迟了自己的论文或专著写作。在此期间，责任编辑和各位学科编辑分别奔走京、沪、宁三地区了解各学科分支的撰写进度和解决撰写中的问题。

前面讲到京、沪、宁三地区的天文学科研单位，集中有绝大多数学科分支主编和撰稿人，此外我国还有云南和陕西两个天文台。那里撰稿人虽少，但到访这两个天文台，应在我的计划之内。

非常幸运的是，1979 年 2 月在昆明有宗教和外国文学两个学术会议，姜椿芳和社内老同志王顾明（后来任外国文学卷副总编辑）决定飞昆明赴会，恰好我要往访云南天文台，遂得以与两位老前辈同路飞赴春城。姜老还有意叫我帮助参加宗教学会议。实际上，我着急的是去昆明远郊凤凰山上的云南天文台。说实在的，身边有大观园、滇池等名胜诱我。我只能在宗教学会上应应卯，签个到。上帝虽高居天上，却与天文学并不搭界。1979 年 2 月 9 日到昆明，第二天我就搭郊区公交车去东郊 30 多公里外的凤凰山，拜访云南天文台。林兆驹台长也是天文学卷撰稿人之一，当然得仔细谈谈，了解了条目撰写情况，参观一番天文台设备。两天后，我又把姜老拉去参观凤凰山。

2 月 15 日，我不得不舍弃会议组织的石林之游，飞往上海。天文学卷工作比游览重要得多啊。飞沪途中，在长沙遇飞机事故，吓出一身冷汗。在我的回忆录《流年三部曲》中，有“两遇飞机事故”一篇。有惊无险，责任压身，还得继续赶路。

总编委会周扬同志关于给撰稿人“壮胆”的建议，并非无的放矢。问题诚然存在。“文化大革命”造成的心理压力未消，余悸犹存，有些条目稿件，作者仍不免给条目穿靴戴帽，什么“在毛泽东思想指引下”，什么“在党中央正确领导下”等等套话，不一而足。天文学界有一位泰斗级人物张云，曾获法国里昂大学天文学博士学位，1929 年他最早创建中山大学天文台。这是中国天文学史分支不可遗漏的条目，天文学卷框架条目表中就有此条目，可是没有人敢接受撰写此条的任务，因为他曾当过台湾国民党“国大代表”。遵照大百科总编委会副主任周扬的建议，作为责任编辑就不能不壮起胆来地给天文学史学科分支主编“壮胆”。条目写出来了，也交总编辑审阅过，还向上级有关领导（中联部部长罗青长）送审了，但仍没人愿意署名。经过责任编辑反复说服（壮胆），作者才勉为其难署上大名。

四、天文学卷第二次学科编委会

苏州东山，太湖之滨，有个雕花大楼。那是当地富商金锡之于 1922 年花费 3741 两黄金，合 17 万银元，用了 3 年时间建成的大宅院。上海分社寻寻觅觅，找到这个设施并不现代，但风景优美、建筑精致的开会场所。天文学卷第二次学科编委会，就是 1979 年 5 月 11 ～ 25 日在这儿召开的。所选会址很有特点，但给责任编辑带来不少麻烦，迎接从京、沪、宁来与会的编委会老、中年成员，就要耗费不少精力。来人，先到苏州，乘汽车过木渎，再到太湖之滨的东山。

言归正传，第二次学科编委会可是天文学卷的一段重要历程。在这次会上，作者一方，就是天文学学科编委会，要把几个月经过撰写和科学内容审定的成果端出来，交由天文学编辑组接收。为了精益求精，各位分支主编还要对稿件最后修磨一番。尚达不到编辑加工基础的稿件，如科学内容尚欠精确、不合百科条目体例、篇幅超长、文字表达不顺，都要在编辑与主编们之间互相参酌，现场修磨雕琢完善。

还是从头说吧。一番忙乱之后，几十号人终于在 1979 年 5 月 10 日前到齐。参加会议的有三路人马：几十位天文学家是主力，自不必说；责任编辑率领的学科编辑（包括本社的和特约的）是一支精干的小队伍；分社领导统率的分社出版人员和会务人员，也是一票颇有势力的人马。总编辑姜椿芳亲自到会。分社掌控会务组，对幕后操控会议的责任编辑不大看在眼里，给我带来不少麻烦和烦恼，这些都不值得一谈。还是多谈谈这次会议解决的一些困难问题。

会议开幕，自然要请学科编委会主任致开幕词。张钰哲老先生一听要他讲话就有点发慌，问我该讲点什么呀？我递给他一张纸说，都写在上面了，您看不合适的地方就改改。不过，会议过程实际上是由学科编委会副主任王绶琯先生掌握的。首先要解决的是全卷篇幅和各学科分支平衡问题。原设计全卷 150 万字，后便被称为大百科的标准卷。但是，天文学家都有讲不完的学问，总篇幅不免就有膨胀。拙作《百科全书的故事》（北京图书馆出版社，2005）有一篇《做“贡献”》的短文，讲到“全卷近 1100 个条目的稿件到齐，列队点名总字数超额 30 万～ 40 万，须待‘整编减员’。于是会上一片‘砍杀’之声，不绝于耳。天文学史分支是大户，首当其冲。‘吃大户’的压力不小。副主编薄树人先生无可推诿，勉为其难，反复表态，愿做‘贡献’。这‘贡献’竟意味着大刀阔斧。‘砍杀’稿件，也称‘贡献’，怎不令人啼笑皆非。”

另一个需要费点儿力气的是天文学仪器分支。主编太照顾自己的学生们，希望每人都有机会上大百科全书，组稿过于分散。我原来去南京天文仪器厂了解撰写情况时就已发觉，曾提醒苏定强主编，这样组稿，最后要吃苦的是你这位主编。果然，到了会上，经审阅，结果主编不得不自己动手大修大改，或者自己另行撰写，一片好心换来的是吃力不讨好。

苏州东山几乎每夜停电，蜡烛倒是有所准备。入夜遥看雕花大楼，一片烛光摇曳。主编们辛苦啊，天天秉烛夜战，责任编辑和特约编辑更是忙碌不堪。后来，大家就由此得出“大百科人”和“大百科精神”的赞语。天文学卷出版以后，我还曾写过一篇《大百科人与大百科精神》的文章欲发，经社里老同志刘尊棋审阅后说：《大百科全书》才出一卷就自夸自擂，有欠谦虚。文章于是作废。不过，这个口号还是流传下来了。

那时，雕花大楼既不是宾馆也不是招待所，各个房间都没有卫生间，厕所是公用的。半个月时间，大家总得洗洗澡啊。那真是最有趣的场景，会务组的人带领这批大学者大教授和编辑人员等，大队人马浩浩荡荡开往东山镇。会务组已包下东山镇的公共澡堂子。老教授大专家们一齐脱了衣服，赤身相见，下到大池子里哗啦哗啦地洗。那条件，那景象，现在人们还能想象吗？

1979 年 5 月 11 ～ 25 日，天文学卷 1070 个条目、150 多万字，经过一番雕琢修磨，算是向编辑组交了卷，会议胜利闭幕。担子的重量遂转移到天文学卷编辑组的肩上。编辑组抱着这些大捆稿件，还需要检查整理（包括通读清稿）一番。这项工作，是从 1979 年 6 月 10 ～ 24 日在上海太原路招待所完成的。整理后的手写稿便发往皖南杨溪海峰印刷厂，按学科分支印成11个分册。

五、天文学卷编辑加工

上海分社包揽了天文学卷，我长期被拴在上海，分社各方面领导，都可以对我指手画脚，给我增加许多困难，使我不得施展。经我大力向总、分社领导争取，特别是得到姜老的支持，我终于把天文学卷的阵地移回北京。

天文学卷编辑加工，是以分册在北京市委党校进行的。这可是个大的“战役”，天文学卷编辑组也大大扩充了。好在总社人员已有增加。先是，在山西下放的戴“右帽”的吕千飞，慕名写信给我，书信往复，从私人交谊，到后来就寄来他的简历并附有格律诗一首，实是一位有才之士。经我多方推荐，费一番周折，终于调来总社。大约在1979年5月，我在北京图书馆查阅资料，偶遇与张曼真在北京编译社的同事黄鸿森先生。这是位文史和文字造诣匪浅的人物，正下放在北京郊区。我告姜老，即请阎明复调来我社。总社领导还派给天文学编辑组几位资深老编辑。

天文学卷编辑组遂按天文学学科分支编为6个小组，各占一室，既是卧室又是工作室。每个小组由一位学科编辑、一位文字编辑和一位名词事实统一人员组成，号称“三驾马车”，各负责两个分册（即两个学科分支）的稿件。各小组的学科编辑有任江平（南京大学）、杨建（紫金山天文台）、薄树人（社科院）、阎林山（上海天文台）、马星垣（北京天文馆），一度还有宣焕灿（南京大学）。李元（北京天文馆）是图片编辑，是后来加入进来的。文字编辑有黄鸿森、吕千飞、王伯恭、李钦、黄锡桥、朱文浦。邓伟志作为上海分社派给我的助手，也参与了编辑组的部分工作。学科编辑林盛然（当时尚未担任责任编辑）作为我的助手，对科学内容把关。看看这个阵容，够可观的了。

编辑加工工作是在 1979 年 8 ～ 10 月，集中在北京市委党校进行的。姜椿芳总编辑亲自到场动员，上海分社领导陈虞孙也专门为此来京，在动员会上讲话。具体工作程序和计划安排，当然是责任编辑的事。动手编辑加工之前，先组织了 15 天的学习，并试改 15 个不同分支不同类型的条目，对试加工结果进行讨论，统一认识，统一尺度。

正式编辑加工过的稿件汇总到责任编辑处，此时担任本卷副总编辑周志成也参加进来，与责任编辑同处一室，交叉审读把关。6 个小组的稿件汇总到这里就进入一个“瓶颈”。记得在最紧张时，我和老周交替审阅稿件，每天工作到深夜 2 时。分册编辑加工阶段按计划从 8 月 1 日持续到 10 月。11 个分支（总论分支，即全卷概观性文章暂不在内），于 10 ～ 11 月分两批发往安徽杨溪的海峰印刷厂，改印长条。

排印的长条样，于 1980 年 1 月初返回编辑组。不幸的是，我于 1 月 4 日忽患气胸症，据说有生命危险，经阎明复与相识的 301 医院呼吸科主任何长清联系，即时送住院。社领导对我关怀备至，姜椿芳、王纪华、唐守愚、阎明复等多位领导，亲自到病房探望，特别是林盛然几乎每日前来病房。他来看我，我看他带来的稿子。我于 2 月 2 日出院，无暇病休，立即投入审读长条样稿。参加审读的还有林盛然和几位特约编辑。后来续聘的特约编辑翁士达，就是这时参加进来的。这一期间的工作是在新迁入的外馆东街甲 1 号完成的。社里专门拨出两个大房间给编辑组。特约图片编辑李元，也是这时在此展开工作的。

在此期间，《文献信息》报第 1 期、《探讨》第 1 期、《出版工作》第 4 期和《探讨》第 2 期，先后发表了我所撰写的《百科全书的读者、作者和编者》《怎样写好百科全书的条目》《浅谈百科全书的编辑工作》和《百科全书的参见系统和索引》几篇文章，都不过是边实践边总结性质的小成果。

六、天文学卷概观性文章的难产

上面说的都是天文学卷那 1070 个条目的编辑工作。条目虽然有分类，有系统，但大中小条目都是分散的知识“积木块”。天文学卷为全书结构设计考虑，在每个学科卷前设有一篇高屋建瓴、总揽全学科的概观性文章。这篇文章不比条目，既要全面概括，又不能专深，难处正在于此。

先是，紫金山天文台以张钰哲的名义提出一稿，文章很长，内容庞杂，系统性差。同时，南京大学天文学系陈载璋先生是综论分支副主编，觉得责无旁贷，也交来一稿，篇幅更长，看起来学究气太重，内容专深，不具“概观”的性质。两篇均不理想，不具备加工为成品的基础。怎么办？记得在天文学卷学科编委会第二次会议（即 1979 年 5 月在苏州东山雕花大楼举行的那次会）上，学科编委会副主任王绶琯先生，在会上讲到天文学各分支学科的交叉关系，讲得十分清楚明白，而且还画出一个交叉关系图，呈金字塔形，大家戏称为“多维的王冠”。回忆及此，何不就请王绶琯先生撰写此稿？试约一下，道一番责任编辑的难处，王先生就毅然答应了。

一个月后，一篇几万字的概观性文章就交到责任编辑手中。题目也简洁：“天文学”。在文章之末，果然附有那个“多维王冠”。王先生极谦虚，文章作者署上张钰哲、戴文赛、李珩、王绶琯四位之名。对文章浏览一遍，大体符合要求。这是天文学卷的开卷篇，不能不细心认真处理。怎么处理的呢？我先把文章打印几份，一份交林盛然看看科学内容，估计院士的文章科学内容不会有什么问题。另两份请黄鸿森和王伯恭两位文字功夫深厚的老编辑审读加工一道。我作为责任编辑，参考两位审改佳处各有取舍。说起来好笑，王伯恭老先生竟细数我取两人改处之多少，为所取黄改处多而啧有烦言。这是黄先生后来告诉我的。当然，文章里也不免有我的判断和修饰之笔。

从 1980 年 1 月到 5 月底，修修磨磨，精雕细琢，全卷书稿就绪。下一步就是发稿。按原来计划和分工，也是按常规，我们应该向上海分社发稿。因为出版部在分社，印刷厂为分社所辖。一是那时总、分社关系复杂；一是天文学卷是开路卷，不能等闲视之，总社编辑组也心中无底。结果，发稿就连同编辑组一道发往印刷厂了，以便守着稿子，直送它们上机才放心。

七、驻厂编辑工作

1980 年 6 月 18 日，责任编辑偕编辑组黄鸿森、王小青，还另请一位“同盟军”戴中器（后来成为数学卷编辑），带着一大帆布箱稿件，乘飞机飞上海（后来听一位出版界同行说，携带书稿乘飞机是不合规矩的）。上海分社出版部并未露面，分社行政部门仅帮助找了一家招待所。原来按学科分支的稿件，需要按汉语拼音编排。这项工作就是在分社介绍的招待所完成的。三个人围着一张大桌子转，把 1200 多个条目稿件（包括参见条目）从 A 到 Z 排队，摆了 25 堆（没有 V 字头），再把每堆内条目也按汉语拼音字母顺序编排起来。

上海至皖南杨溪（属胡适故乡绩溪县）起码有好几百公里，那时还没有铁路，分社连辆车也派不出，据说是车坏了在修理。1980 年 6 月 24 日一早，我们三个人抬着一大帆布箱稿件，乘长途汽车开赴皖南山区的海峰印刷厂。中途，汽车又发生故障，直到黄昏才到达印厂，整整颠簸了一天。向印刷厂发了书稿，但是并不能马上拼版排印和打样。一是因为没有人完成版面设计（这项工作本应是出版部的任务），不得不赶紧打电话给总社，请图书装帧专家张慈中先生赶快前来；二是印刷厂接了印刷高考考卷的任务。后者可是一项既紧张又要求严格保密的工作，全厂封闭，人员不得外出。我们编辑组也不例外，亦在管制之内。在这样情况下，天文学卷当然挤不进排印日程了。等待，只有等待。印考卷管制期是从 6 月 21 日开始的，直到 7 月 23 日才完全解除。我们一来，正好陷入全厂封闭期。编辑组好像来皖南山中闭门休假来了。但也不是，一方面等张慈中来，另一方面仔细整理和进一步检查那些稿件。

我个人倒有个不算太小的工程，正好利用这个空当施工。手边带来一批有关资料，借此机会撰写《不列颠百科全书编辑史话》。后在 1981 年由《辞书研究》分 3 期连载发表。姜椿芳后来读了，认为很有参考价值。总社特别印为一期《百科全书参考资料》。

张慈中到位以后，天文学卷这架“机器”终于开动起来。路遥遥兮总是不顺，阻碍重重，上海分社主编的《中国百科年鉴》书稿连同分社一大批编辑，又蜂拥而至。于是，分社的《中国百科年鉴》就“加塞儿”挤在了天文学卷前面。天文学卷又不得不停车待路。好在版面设计（画版样）可以先走一步。全书索引工作也趁此机会动作起来。要知道，那时还没有电脑，几种索引（条目汉字笔画索引、条目外文索引、内容分析索引）全靠手工制卡，在卡片上运作。比起今天用电脑编制，当时这项工作既费工又繁琐，最后在向索引拼版样填码和反查时，甚至不得不临时招请南京特约编辑任江平前来帮忙，这是后来的事。

天文学卷开始上机后，有一件令人兴奋的事不能不提。1980 年 7 月 2 日，中国大百科全书出版社总编辑姜椿芳在分社领导汤季宏陪同下，不顾路途遥远和一路颠簸，来到印刷厂慰问车间工人和天文学卷编辑组。随同来厂的还有林盛然。姜老和汤老就住在厂招待所我的房间内（室内有三张木床）。姜老在每天视察之余，晚上得闲，和我各搬把椅子，坐在二楼露天走廊上聊天絮话。姜老闲时喜欢谈诗论文，谈天说地。在忘年师友之间，我也有此爱好。山间入夜，星空明亮。我指给姜老看天上的银河和两边的牛郎织女，以及北斗七星，说起中外星名各异，如牛郎星叫天鹰座 α，织女星叫天琴座 α。我特别指出月边一颗最明亮的星，那是我的本命星。姜老颇为好奇地问："它怎么成为你的本命星了？"我答："那是金星啊！金星可不同凡星。中国古人竟把它当成两颗星呢：早晨见到的叫晨星，又称启明星；晚上见到的叫昏星，又称长庚星。原来都是我的本命星啊。"姜老惊讶地看着我："你是学雷达的，什么时候学的天文学啊？"我笑了，这天文学卷书稿，我已反反复复不知读过几遍了，姜老恍然大悟。一个小插曲，随便说说。

周志成同志于 1980 年 8 月 16 日也赶来印刷厂，加入战斗。说是"战斗"，其实在杨溪的 4 个月，好像是在半休假。因为拼版样到编辑手里，不是说来就来的，不少时候需要等待。不要忘记，那时书稿全是铅排。车间先排版，打样，印厂毛校，车间改版，再打样，送分社校对，再改版，打样，才到编辑的手。编辑看拼版样是不能大修大改的，删几个字，就要加几个字。加几个字，就得删几个字。偶遇拼版缺行，编辑还得凑上一句半句，补上那一行。

从 1980 年 7 月到当年 10 月末，再具体点说，到 10 月 22 日，在张慈中积极配合下，天文学卷编辑组终于结束了随稿件下厂审阅拼版样和完成索引填码的工作。1980 年 10 月 23 日，劳累了两年多的天文学卷编辑组正式撤出阵地。我于当天乘海峰印刷厂运书的大卡车冒雨奔赴上海。奉总编辑之命访问上海天文台台长李珩，请他组织人写写宣传天文学卷的稿子。25 日中午，本责任编辑便卸下重负，飞返北京。

《中国大百科全书》首卷天文学卷经过 26.5 个月的艰苦奋斗，于 1980 年 12 月正式出版问世。1980 年 10 月，《出版工作》第 10 期发表《学步——〈中国大百科全书〉天文学卷编后话》。1981年1月16日，《光明日报》发表《试迈第一步——〈中国大百科全书〉天文学卷出版》。这些信息，当然是天文学卷责任编辑责无旁贷应该发布的。责任编辑最后要交代的是《〈中国大百科全书〉天文学卷编辑工作总结》。

（此文刊于我社内部刊物《探讨》1981年第4期第4～15页。）

编者注：编者对本文稍作删节。

附录 2
百科全书大事年表

□ 公元前 4 世纪　希腊哲学家亚里士多德（Aristotle，公元前 384 ～前 322）编过西方最早的百科全书性质著作，被西方奉为“百科全书之父”

□ 公元前 3 ～前 2 世纪　中国编出百科词典性质的《尔雅》，为中国原始的百科工具书

□ 公元前 246 年　秦相吕不韦主持编成《吕氏春秋》，为最早的杂家之作，是中国百科性质类书之渊源

□ 公元前 183 年　罗马学者加图（Cato，前 234 ～前 149）编著《训子集》（*Praecepta ad Filium*），是带有百科雏形性质的著作

□ 公元前 50 年　罗马学者瓦洛（Varro，前 116 ～前 27）编著《学科要义九书》（*Disciplinarum libri IX*），是最早的附有插图的百科全书性质著作

□ 公元 77 年　罗马的老普里尼（Pliny the Elder，公元 23 ～ 79）编著《博物志》（*Historia Naturalis*，或译《自然史》），是古代第一部大型百科全书

□ 220 ～ 222 年　中国魏时王象、刘劭等编《皇览》，为中国第一部类书，是中国古代的百科全书性质著作

□ 410 ～ 429 年　迦太基教师卡佩拉（Martianus Capella）著《语文学与墨丘利的婚礼》（*De Nuptiis Philologiae et Mercurii*）一书，曾是当时修道院流行的百科性课本

□ 516 年　中国南朝梁徐勉编类书《华林遍略》700 卷

□ 6 世纪　罗马历史学家卡西奥多鲁斯（Cassiodorus，490 ～ 585）编《神与世俗学科教程》（*Institutiones divinarum et saecularium litterarum*），是西方古代教科书性质的百科著作

□ 572 年　中国北齐祖珽等编类书《修文殿御览》360 卷

□ 610 年　中国隋朝虞世南（558 ～ 638）编大型类书《北堂书钞》173 卷

□ 611 年　中国隋朝杜公瞻编辞藻性类书《编珠》4 卷

□ 622 ～ 624 年　中国唐代欧阳询（557 ～ 641）编著名类书《艺文类聚》100 卷

□ 7 世纪　罗马圣伊西多尔（St Isidore of Seville，560 ～ 636）编《词源》（*Originum seu Etymologiarum libri*），是西方古代图文并茂的百科全书

□ 727 年　中国唐代徐坚编著名的知识性百科类书《初学记》30 卷

□ 8 世纪　中国唐代颜真卿（709 ～ 785）编类书《韵海镜源》，首创类书韵编之法

□ 880 年　伊拉克学者伊本 • 古泰拜（Ibn Qutaybah，828 ～ 889）编阿拉伯第一部百科全书性质著作《传统菁华》（*Kitāb' uyún al-akhbar*）

□ 10 世纪初　日本源赖朝编成日本最早的类书型著作《和（倭）名类聚抄》

□ 977 ～ 984 年　中国宋代李昉（925 ～ 996）等编纂大型类书《太平御览》1000 卷

□ 1005 ～ 1013 年　中国宋代王钦若（962 ～ 1025）、杨亿（974 ～ 1020）编类书《册府元龟》1000 卷

□ 1244 年　法国学者樊尚（Vincent，1190 ～ 1264）编著西方中世纪最大的百科全书《大宝鉴》（*Speculum majus*）

□ 约 1264 年　佛罗伦萨的拉蒂尼（Latini，1220 ～ 1294）最早用法文编中世纪百科全书《宝藏集》（*LiLivres dou Trésor*）

□ 13 世纪　中国南宋王应麟（1223 ～ 1296）编类书《玉海》200 卷

□ 1403 ～ 1409 年　中国明代解缙（1369 ～ 1415）等编纂世界最大的百科全书《永乐大典》22 877 卷

□ 1446 年　日本僧行誉编日本早期的类书《（盖）囊钞》

□ 1559 年　斯卡利杰（P.Scalich）编《百科全书，或诸般学科及圣俗事物概要》（*Encyclopaedia*；*seu*，*Orbis disciplinarum tam sacrarum quam prophanum Epitome*），首次用"百科全书"一词作为书名

□ 16 世纪　中国明代王圻父子编中国第一部插图类书《三才图会》

□ 1620 年　英国哲学家培根（F. Bacon，1561 ～ 1626）发表《伟大的复兴》（*Instauratio Magna*）的提纲，对人类知识进行科学分类，启迪后世百科全书框架设计的思想

□ 1630 年　阿斯特德（J. H. Alsted，1588 ～ 1638）编《七卷本简明百科全书》（*Encyclopaedia septem tomis distincta*），是西方用拉丁文编的最后一部分类百科全书

□ 1674 年　法国莫雷利（L. Moreri）编最早的字顺编排的专业百科全书《历史大词典》（*Le grand dictionnaire historique*）

□ 1677 年　希腊人霍夫曼（J. J. Hoffman）编纂《百科大词典》（*Lexicon universale*），是最早的字顺编排的百科全书，并且最早在百科全书中编附索引

□ 1690 年　法国菲雷蒂埃（A.Furetière，1619 ～ 1688）编《综合词典》（*Dictionnaire universel*），为现代类型百科全书的先驱

□ 1694 年　英国邓顿（J.Dunton）编纂第一部妇女用的百科词典（*Ladies's dictionary*）

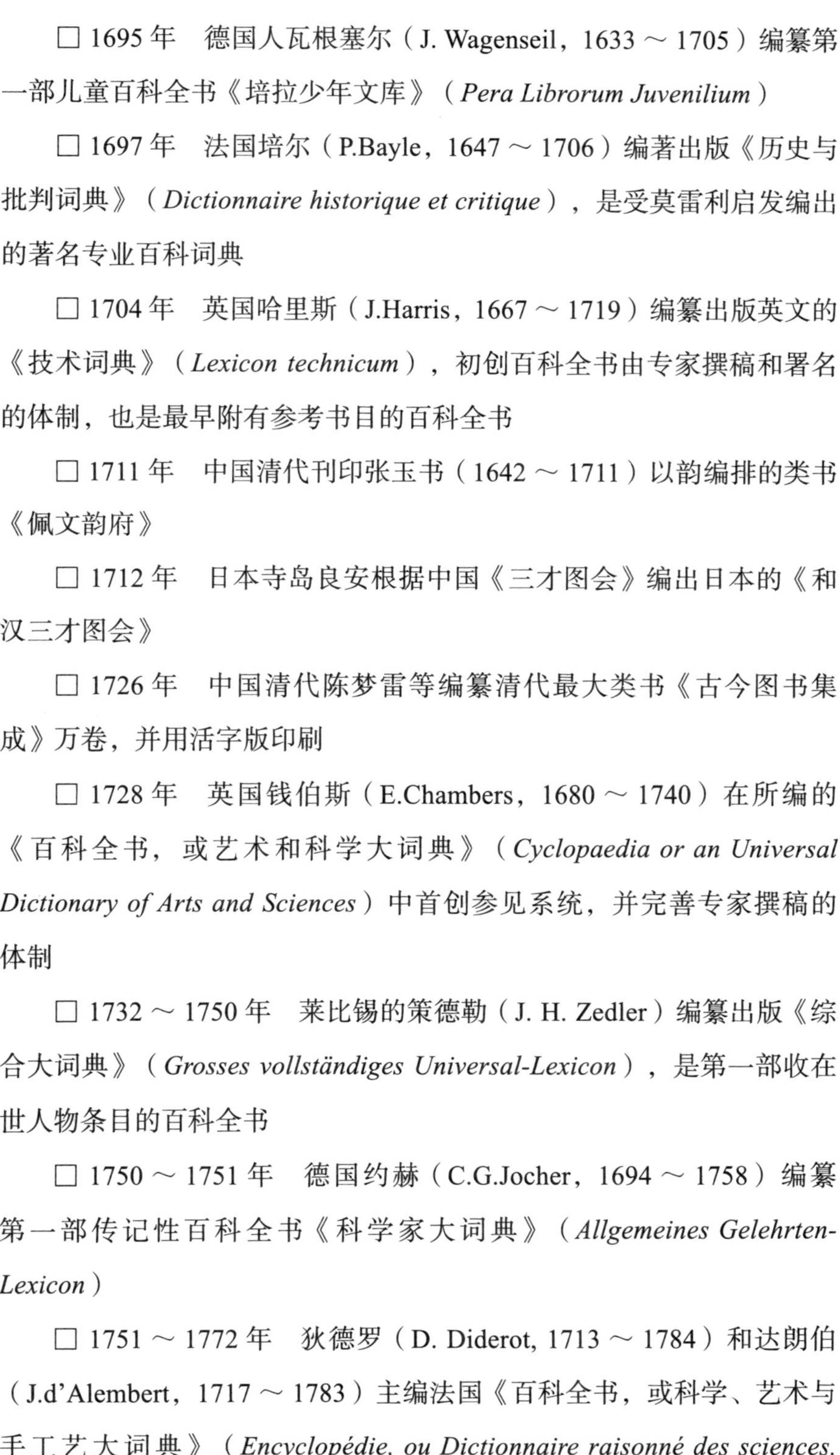

□ 1695 年 德国人瓦根塞尔（J. Wagenseil，1633 ～ 1705）编纂第一部儿童百科全书《培拉少年文库》（*Pera Librorum Juvenilium*）

□ 1697 年 法国培尔（P.Bayle，1647 ～ 1706）编著出版《历史与批判词典》（*Dictionnaire historique et critique*），是受莫雷利启发编出的著名专业百科词典

□ 1704 年 英国哈里斯（J.Harris，1667 ～ 1719）编纂出版英文的《技术词典》（*Lexicon technicum*），初创百科全书由专家撰稿和署名的体制，也是最早附有参考书目的百科全书

□ 1711 年 中国清代刊印张玉书（1642 ～ 1711）以韵编排的类书《佩文韵府》

□ 1712 年 日本寺岛良安根据中国《三才图会》编出日本的《和汉三才图会》

□ 1726 年 中国清代陈梦雷等编纂清代最大类书《古今图书集成》万卷，并用活字版印刷

□ 1728 年 英国钱伯斯（E.Chambers，1680 ～ 1740）在所编的《百科全书，或艺术和科学大词典》（*Cyclopaedia or an Universal Dictionary of Arts and Sciences*）中首创参见系统，并完善专家撰稿的体制

□ 1732 ～ 1750 年 莱比锡的策德勒（J. H. Zedler）编纂出版《综合大词典》（*Grosses vollständiges Universal-Lexicon*），是第一部收在世人物条目的百科全书

□ 1750 ～ 1751 年 德国约赫（C.G.Jocher，1694 ～ 1758）编纂第一部传记性百科全书《科学家大词典》（*Allgemeines Gelehrten-Lexicon*）

□ 1751 ～ 1772 年 狄德罗（D. Diderot, 1713 ～ 1784）和达朗伯（J.d'Alembert，1717 ～ 1783）主编法国《百科全书，或科学、艺术与手工艺大词典》（*Encyclopédie, ou Dictionnaire raisonné des sciences, des arts et des métiers*），是现代百科全书奠基之作

□ 1768 ～ 1771 年　苏格兰的斯梅利（W.Smellie，1740 ～ 1795）等编纂出版《不列颠百科全书》（*Encyclopaedia Britannica*，旧译《大英百科全书》），后成为现代最著名的综合性百科全书

□ 1796 ～ 1808 年　德国布罗克豪斯（F.A.Brockhaus，1772 ～ 1823）编纂出版《布罗克豪斯社交词典》（*Brockhaus Konversations-Lexikon*），开创百科全书小条目主义模式

□ 1818 ～ 1889 年　德国艾尔什（J. S. Ersch，1766 ～ 1828）和格鲁伯（J.G.Gruber，1774 ～ 1851）合编西方最大部头的《科学与艺术综合大百科全书》（*Allgemeine Enzyklopädie der Wissenschaften und Künste*），但仅编到一半（168 卷）便告中止

□ 1829 ～ 1833 年　美国人利伯（F. Lieber，1798 ～ 1872）以《布罗克豪斯社交词典》第 7 版为基础编辑出版《美国百科全书》（*The Encyclopedia Americana*）

□ 1840 ～ 1855 年　德国迈耶（J.Meyer，1796 ～ 1856）仿效布罗克豪斯编纂出版《迈耶百科词典》（*Meyers Enzyklopädisches Lexikon*）

□ 1847 ～ 1855 年　俄国斯塔尔切夫斯基（A.B.Старчевский，1818 ～ 1901）等主编俄国第一部《百科词典》（*Энциклопедический Словарь*）12 卷

□ 1853年　法国拉鲁斯（P. Larousse，1817 ～ 1875）编辑出版《儿童小百科全书》（*Petite Encyclopédie du jeune âge*），是第一部现代少儿百科全书

□ 1854 ～ 1868 年　瑞士赫尔措格（J. J. Herzog，1805 ～ 1882）编纂出版第一部宗教性的《新教教会和神学百科全书》（*Real-Encyclopädie für protestantische Theologie und Kirche*）

□ 1850 ～ 1868 年　英国钱伯斯兄弟（R.Chambers，W.Chambers）编纂出版《钱伯斯百科全书》（*Chambers's Encyclopaedia*），后成为

英国著名的现代百科全书

□ 1865 ～ 1876 年 法国拉鲁斯编纂出版《19 世纪百科大词典》（*Grand dictionnaire universel du XIXe siècle*），是著名的现代《拉鲁斯大百科全书》的前身

□ 1870 ～ 1882 年 荷兰出版《温克勒·普林斯大百科全书》（*Winkler Prins Encyclopedie*）

□ 1875 ～ 1889 年 《不列颠百科全书》第 9 版以学术性博得世界声誉

□ 1879 ～ 1914 年 日本神宫司厅编近代类书《古事类苑》

□ 1890 ～ 1907 年 俄国彼得堡的布罗克豪斯与艾弗隆出版社出版俄文《百科全书》（*Энциклопедия*）

□ 1891 年 俄国格拉纳特兄弟（А. Н. Гранат，1861 ～ 1933；И.Н. Гранат，1863 ～ 1941）开始出版《格拉纳特百科词典》（*Гранат Энциклопедический Словарь*），实是俄国的第一部百科全书

□ 1905 ～ 1933 年 西班牙出版《欧美插图大百科全书》（*Enciclopedia universal ilustrada europeo-americana*），人们常以出版社 ESPASA 之名称之

□ 1908 ～ 1919 年 日本出版具有现代百科全书性质的《百科大辞典》

□ 1915 年 中国陆尔奎主编的中国第一部带有百科词典性质的辞书《辞源》出版

□ 1916 年 日本高见编分类类书《广文库》

□ 1917 ～ 1918 年 美国菲尔德教育公司（Field Enterpr. Educ. Corp.）出版普及型的《世界图书百科全书》（*The World Book Encyclopedia*）

□ 1922 年 美国出版《康普顿插图百科全书》（*Compton's Pictured Encyclopedia*），为美国著名的中学生档百科全书

□ 1926 ～ 1947 年　苏联出版《苏联大百科全书》（*Большая Советская Энциклопедия*）第一版

□ 1926 ～ 1934 年　《希腊大百科全书》（*Megale hellenike enkyklopaideia*）66 卷出版

□ 1928 ～ 1931 年　《苏联小百科全书》（*Малая Советская Энциклопедия*）第一版出版

□ 1928 ～ 1936 年　苏联大型专业百科全书《苏联医学百科全书》（*Советская Медицинская Энциклопедия*）35 卷出版

□ 1929 ～ 1939 年　以文学艺术内容著称的《意大利科学、文学与艺术百科全书》（*Enciclopedia italiana di scienze, lettere ed arti*）39 卷出版

□ 1929 年　《不列颠百科全书》第 14 版版权开始转入美国，从此不再是英国的百科全书

□ 1931 ～ 1935 年　日本平凡社出版《大百科事典》，后改名《世界大百科事典》，是日本最重要的综合性百科全书

□ 1935 年　著名的案头型百科全书《哥伦比亚百科全书》（*The Columbia Encyclopedia*）出版

□ 1935 年　中国舒新城等主编的重要百科性辞书《辞海》出版

□ 1949 ～ 1951 年　美国著名百科全书编纂家肖尔斯博士（L.Shores）主编《科利尔百科全书》（*Collier's Encyclopedia*）出版

□ 1967 ～ 1980 年　《苏联大百科全书》第三版出版

□ 1980 ～ 1993 年　中国第一部现代综合性百科全书《中国大百科全书》74 卷出版

□ 1979 ～ 1989 年　中国第一部现代专业性百科全书《中国医学百科全书》以 93 分册形式出版，后合为 8 卷

□ 1980 年　《中国百科年鉴》开始出版

□ 1985 年　世界上第一部多媒体百科全书《格罗利尔多媒体百科

全书》（*Grolier Multimedia Encyclopedia*）在美国问世

□ 1985～1986年　中国与美国合作编译的《简明不列颠百科全书》11卷在中国出版，邓小平赞誉“这是个好事情”

□ 1986～1996年　中国最大的现代专业性百科全书《中国农业百科全书》31卷出版

□ 1990年　英国新编案头型百科全书《剑桥百科全书》（*The Cambridge Encyclopedia*）出版，后先后于1996年和1997年在我国海峡两岸分别以简、繁体字出中文版

□ 1991年　俄罗斯《大百科词典》（*Большой Энциклопеический Словаль*）出版

□ 1991年　中国第一部地方百科全书《黑龙江百科全书》出版

□ 1994年　中国第一部纯本国内容的《简明中华百科全书》出版

□ 1998年　中国第一部电子版百科全书《中华百科全书》问世

□ 1999年　中国与美国合作编译的《不列颠百科全书》国际中文版20卷出版

□ 2002年　中国最大的地方百科全书《北京百科全书》第二版20卷在北京出版

□ 2004年　《俄罗斯大百科全书》35卷出版

□ 2009年　《中国大百科全书》第二版32卷出版

参考书目

（类书及普通词典、百科全书均未列入）

姜椿芳著：《从类书到百科全书》，中国书籍出版社，1990。

张涤华著：《类书流别》，商务印书馆，1985。

胡道静著：《中国古代的类书》，中华书局，1982。

刘叶秋著：《类书简说》，上海古籍出版社，1980。

王范之著：《吕氏春秋研究》，内蒙古大学出版社，1993。

许逸民编：《初学记索引》，中华书局，1980。

袁同礼编：《永乐大典现存卷目表》，北京图书馆，1933。

张忱石著：《永乐大典史话》，中华书局，1986。

倪文杰、韩永主编：《古今图书集成精华》，人民中国出版社，1998。

朱天俊、李国新著：《中文工具书基础》，北京图书馆出版社，1998。

詹德优编：《中文工具书导论》，湖北教育出版社，1994。

杨牧之主编：《中国工具书大辞典》，黑龙江人民出版社，1993。

北京图书馆工具书室编：《台港工具书指南》，书目文献出版社，1991。

陆伯华等编：《国外工具书指南》，中国学术出版社，1984，

邵献图等著：《西文工具书概论》，北京大学出版社，1990。

曹先擢、陈秉才主编：《八千种中文辞书类编提要》，北京大学出版社，1992。

钱剑夫著：《中国古代字典辞典概论》，商务印书馆，1986。

赵振铎著：《古代辞书史话》，四川人民出版社，1986。

刘叶秋著：《中国字典史略》，中华书局，1983。

陈炳迢著：《辞书编纂学概论》，复旦大学出版社，1991。

辞书研究编辑部编：《词典和词典编纂的学问》，上海辞书出版社，1985。

林玉山主编：《辞书学概论》，海峡文艺出版社，1995。

黄建华著：《词典论》，上海辞书出版社，1987。

胡明扬等著：《词典学概论》，中国人民大学出版社，1982。

陈原著：《辞书和信息》，上海辞书出版社，1985。

上海辞书学会编：《辞书论集》，知识出版社（上海），1987。

《文化灵苗播种人——姜椿芳》，中国文史出版社，1990。

金常政著：《百科全书编纂概论》，山西人民出版社，1985。

金常政著：《百科全书及其编辑研究》，知识出版社，1987。

金常政著：《话说百科全书——百科全书编辑札记》，奥林匹克出版社，1991。

金常政著：《百科全书、辞书、年鉴研究与编纂方法》，奥林匹克出版社，1994。

黄鸿森著：《百科全书编纂求索》，中国大百科全书出版社，1993。

邓蜀生等编：《影响世界的100本书》，广西人民出版社，1995。

杨祖希、徐庆凯著：《专科辞典学》，四川辞书出版社，1991。

毛友武著：《方志编纂学》，黄山书社，1996。

陈光贻著：《中国方志学史》，福建人民出版社，1998。

郑正西、周永光编：《中国地方志争鸣》，黄山书社，1988。

葛永庆主编：《论索引和索引法》，中国索引学会，1994。

韩仲民著：《中国书籍编纂史稿》，中国书籍出版社，1988。

郭振华等编：《中外装帧艺术论集》，时代文艺出版社，1988。

卡茨著，戴隆基等译：《参考工作导论——基本参考工具书》，书目文献出版社，1986。

拉迪斯拉夫·兹古斯塔主编，林书武等译：《词典学概论》，商务印书馆，1983。

德罗宾斯基著，常政译：《马克思、恩格斯、列宁与百科全书》，知识出版社，1986。

科里申撰，常政、吕千飞译：《百科全书》，知识出版社，1980。

梁从诫译：《丹尼·狄德罗的〈百科全书〉选译》，辽宁人民出版社，1992。

阿基莫娃著，赵永穆等译：《狄德罗》，知识出版社，1984。

安德烈·雷蒂夫著，王殿忠译：《拉鲁斯传》，知识出版社，1987。

徐慰曾著：《这是个好事情——不列颠百科全书中文版历程》，中国大百科全书出版社，2004。

R.Collison，*Encyclopedias*：*their history throughout the ages*，2nd ed.，Hafner Publ.，1966.

T.McArthur，*Worlds of reference*：*Learning and language from clay tablet to the computer*，Cambridge，1988.

R. Balay ed., *Guide to Reference Books.* 11 ed. ALA, 1996.

Shannon G. Hysell ed., *American Refenrence Book Annual*, Libries Unlimited, London,2007.

A.M.Brewer ed.，*Dictionaries*，*Encyclopedias and other word-related books*，4th ed.，Gale，1988.

A.Chalcraft and other ed.，*Walford's guide to reference material*，Library Assoc. Publ.,1998.

S.P.Walsh，*Anglo-American general encyclopedias*：*a historical bibliography*，Bowker，1968.

K.F.Kister, *Kister's best encyclopedias ： a comparative guide to general and specialized encyclopedias*, Oryx Press, 1994.

P.W.Lea and other ed., *The reference sources handbook*, 4th ed., Library Assoc.Publ., 1996.

L.Shores, *Basic reference sources*, ALA, 1966.

F.N.Cheney and W.J.Wiliams, *Fundamental reference sources*, 2nd, ALA, 1980.

E.P.Sheehy ed., *Guide to reference materials*, 10th ed., ALA, 1986.

W.A.Katz, *Introduction to reference work*, 6th ed., McGraw-Hill, 1992.

K.F.Kister ed., *Encyclopedia buying guide*, 3rd ed., R.R.Bowker, 1981.

K.F.Kister, *Kister's Best Encyclopedias: A Comparative Guide to General and Specialized Encyclopedias*, Oryx press, 1994.

R.K.Hartmann ed., *Lexicography*: *principles and practice*, 1983.

L.Shores and R.Krzys, *Reference books, Encyclopedia of Library and Information Science*, Vol.25, pp.136～202, Dekker, 1972.

F.N.Cheney, *Encyclopedias*, *Encyclopedia of Library and Information Science*, Vol.8, pp.45～48, Dekker, 1972.

K.F.Kister ed., *Concise guide to best encyclopedias*, Oryx Press, 1988.

S.Holte and other ed., *Best reference books 1970～1980*, Libraries Unlimited, Inc.1981.

H.Kogan, *The great EB, The story of the Encyclopaedia Britannica*, Univ.of Chicago Press, 1958.

G.R.Baley ed., *Guide to reference books covering materials from 1985～1990.*

A.J.Walford, *Reviews and reviewing*, Mansell Publ., 1986.

R.L.Collison, *Indexes and indexing*, 4th ed., Degraff, 1972.

F.Jonker, *Indexing theory, indexing methods and search devices*, Scarecrow, 1964.

L.Bonura, *The art of indexing*, Wiley, 1994.

Ю.Е.Шмушкис, *Советские Энциклопедии : Очерки истории и Вопросы мемодики,* Изд. “Советская Энциклопедия”, 1975.

С.М.Ковалёва, *сост. Советскцй энциклопедичскцй словарь : Методические указанця*, Изд. “Советская Энциклопедия”, 1975.

正文索引

C

D

G

M

N

O

P

Q

R

T

Y

Z

数字和字母